Kindertagesstätte / Hort
FE 60

**Spielen und Lernen
mit jungen Kindern**

Marie Meierhofer-Institut
für das Kind
Rieterstr. 7, 8002 Zürich

Studien zur Frühpädagogik

Herausgegeben von Norbert Kluge und Lilian Fried

Band 1

Verlag Peter Lang
Frankfurt am Main · Bern · New York · Paris

Norbert Kluge/Lilian Fried
(Hrsg.)

Spielen und Lernen
mit jungen Kindern

Neuere Ergebnisse
frühpädagogischer Forschung

Verlag Peter Lang
Frankfurt am Main · Bern · New York · Paris

CIP-Kurztitelaufnahme der Deutschen Bibliothek

Spielen und Lernen mit jungen Kindern / Norbert
Kluge ; Lilian Fried (Hrsg.). - Frankfurt am
Main ; Bern ; New York ; Paris : Lang, 1987.
   (Studien zur Frühpädagogik ; 1)
   ISBN 3-8204-9534-7

NE: Kluge, Norbert [Hrsg.]; GT

ISSN 0179-6615
ISBN 3-8204-9534-7

© Verlag Peter Lang GmbH, Frankfurt am Main 1987
Alle Rechte vorbehalten.

Das Werk einschließlich aller seiner Teile ist urheberrechtlich
geschützt. Jede Verwertung außerhalb der engen Grenzen des
Urheberrechtsgesetzes ist ohne Zustimmung des Verlages
unzulässig und strafbar. Das gilt insbesondere für
Vervielfältigungen, Übersetzungen, Mikroverfilmungen und die
Einspeicherung und Verarbeitung in elektronischen Systemen.

Druck und Bindung: Weihert-Druck GmbH, Darmstadt

Printed in Germany

Inhaltsverzeichnis

Vorwort ... 7

Perspektive "Erzieher(in)"

Sylvia Blanke: Beziehungen zwischen Erziehern und Kindern - subjektive Theorien im Beratungsprozeß ... 11

Horst Brönstrup/ Hans-Günther Roßbach: Erziehungsziele im Kindergarten aus der Sicht von Erzieherinnen und Eltern ... 25

Judyta Jahnson/ Hans-Günther Roßbach: Erziehungsziele im Kindergarten in der Volksrepublik Polen aus der Sicht von Erzieherinnen und Eltern ... 55

Doris Oberfrank-List: Einstellungen von Erzieherinnen zur Sexualerziehung im Kindergarten ... 83

Perspektive "Spielen"

Norbert Kluge: Die Wiederentdeckung des kindlichen Spiels in der neueren Spielpädagogik ... 109

Christoph Beck: Die Darstellung des Spiels in zeitgenössischen Elternbüchern der Bundesrepublik Deutschland ... 137

Jürgen Frisch: Zielsetzungen und Technik des Rollenspiels im Vorschulalter. Eine Analyse der didaktischen Fachliteratur für Erzieher(innen) ... 167

Perspektive "Lernanregungen"

Anke Hagen/ Hans-Günther Roßbach: Zur Erfassung und Beurteilung der pädagogischen Umwelt im Kindergarten ... 203

Lilian Fried: Prävention bei Sprachproblemen junger Kinder: Evaluation von Sprachfördermaßnahmen ... 223

Claudia Häfner: Die Mutter- und Vaterrolle in zeitgenössischen "Aufklärungsbüchern" für Kleinkinder ... 247

Vorwort

Die herausragende Stellung, die die Frühpädagogik in der Öffentlichkeit, Bildungsreform und Reformpolitik unlängst einnahm, war nur auf einen kurzen Zeitraum beschränkt: zwischen Ende der sechziger und Mitte der siebziger Jahre. Jene euphorische Epoche vorschulischer Erziehung ist bereits zum Gegenstand zeitgeschichtlicher Betrachtung geworden, so daß von ihr keine Impulse mehr auf die gegenwärtige Sozial- und Bildungspolitik auszugehen vermögen. Die Tagespolitik hat sich indes längst anderen gesellschaftlichen Problemen und Aufgaben zugewandt, was u.a. zur Folge hat, daß die von Wissenschaftlern geforderten Forschungsprojekte im vorschulischen Erziehungsbereich nur noch selten die Chance haben, mit Drittmitteln gefördert zu werden.

Eine frühpädagogische Forschung, die den vielfältigen Aufgabenbereichen und anspruchsvollen Standards gerecht zu werden hat, ist heutzutage weder von einem einzelnen Wissenschaftler noch mit den spärlichen Mitteln zu leisten, die dem erziehungswissenschaftlichen Schwerpunkt "Pädagogik der frühen Kindheit" in der Regel zur Verfügung stehen. Daß einzelne Vorschulforscher, deren Zahl in den letzten Jahren an unseren Hochschulen merklich zurückgegangen ist, dennoch nicht resignieren, zeigen die vereinzelt vorgelegten Studien. Diese indizieren allerdings eine "Verklumpung" der Forschungsinteressen, die zwar möglicherweise allein durch dieses Forschungsdefizit bedingt ist, aber doch auf alle Fälle den Zustand verschärft, daß die gegenwärtige Forschungslage der Vielfalt an Fragen und Problemen frühpädagogischer Praxis nicht gerecht zu werden vermag.

Als zukunftsweisend mag man dann allerdings werten, daß die Forschungsfragen, die Gegenstanddieser Untersuchungen sind, von stärker und bewußter vertretenen pädagogischen Positionen zeugen. Dies drückt sich z.B. in dem Bestreben aus, Phänomene des kindlichen Lebens, wie Phantasie und Spiel zu erkunden, ohne deren Reichhaltigkeit und Vielschichtigkeit zu zerstören. Ähnliches gilt auch für das Anliegen, die Entwicklung kindlicher Interessen nicht nur zu beschreiben, sondern darüber hinaus zu verstehen.

Andere Studien sind stärker am Alltag junger Kinder in Familie und pädagogischen Institutionen interessiert; wobei insbesondere Ansätze hervorzuheben sind, die eine differenzierte Bestandsaufnahme der erziehenden Umwelten anstreben. Für die frühpädagogische Praxis dürften dabei die Forschungen zum Erzieherverhalten von besonderem Interesse sein, da hier nicht zuletzt Diskrepanzen zwischen verborgener und vertretener Programmatik offenbar werden, deren Aufdeckung dazu beitragen kann, Alltagsprobleme zutreffender zu analysieren und damit auch wirkungsvoller zu lösen.

Nur noch wenige Evaluationsstudien gelten inzwischen dem Bemühen um Verbesserung und Erweiterung frühpädagogischer Erziehungsbedingungen. Dabei dominieren präventive Ansätze, die entweder in Form von Integration (z.B. Ausländerkinder) oder Exploration (z.B. Umgang mit Medien) die kindlichen Verhaltensprobleme direkt zu vermeiden anstreben; oder in Form eines indirekten Zugangs Möglichkeiten erproben, Erzieher so anzuleiten, daß Beziehungsprobleme vermindert werden oder gar nicht erst entstehen.

Diese nur grob skizzierten Tendenzen spiegelt auch dieser erste Band der neuen Reihe "Studien zur Frühpädagogik" wider. Der Schwerpunkt der hier versammelten zehn Beiträge, welche sich in erster Linie aus Dissertationen und herausragenden Diplomarbeiten rekrutieren, die an der Westfälischen Wilhelms-Universität Münster, an der Universität Göttingen sowie an der Erziehungswissenschaftlichen Hochschule Rheinland-Pfalz, Abteilung Landau angefertigt wurden, liegt auf dem "Spielen" und "Lernen" junger Kinder und damit auf Grundphänomenen kindlichen Lebens. Dem wird bewußt die Perspektive der Erzieher(innen) vorangestellt.

Das erste Hauptkapitel behandelt Fragen von grundsätzlicher Art, wenn sie auch nicht zu den folgenden Kapiteln einen direkten Bezug herstellen können. S. Blanke berichtet über das Vorhaben, Erzieherinnen im Kindergarten in ihrem pädagogischen Handeln zu unterstützen. Dazu werden im Verlauf eines Beratungsprozesses umfassende Auseinandersetzungen aller Beteiligten mit dem eigenen Handeln angeregt, wobei dem Einfluß subjektiver Theorien besondere Beachtung geschenkt wird. H. Brönstrup/ H.G. Roßbach und J. Jahnson/ H.G. Roßbach befragen Erzieherinnen in westdeutschen und polnischen Kindergärten nach den Zielsetzungen, die deren pädagogischem Handeln zugrunde liegen und vergleichen dies dann mit den Vorstellungen von Eltern und Studenten bezüglich der Erziehungszielpräferenzen von Kindergartenerziehern. Auch D. Oberfrank-List erkundet die Einstellungen von Erzieherinnen im Kindergarten zur Sexualerziehung, wobei sie besonders an der Handlungskomponente der geäußerten Überzeugungen interessiert ist.

Das zweite Hauptkapitel, das unterschiedliche Fragen der Spielpädagogik behandelt, macht zu Anfang mit einer spielzentrierten Sichtweise des Spielgeschehens in der

Forschungs- und Erziehungspraxis bekannt (N. Kluge). Hier werden erste Ansätze aufgezeigt. Ch. Becks Beitrag untersucht inhaltsanalytisch Elternbücher, in welchem Maß und wie sie das kindliche Spiel darstellen. Schließlich untersucht J. Frisch eine spezielle Spielform, das Rollenspiel, wie es in der Fachliteratur für Erzieher(innen) im Kindergarten hinsichtlich seiner Ziele und seines Einsatzes vermittelt wird.

Unter der Perspektive "Lernanregungen" sind schließlich im dritten Kapitel Ansätze versammelt, die der entwicklungsstimulierenden Qualität erzieherischer Umwelten gelten. Während A. Hagen und H.G. Roßbach die Adaptation eines amerikanischen Meßinstruments zur Kindergartenlernumwelt vorstellen und vor allem auch dessen Anwendungsmöglichkeiten erörtern, weist L. Fried auf einen sprachentwicklungsbezogenen Ansatz hin, der dem präventiven Auftrag des Kindergartens zu entsprechen versucht. Dabei werden sowohl Fördermöglichkeiten vorgestellt, die an der tradierten Sprachförderpraxis des Kindergartens ansetzen und diese weiterführen, als auch die evaluierten Förderwirkungen auf Kinder mit gefährdeten Sprachprozessen berichtet. Im Beitrag von C. Häfner geht es dann stärker darum, die Möglichkeiten und Grenzen des Fördermediums "Aufklärungsbuch" differenziert auszuloten, wobei das Geschlechtsrollenverständnis als Indikator grundlegender Orientierungen gewählt wird.

Das vorliegende Buch thematisiert als Sammelband eine Vielzahl unterschiedlicher Fragestellungen frühpädagogischer Forschung und berichtet in seinen zehn Einzelkapiteln über größere und kleinere Untersuchungen. Somit kann eine Reihe aktueller Untersuchungsbefunde schneller, als es in eigenständigen Publikationen möglich wäre, einem erweiterten Adressatenkreis zugänglich gemacht werden. Zu dem Leserkreis rechnen wir nicht nur die wissenschaftlich interessierten Vorschulerzieher, sondern auch frühpädagogischen Fragen gegenüber aufgeschlossene Eltern, Studenten, Lehrer, Psychologen und Sozialwissenschaftler.

Möge der erste Band der Reihe "Studien zur Frühpädagogik" zu weiteren Untersuchungen in den frühpädagogischen Praxisfeldern anregen. Dem Verlag und den Autoren danken wir auch an dieser Stelle für die gute Zusammenarbeit bei der Verwirklichung unseres Vorhabens. Dank sagen möchten wir ferner Frau A. Schauer für die Erstellung des Typoskripts und Frau Dipl.-Päd. S. Wenzel für engagiertes Korrekturlesen.

Die Herausgeber

PERSPEKTIVE

"ERZIEHER(IN)"

Sylvia Blanke

BEZIEHUNGEN ZWISCHEN ERZIEHERN UND KINDERN - SUBJEKTIVE THEORIEN IM BERATUNGSPROZESS

In dieser Untersuchung über Erweiterungsmöglichkeiten pädagogischen Handelns von Erzieherinnen im Kindergarten wurde eine phänomenologische Vorgehensweise gewählt, die darauf ausgerichtet war, den handlungsleitenden Sinn der Erzieherinnen bei ihrem beruflichen Handeln zu erfassen. Im hier vertretenen Ansatz wird menschliches Handeln aus der subjektiven Deutung der Realität durch den Handelnden zu verstehen versucht und grundsätzlich auch mit vom Handelnden selbst unverstandenen und dem Bewußtsein nicht ohne weiteres zugänglichen handlungsleitenden Sinnsetzungen gerechnet. Das gilt auch für die am Forschungs- und Beratungsprozeß beteiligten Wissenschaftler und Berater.

I. Problemstellung

Subjektive Theorien haben nicht nur kognitive Aspekte, sondern sind tief in der Psychodynamik der Person verwurzelt. Sie ermöglichen den Individuen, ihrem Handeln Sinn zu geben; zugleich bieten sie aber auch die Strategien an, mit denen Menschen sich in ihrer Identität sichern. Dieser letzte Aspekt ist vor allem im Auge zu behalten, wenn man die subjektiven Theorien, die Menschen helfen, sinnorientiert zu handeln, zu verändern versucht.

Für die hier zu schildernde Untersuchung wurden drei Theorien menschlichen Handelns miteinander verbunden. Die Untersuchung lehnt sich einerseits an den Symbolischen Interaktionismus an, der besonders betont, daß Menschen sinnorientiert ihre Handlungspläne miteinander abstimmen. Menschen reagieren im täglichen Miteinander nicht nur auf Reize, sondern auf die Bedeutung, die diese Reize für sie haben (Blumer 1973). Die Untersuchung geht aber insofern über den Symbolischen Interaktionismus hinaus, als sie diese Bedeutungen nicht nur als Kognitionen betrachtet, sondern sie mit der Individualpsychologie als in der Psychodynamik der

Person verwurzelt ansieht und menschliches Handeln als stets vom Sicherungsstreben mitgeleitet begreift (Adler 1978; Antoch 1981; Heisterkamp 1980). Die Untersuchung orientiert sich ferner an der Humanistischen Psychologie, die besonders die Qualität der Beziehung zwischen Menschen hervorhebt.

All diesen Ansätzen ist eigen, Menschen sinnkonstruierende Kraft zuzuschreiben. Menschen reagieren nicht "mechanisch" auf Anforderungen, sondern entwickeln aufgrund biographischer Erfahrungen Deutungen, in die Erinnerungen und Hoffnungen in individueller Weise eingearbeitet werden. Die Untersuchung geht davon aus, daß nur Ansätze, die diese sinnbildenden Prozesse einbeziehen, Wege zeigen können, die Menschen aus einem allgemeinen Kommunikationsverständnis herausgetrennte, von privaten Erfahrungen überladene Sinnkonstruktionen wieder zugänglich und damit bearbeitbar machen.

Dieser theoretische Hintergrund und Ausgangspunkt erwies sich als erklärungsträchtig bei der Analyse der geistigen (kognitiven und seelischen) Veränderungsprozesse in einer Fortbildungsveranstaltung für Erzieherinnen des Kindergartens. Den Erzieherinnen sollte eine erweiterte Sicht ihres Erziehungshandelns erschlossen werden. Sie sollten besser wahrnehmen können, daß ihre erzieherische Wirksamkeit vor allem in dem Beziehungsangebot besteht, das sie als Gegenüber der Kinder im Kindergartenalltag anbieten. Die Widerstände, die gegen eine Veränderung ihres eingespielten Verhaltens auftraten, wiesen darauf hin, daß die Erzieherinnen z.T. wenig reflektierten pädagogischen Überzeugungen folgten, die ihnen jedoch als Person die Sicherheit gaben, gegen Kritik von anderen und auch ihrer selbst geschützt, ihre erzieherischen Aufgaben zu erfüllen und sie so vertreten zu können.

Im Verlauf der Fortbildungsveranstaltungen, die das Ziel verfolgten, die subjektiven Erziehungsmethoden von Erzieherinnen zu ändern, wurde jedoch schnell deutlich, daß nicht nur die Erzieherinnen in ihrem Handeln von subjektiven Theorien geleitet werden, die sie in ihrer Identität als Erzieher und Menschen sichern, sondern daß dies ebenso für die Berater zutrifft, die ihnen zu einem erweiterten Verständnis des Erziehungsgeschehens verhelfen wollen.

Auch sie greifen auf subjektive Theorien zurück, um sich im Beratungsgeschehen zu orientieren, es zu deuten und zugleich in ihrer Identität unbeschadet aus dem Beratungsprozeß zu kommen.

Ebenfalls folgte der Wissenschaftler, der den Beratungsprozeß konzipierte, begleitete und dokumentierte, subjektiven Theorien, mit denen er das Geschehen erfaßt, deutet und zu Papier bringt. Auch er ist darauf bedacht, sich in seiner Identität als Wissenschaftler und Mensch zu sichern, um mit dem Ergebnis seiner Arbeit bestehen zu können.

Der Verlauf des untersuchten Beratungsprozesses zeigte, daß auch Berater und Wissenschaftler ihre subjektiven Theorien und die Art und Weise, wie sie sie einsetzen, selbstreflexiv wahrnehmen und in ihr Vorgehen einbeziehen müssen, um nicht ihrerseits den Veränderungsprozessen der Erzieherinnen im Wege zu stehen.

II. Zum Konzept einer Fortbildung, die versucht, die soziale pädagogische Handlungsfähigkeit von Erziehern im Kindergarten zu erweitern

Die Vorschläge von Thomas Gordon ("Familienkonferenz", 1974), die auf den Grundanschauungen der Humanistischen Psychologie beruhen, wurden als eine gute Möglichkeit angesehen, Interaktion und Beziehung im Kindergarten so zu gestalten, daß die Strukturmerkmale von Interaktion - Wechselseitigkeit, grundlegende Anerkennung und Dialog - von den Beteiligten im Kindergarten unmittelbar erlebt werden können. Es wurde davon ausgegangen, daß es bei der Bearbeitung dieser Vorschläge und einer Auseinandersetzung mit dem ihnen zugrunde liegenden Sinn aller Voraussicht nach zu Lernstörungen und Widerständen kommen würde, die den Erziehern eine Prüfung der Vorschläge erschwerten.

Ein Lernangebot, welches nur die bewußten Anteile von Lernstörungen berücksichtigt, genügte nicht den dargelegten Ansprüchen. Um auch unbewußte Anteile im Gesamtzusammenhang des Lernens neuer Handlungsformen und sprachlicher Ausdrucksweisen erfassen zu können, mußte daher ein ganzheitlicher Ansatz zur Erweiterung pädagogischer Handlungsfähigkeit gewählt werden, der grundsätzlich die Berücksichtigung und Bearbeitung unbewußten handlungsleitenden Sinns ermöglicht.

Die Einsichten der Individualpsychologie in der Konstruktion menschlichen Handelns lassen es zu, in Lernstörungen Widerstände zu erblicken, die einen Schutz vor Mangelerleben ausdrücken und ein Sicherungsstreben verdeutlichen, das auf eine zugrunde liegende, mehr oder weniger bewußte seelische Not hindeutet.

Bei der Bearbeitung der zu erwartenden Lernstörungen sollte es vor allem darauf ankommen, für diese Not von Erziehern einen Bezugspunkt zu erarbeiten, der es ihnen ermöglicht, ihre kreativen Fähigkeiten freizusetzen und sie konkret zur aktiven Gestaltung ihrer Beziehung zu den Kindern im Kindergarten einzusetzen und zu nützen. Dies sollte dadurch geschehen, daß Erzieher lernen, "die Strukturierungsnotwendigkeit des Seelischen" (Heisterkamp 1980, 71) und daraus folgend ihr persönliches lebensstiltypisches Handeln zu verstehen.

Jede neue oder als neu erfahrene Situation im Leben eines Menschen verlangt ihm Stellungnahme und neue Handlungsweisen ab und kann daher eine Identitätskrise bedeuten, weil diese Situation für den Lebensstil eine Herausforderung und für das Seelische eine Strukturierungsnotwendigkeit darstellt. Diese Aufarbeitung neuartiger Erfahrungen beschreibt der Symbolische Interaktionismus als eine Bemühung um Balance, ohne die es nicht gelingen kann, neue Anforderungen zu bewältigen. Mit Piaget könnte man von lebensstiltypischer Assimilation und Akkomodation sprechen. Adler verdeutlicht die seelische Dynamik hinter diesem Balancestreben. Die Auffassungen dieser Theorien stimmen darin überein, daß Krisen, die durch neuartige Herausforderungen ausgelöst werden, und Chancen der Persönlichkeitsentwicklung in enger Verbindung stehen.

Auch der Ansatzpunkt für alle therapeutischen und beratenden Interventionen liegt an dieser Stelle, an der die Bemühungen um eine neue Balance und das Bedürfnis, sich zu schützen, aufeinandertreffen. "Indem Berater ... in diesen Prozeß der Gestaltung und Handlung eingreifen, vollziehen sich die Veränderungen im Seelischen, lernen die Klienten ... die Grundmuster ihres Handelns gegenüber Lebenssituationen zu modifizieren, lernen sie sich anders zu verhalten, lernen sie, ein anderer zu sein" (Heisterkamp 1980, 71). Bezogen auf das vorliegende Thema bedeutet dies für Erzieher, das eigene Handeln, vor allem das sprachliche Handeln tiefer zu erfassen und verstehen zu lernen (vgl. Bettelheim 1977).

Das verlangt, den Erzieherinnen eine umfassende Auseinandersetzung mit Zusammenhängen ihres pädagogischen Handelns zu ermöglichen, die bewußten ebenso wie weniger bewußten Sinn einschließt. Sie muß vor allem auf das Erkennen der Beziehung zwischen sprachlich Geäußertem und Einstellungen und Annahmen, die die Interaktion leiten, sowie auf das psychische Erleben der Interaktionssituation ausgerichtet sein. Auf dieser Basis sollen die Bestimmungsgründe des eigenen pädagogischen Handelns tiefer durchdrungen werden.

Dieses Vorgehen folgt der Auffassung Antochs, der den Bezugspunkt für die Bearbeitung u.U. fühlbarer seelischer Not wie Ohnmachtserleben, Angst vor Nähe, Angst vor Identitätsverlust und damit den Kern einer individualpsychologisch orientierten Vorgehensweise bei der Beratung in der "Aufklärung der Differenzen zwischen der subjektiven Intention einer Handlung und ihrer objektiven Gerichtetheit" sieht (Antoch 1981, 39). Entscheidend ist für die Sinnauseinandersetzung, sich der "Bedeutung der Bedeutung" zu vergewissern. Antoch weist darauf hin, daß "die Bedeutung einer bestimmten Tatsache oder Handlung dieser nicht immanent ist, sondern ihr von den direkt oder indirekt Beteiligten zugeschrieben bzw. zwischen ihnen ausgehandelt wird: so ist vor allem die Wirkung einer Handlung - in Abhängigkeit von der Deutung, die der Adressat der Handlung ihr zuschreibt - nicht unbedingt identisch mit der Intention des Handelnden" (Antoch 1981, 39).

So gehört es zum zentralen Anliegen, die "objektive" Gerichtetheit einer vorher nicht bewußten subjektiven Intention verdeutlichen zu können, wobei sich herausstellen kann, daß die vorher bewußt "zugelassene subjektive Intention nichts weiter als eine Rationalisierung darstellt" (Antoch 1981, 40).

Diese Prozesse von Sinnauseinandersetzung und Aufklärung von lebensgeschichtlich gewachsenen Irrtümern sollten es den Erziehern ermöglichen, bisherige Interaktionsabläufe und Situationsgestaltungen neu und anders zu erfassen. Sie sollten es ermöglichen, Vergleiche zu suchen, Beziehungen unter dem Aspekt des Erlebens von Sicherung und Verunsicherung zu sehen und das Handeln auf seine bewußten wie unbewußten Ziele hin zu befragen. So sollte es den Erziehern möglich werden zu lernen, auf Konsequenzen zu achten, Gefühle und Handlungen als Elemente der umfassenden Einheit einer psychischen Dynamik zu verstehen, welche immer darauf gerichtet ist, Mangelerleben zu vermeiden.

III. Zum Ablauf der Fortbildung und der begleitenden Untersuchung

Zehn Erzieherinnen, die Interesse an dem Thema der Fortbildung bekundet hatten, nahmen an der Veranstaltungsreihe teil. Sie trafen sich insgesamt zehnmal mit dem Seminarleiter, einem ausgebildeten Berater und Therapeuten, einer im Kindergartenbereich kompetenten Pädagogin und der Untersuchungsleiterin, deren Forschungsauftrag den Teilnehmerinnen bekannt war. In enger Anlehnung an alltägliche, ihnen vertraute Erfahrungen, wurde versucht, die Erzieherinnen auf die Beziehungsebene im Kindergarten aufmerksam zu machen und ihnen die Fähigkeit zu vermitteln, ihr eigenes Erleben Kindern angemessener zu verdeutlichen und die Sicht und das Empfinden der Kinder unverzerrter einzubeziehen. Es traten erhebliche Widerstände auf, aus denen zu erschließen war, wie schwer die Verhaltensänderung fiel. Für die Zwecke der Untersuchung wurde der Ablauf der Fortbildung mit Tonband aufgezeichnet und begleitend protokolliert. Das Sprachverhalten der Erzieherinnen wurde einige Wochen vor und einige Wochen nach der Fortbildung im Kindergarten auf Tonband festgehalten und unter Verwendung von Sprachkategorien analysiert, die in Anlehnung an Gordon (1974) für diese Untersuchung entwickelt wurden.

Die Kategorien beschrieben folgende sprachliche Äußerungen:

I - Ich-Botschaft
emotional

Eindeutige Stellungnahme des Erziehers in der seine augenblickliche emotionale Einstellung in seiner Beziehung zum Kind klar zum Ausdruck kommt
- ich freue mich über ... ich ärgere mich ... ich bin müde ... ich möchte gerne ...

P - Ich-Botschaft
sachlich

Eindeutige persönlich gehaltene Aussage des Erziehers, die eine sachliche Information für das Kind enthält
- ich gehe jetzt zu den anderen ... das will ich nicht ... ich räume jetzt hier auf ... ich weiß nicht, ob ...

D - Du-Botschaft

Charakterisierung des Kindes unter Vermeidung einer eigenen Stellungnahme: Überstülpen von positiven wie negativen Werturteilen, Bewertung des Kindes aufgrund des Verhaltens. In die Enge treiben.
- du bist aber ein braves Kind ... du bist ein Tölpel ... du alter Zappelphilipp ... du kleine unordentliche Suse du ...

W - Wir-Botschaft

Vermeidung einer eindeutigen eigenen Stellungnahme, statt dessen Verwendung des sog. "pädagogischen Wir"
- jetzt wollen wir mal ... wir räumen jetzt auf ... na, haben wir das nicht schön gemacht ... wir sind jetzt alle wieder lustig ...

M - Indirekte Anrede

Vermeidung direkten Ansprechens
- der Peter macht jetzt mal die Tür zu ... die Karin soll doch nicht immer ...

L - Direkte Anrede

Direktes Aussprechen der Erwartung des Erziehers an ein Kind
- Peter, machst du bitte die Tür zu ... Karin, setzt du bitte das Kaninchen wieder hin ...

A - Aktives Zuhören	Sich-Einfühlen des Erziehers in die Gefühle des Kindes, Aussprechen der Gefühle, Konkretisierung emotionaler Inhalte in der Beziehung des Kindes zu anderen oder seiner selbst. Keine Bewertung! - da hast du dich geärgert, als dir der Franz den Turm kaputt gemacht hat ... tut dir was weh ... da bist du traurig ... Das Aufräumen macht dir gar keinen Spaß, nicht wahr ...
B - Vorform des Aktiven Zuhörens	Vorform von A, Bemühen um Kontaktaufnahme, Zuwendung bei unklarer Situation, Eingehen auf das Kind, ohne jedoch dessen Gefühl zum Ausdruck zu bringen, Lob. - was machst du denn da Schönes ... willst du nicht mal mit der Yvonne spielen ... na, was machst du denn für ein Gesicht ...
G - sachliche Hinweise Material	Regelvermittlung im Umgang mit Material, Wissensvermittlung, Spielregeln - nimm nicht so viel Uhu ... paß auf, das geht leicht kaputt ... erst würfeln und dann setzen ...
H - sachliche Hinweise Sozialverhalten	Umgang mit anderen, Einhalten von Spielregeln - laß den Xaver auch mal mitspielen ... du kannst der Katrin bestimmt helfen ... so laut rülpsen tut man nicht ...
C - sachliche Hinweise unklar Sozialverhalten oder sachliche Hinweise	Regelvermittlung, aber nicht unterscheidbar, ob Sozialverhalten oder sachliche Hinweise gemeint sind - Spielzeug wird im Kindergarten immer ordentlich weggeräumt ... jetzt mach mal die Tür hinter dir zu ... wenn du so schreist, können wir dich nicht verstehen ...
Y - Unverständlich	Akustisch unverständliche Äußerungen des Erziehers (z.B. nuscheln, Satzbrocken)
Z - Sonstiges	Vom Sinnzusammenhang unverständliche Äußerungen des Erziehers, daher außerhalb der Erfassungsmöglichkeit von Erzieheräußerungen durch die vorliegenden Kategorien.

Diese Kategorien wurden anhand der für notwendig erachteten Erfahrungen gebildet, die Kindern in pädagogischer Interaktion im Kindergarten offenstehen sollen.

Die erhobenen Daten erlauben zum einen, Differenzen im Sprachverhalten vor und nach der Fortbildung zu messen, und zum anderen, den Prozeß der Veränderung zu verfolgen. Die Messungen des Sprachverhaltens wurden auch in einer Kontrollgruppe von 10 Erzieherinnen, vergleichbar nach Alter und Ausbildung, durchgeführt. Die

Kontrollgruppe wurde nur um Tonbandaufnahmen gebeten, sie erhielt keinerlei Beratung oder Fortbildung.

Die Untersuchung lehnt sich an Vorgehensweisen der Handlungsforschung an, indem sie die wesentlichen Elemente des erzieherischen Handelns an den Problemen seiner Veränderung zu begreifen versucht. Die Erhebung der Daten erfolgte zum Teil in möglichst standardisierten Situationen (Sprachproben im Kindergarten), zum Teil durch Protokolle und Tonbandaufzeichnungen in teilnehmender Beobachtung des Veränderungsprozesses bei den Sitzungen der Fortbildung. Bei der Datenanalyse wurden quantitative und qualitativ-interpretierende Vorgehensweisen miteinander verbunden.

IV. Ergebnisse

- Die quantitative Auswertung des Sprachverhaltens der Erzieherinnen vor und nach der Fortbildung zeigt, daß es stabile, statistisch abgesicherte Differenzen gibt, die sich bereits während der Fortbildungsveranstaltungen abzeichneten. Nach der Fortbildung senden die Erzieherinnen deutlich mehr Ich-Botschaften an die Kinder, hören ihnen aktiver zu, und auch Vor- und Begleitformen dieses Verhaltens sind häufiger. Indirekte Anreden nehmen ab und auch die Wir-Botschaften mit dem oft falschen Ton: "Wir wollen aufräumen", wenn doch nur die Kinder gemeint sind. Diese Erweiterung der sprachlichen Fähigkeiten, die den Erzieherinnen erlauben, sich direkter und eindeutiger an Kinder zu wenden und zugleich auch aufmerksamer für ihre Bedürfnisse zu sein, zeigen sich in allen Tätigkeitsbereichen des Kindergartens, die in die Untersuchung einbezogen wurden: beim Freispiel, Aufräumen, Basteln und - übrigens am schwächsten - bei der gemeinsamen Betrachtung eines Bilderbuches. Entsprechende Veränderungen gibt es in der Kontrollgruppe nicht. Dies unterstreicht, daß für gute Erzieher-Kind-Beziehungen wichtige Handlungsformen durch die Fortbildungsveranstaltungen vermittelt wurden, die gerade darauf ausgerichtet waren, den Erzieherinnen zu eindeutigem sprachlichem Ausdruck des Beziehungsgeschehens zu verhelfen.

- In der qualitativen Analyse wurde diesem Veränderungsprozeß nachgegangen. Es stellte sich heraus, daß die Verhaltensweisen der Erzieherinnen in ihrem Verständnis des Erziehungsgeschehens wurzeln. Der in der individual-psychologischen Beratung entwickelte Dreier-Schritt - Verstehen, Erklären/Aufklären, Ermutigen - erwies sich als fruchtbar, um zunächst die Verbindung von pädagogischen Haltungen und persönlichem Sicherungsstreben einsichtig zu machen, und dann neue sprachliche Ausdrucksformen zu erproben. Gerade die auftretenden Widerstände belegen, daß grundlegende Schichten der Person in diesem Prozeß der Umorientierung berührt wurden. Die erweiterten Fähigkeiten, erzieherische und sozialisatorisch wirksame Beziehungen zu gestalten, erwachsen, wie die qualitative Analyse der Lernschritte in der Fortbildungsveranstaltung aufzeigt, aus diesem neuen Sinnerleben. Die verbesserten Ausdrucksweisen wurden in der Fortbildung nicht "antrainiert", sondern sind auf eine veränderte Wahrnehmung von Personen und Beziehungen zwischen Personen zurückzuführen.

Der Auseinandersetzungsprozeß um die Widerstände zeigt, daß die Äußerungen der Erzieherinnen in diesem Veränderungsprozeß als Elemente subjektiver Theorien zu begreifen sind. Die Widerstände sind eingebettet in Auffassung der Erzieherinnen über Erziehung, ihre Rolle im Erziehungsprozeß, über vernünftiges Handeln, über Ursachen und wahrscheinliche Folgen. Diese umfassenden Vorstellungen sind nicht dadurch widerlegbar, daß man den Erzieherinnen die Unrichtigkeit einzelner Sätze nachweist, weil diese einzelnen Sätze in einem individuellen, von jeder Erzieherin persönlich konstruierten Sinnzusammenhang stehen. Für diese persönlich aufgebauten, umfassenden Sinnzusammenhänge verwende ich den Begriff der subjektiven Theorie. Er erweist sich für die Auswertung der Veränderungsprozesse im Verlauf der Fortbildung als fruchtbar, denn die Daten zeigen, daß die Erzieherinnen nicht vielfältigen, verschieden begründeten Auffassungen folgen, sondern immer wieder Grundvorstellungen ausführen. Sie beziehen sich auf die für sie bedeutsamen Teile des Erziehungsgeschehens, in dem jede Erzieherin jeden Tag ihre Aufgabe in einer Weise erfüllen muß, daß sie handlungsfähig bleibt und vor sich bestehen kann. Daher geben die untersuchten Erzieherinnen auch einen Satz, den man als unzulängliche Erklärung beweist nicht "einfach" auf. Vielmehr wird immer wieder versucht, in einer neuen Formulierung den alten, für sie bedeutsamen Sinnzusammenhang wieder herzustellen. Erst wenn es gelingt, den Sinnkern der subjektiven Theorie aufzudecken, kann das konstituierende Prinzip für immer wieder neue Erklärungsvarianten infrage gestellt werden.

So gab es, als es um das Aktive Zuhören ging z.B. viele Einwände der Erzieherinnen. Aktives Zuhören verlangt ein Einfühlen in die innere Erlebniswelt des Kindes und den sprachlichen Ausdruck dessen, was man einfühlend beim Kind wahrnimmt. "Es ist unmöglich, sich in einer Gruppe von 20 Kindern auf ein Kind zu konzentrieren". "Im Kindergarten muß ich immer die ganze Gruppe im Auge haben." "Ich kann mich doch nicht nur um ein Kind bemühen! Wie ist das denn dann für die anderen?"

Diese Sätze waren, wie sich zeigt, um den Sinnkern gelagert: "Als Erzieher muß ich dafür sorgen, daß alle Kinder gleich behandelt werden und keines vorgezogen wird". Jeder weitere Hinweis auf den Wert des Aktiven Zuhörens scheiterte an dieser Grundvorstellung. Erst als es gelang zu verdeutlichen, daß die ruhige, aufmerksame Zuwendung nicht auf jeweils ein Kind beschränkt sein sollte, man sich auch in die Bedürfnisse einer kleinen Gruppe einfühlen kann und daß insgesamt die Gesamtgruppe von dem entstehenden "Klima" profitiert und Kinder ähnliche Verhaltensweisen im Miteinander versuchen werden, konnten die Erzieherinnen im Zusammenhang mit dem für sie bedeutungsvollen Sinnkern "Ich bin verantwortlich für das Gruppengeschehen" ihre Möglichkeiten von Aktivem Zuhören prüfen.

Der Begriff der subjektiven Theorie, die erst verschieden deutbaren Äußerungen ihren spezifischen Sinn verleiht, bietet einen Zugang, diese Prozesse zu durchschauen, zu verstehen und in Beratung und Fortbildung zu berücksichtigen. Denn erst wenn einige dieser "Sinnkerne" gemeinsam herausgearbeitet werden, bietet sich ein Ansatzpunkt, von dem her sich Erzieherinnen in ihrem bisherigen Erziehungsverhalten verstehen können, es angesichts anderer Deutungsmöglichkeiten prüfen und sich um ein erweitertes Erziehungsverständnis bemühen können.

In der Fortbildungsveranstaltung hat sich dieses Beratungskonzept als effektiv erwiesen. Es geht davon aus, daß stabile Verhaltensänderungen durch sinnerschließende Methoden bewirkt werden, die ein tieferes Erfassen und Verstehen der bisherigen Sichtweise von Erziehung, vom Kind und von sich selbst vermitteln.

V. Überlegungen zu subjektiven Theorien im Beratungsprozeß

Veränderungen subjektiver Theorien finden nicht nur auf der kognitiven Ebene statt, sondern berühren Menschen tief in ihren lebensgeschichtlich gewachsenen Überzeugungen, die ihnen nur z.T. rational zugänglich sind. Sich Neuem zu öffnen, berührt ihr Sicherungsverhalten, das sie danach steben läßt, sich nicht einem eigenen Erleben von Unterlegenheit und Unvermögen auszusetzen.

Ebenso wie sich Erzieher ihre Handlungsweisen nicht "ausreden" lassen und sich auf ihre Erfahrungen berufen, so lassen sich auch Berater im Beratungsprozeß von Einsichten und Erfahrungen leiten, die sie sich durch die Verbindung von theoretischem Wissen und praktischer Erfahrung in Beratungsverläufen und -situationen erworben haben. Im Verlauf des Beratungsprozesses zeigt sich, daß auch in den Erklärungen und Deutungen von Beratern Strategien enthalten sind, mit denen sie sich als Berater gegenüber Erzieherinnen sichern, um vor sich bestehen zu können. Ein Berater muß sich seiner Strategien, sich zu sichern, selbstreflexiv bewußt sein, will er nicht Gefahr laufen, an dem pädagogischen Sinnverständnis seines Gegenübers blind vorbei zu beraten. Gerade wenn ihm die "Sinnkerne" zunächst nicht deutlich werden, weil z.B. die Argumente der Erzieher für ihn bisher nicht Dagewesenes enthalten und insofern nicht zuzuordnen sind, ist die Gefahr groß, daß er ihm Unverständliches überhört, daß er vielleicht sogar ärgerlich, ironisch u.ä. wird oder Argumente nicht genügend beachtet, um den Rätseln zu entgehen, die sich für ihn als Berater ergeben könnten und ihn um seine Handlungsfähigkeit fürchten lassen müßten.

So hatte der Berater manchmal Mühe, bestimmte Argumente der Erzieherinnen, in denen sie auf schwierige Handlungsbedingungen hinwiesen, nicht als Rationalisierung oder, individualpsychologisch ausgedrückt, als "Objektivierung subjektiver Regungen" mangelnder Lernbereitschaft zu deuten. Die Erzieherinnen beriefen sich bisweilen (wie bereits in obigen Beispiel angedeutet) auf ihre Verantwortung, die sie den Kindern, den Eltern, den Trägern und auch sich selbst gegenüber hätten; auf ihnen laste der Druck vieler Anforderungen, der es oft nicht erlaube, daß sie tun könnten, was sie als pädagogisch wertvoll in der Beziehungsgestaltung mit Kindern ansähen. Der Berater mußte lernen, daß sich in diesen Äußerungen objektiv ein großer Teil der Kindergartenrealität spiegelt, der den Erzieherinnen tatsächlich oft bis an die Grenze ihrer Leistungskraft zu schaffen macht, und daß es gerechtfertigt und erforderlich ist, wenn die Erzieherinnen in dieser Realität gesehen und ernstgenommen zu werden verlagen.

Auch der Wissenschaftler, der den Beratungsprozeß begleitet, ist - ebensowenig wie ein Erzieher und ein Berater - dagegen gefeit, sich davor zu schützen, daß der Beratungsprozeß Elemente seiner subjektiven Theorien infrage stellt und ihn verunsichert. Die Begleitung und Dokumentation des Beratungsprozesses kann ihn auf Grenzen seiner bekannten und bewährten Methoden stoßen. Sich häufende Schwierigkeiten können zu einer fachwissenschaftlichen Unsicherheit führen, die sowohl zu einem sich immunisierenden Verschließen wie zu einer Suche nach veränderten methodischen Zugriffsmöglichkeiten zur Erfassung des Beratungsgeschehens führen können. Der Wissenschaftler wird sich die Frage beantworten müssen, ob für ihn die Methode den Forschungsgegenstand oder ob der Forschungsgegenstand die Methode bestimmt. Ersteres käme möglicherweise einer Immunisierung gegenüber den sich stellenden Fragen gleich, die ihm als Wissenschaftler allerdings Sicherheit bietet, letzteres wäre eine Hinwendung zu der Vielfalt von Fragen und Daten, die jedoch Unsicherheit bedeuten könnte. Insofern könnte man die Entscheidung für bestimmte Methoden auch als beeinflußt von subjektiven Theorien betrachten, die dem Wissenschaftler Voreinschätzungen der Art seines Forschungsgegenstandes und des geeigneten Weges, sich ihm zu nähern, vermitteln.

Die Untersuchung hat gezeigt, daß ein "bloßer" Versuch, Erzieherhandeln zu verändern, wenig und nicht langfristig wirksam ist, sondern daß ein Beratungsprozeß die subjektiven Theorien der Beteiligten einbeziehen muß. Gerade weil der Blick auf die subjektiven Theorien der anderen stets vom eigenen Sicherungsstreben mitbeeinflußt wird, kann es nicht beim Appell an den Berater bleiben, subjektive Theorien zu berücksichtigen, sondern der Beratungsprozeß muß so aufgebaut sein, daß auch der Berater und der Wissenschaftler auf ihre subjektiven Theorien aufmerksam werden.

Das geschah in der hier geschilderten Untersuchung dadurch, daß Berater, Kindergartenpädagogin und Untersuchungsleiterin sich auf "blinde Flecken" im Beratungsverlauf wechselseitig aufmerksam machten. Sie versuchten, diese im Zusammenhang der jeweiligen subjektiven Theorie zu verstehen und erweiterte Zugangsmöglichkeiten für die Beratung zu erarbeiten.

Es wäre denkbar, daß ein Beratungsprozeß auch von einer Person initiiert, durchgeführt und dokumentiert wird, wenn sie alle erforderlichen Qualifikationen, in diesem Falle pädagogische, psychologische und wissenschaftliche, in sich vereinigt.

Dennoch bliebe die Frage, wie sichergestellt werden kann, daß die subjektiven Theorien dieses Beraters nicht der Erfassung und Veränderung der subjektiven Theorien der Erzieherinnen im Wege stehen, und wie sichergestellt werden kann, daß sie ihre entsprechende Würdigung in der Dokumentation des Beratungsverlaufes erhalten.

Literatur:

Adler, A.: Der Aufbau der Neurose. In: Internationale Zeitschrift für Individualpsychologie 10 (1932), 321-327

Adler, A.: Der Sinn des Lebens, Frankfurt 1973 (1933)

Adler, A.: Praxis und Theorie der Individualpsychologie, Frankfurt 1974 (1930)

Adler, A.: Menschenkenntnis, Frankfurt 1978 (1927)

Antoch, R.F.: Beratung zwischen Erziehung und Therapie. In: Zeitschrift für Individualpsychologie 2 (1977), 123-128

Antoch, R.F.: Von der Kommunikation zur Kooperation, München 1981

Bettelheim, B.: Gespräche mit Müttern, München 1977

Blanke, S.: Erziehung in Beziehung. Eine Untersuchung zum Interaktionsgeschehen im Kindergarten und ein Versuch zur Erweiterung pädagogischer Handlungsfähigkeit, Dissertation, Göttingen 1984

Blumer, H.: Der methodologische Standort des Symbolischen Interaktionismus. In: Arbeitsgruppe Bielefelder Soziologen (Hrsg.): Alltagswissen, Interaktion und Gesellschaftliche Wirklichkeit, Reinbek 1973, 80-146

Gordon, Th.: Familienkonferenz, Hamburg 1974

Heisterkamp, G.: Grundsätze der Therapie und Beratung. In: Zeitschrift für Individualpsychologie 1 (1980), 32-40 und 2 (1980), 65-81

Hoffmann-Riem, C.: Die Sozialforschung einer interpretativen Soziologie. In: Kölner Zeitschrift für Soziologie und Sozialpsychologie 32 (1980), 339-372

Johach, H. u.a.: Handlungstheorie - Probleme, Fragen und Konsequenzen unter pädagogischem Aspekt, Königstein/Ts. 1978

Köckeis-Stangl, E.: Methoden der Sozialisationsforschung. In: Hurrelmann, K./Ulich, D. (Hrsg.): Handbuch der Sozialisationsforschung, Weinheim 1980, 321-370

Krappmann, L.: Soziologische Dimensionen der Identität. Strukturelle Bedingungen für die Teilnahme an Interaktionsprozessen, Stuttgart 1971

Krappmann, L.: Die problematische Wahrung der Identität. In: Heigel-Evers, A. (Hrsg.): Die Psychologie des 20. Jahrhunderts, Bd. VIII. Lewin und die Folgen, Zürich 1979, 413-423

Küchler, M.: Qualitative Sozialforschung. Modetrend oder Neuanfang? In: Kölner Zeitschrift für Soziologie und Sozialpsychologie 32 (1980), 373-386

Mannheim, K.: Beiträge zu einer Theorie der Weltanschauungsinterpretation (1921/22). In: Mannheim, K. (Hrsg.): Wissenssoziologie, Neuwied 1964, 91-154

Mannheim, K.: Ideologische und soziologische Interpretation der geistigen Gebilde, 1926. In: Mannheim, K. (Hrsg.): Wissenssoziologie, Neuwied 1964, 388-407

Merker, H./Moskal, E.: Situation unserer Kinder. In: Welt des Kindes 54 (1976), 397-406

Oevermann, L. u.a.: Beobachtungen zur Struktur der sozialisatorischen Interaktion. In: Auwärter, M./Kirsch, E./Schröter, M. (Hrsg.): Seminar: Kommunikation, Interaktion, Identität, Frankfurt 1976, 371-403

Peukert, U.: Interaktive Kompetenz und Identität - Zum Vorrang sozialen Lernens im Vorschulalter, Düsseldorf 1979

Riemann, F.: Grundformen der Angst, München 1961

Horst Brönstrup
Hans-Günther Roßbach

ERZIEHUNGSZIELE IM KINDERGARTEN AUS DER SICHT VON ERZIEHERINNEN UND ELTERN

1. Einleitung

Kinder sind in ihrer Persönlichkeitsentwicklung Produkte ihrer historisch-gesellschaftlichen Umgebung. Die individuelle Lerngeschichte eines Kindes ist weniger bestimmt durch seine biologische Entwicklung als vielmehr durch die expliziten oder impliziten Vorstellungen der Erwachsenen darüber, was und wie Kinder lernen sollen (vgl. Almstedt/Kammhöfer 1980, 13). Nicht zu allerletzt spielen die außerfamilialen Institutionen, in denen auch schon kleine Kinder einen größeren Teil ihrer Zeit verbringen, mit ihren Ziel- und Normvorstellungen eine wichtige Rolle in der Entwicklungsgeschichte eines jeden Kindes. Insbesondere dem Kindergarten, der in der Bundesrepublik Deutschland von 75 % aller Kinder im Alter von 3-6 Jahren besucht wird, muß - unter sozialisationsbezogenen Gesichtspunkten betrachtet - eine große Rolle beigemessen werden. Seitdem der Kindergarten ab Beginn der 60er Jahre von einer Bewahranstalt zu einer Bildungseinrichtung avancierte, gilt ihm ein verstärktes bildungspolitisches Interesse, das zugleich die Frage nach den wünschenswerten Erziehungszielen für den Kindergarten stärker in den Vordergrund rückt.

Für die Erziehung im Kindergarten wurden in den letzten beiden Jahrzehnten zahlreiche, auch heterogene Ziele diskutiert, die zum Teil heftige Kontroversen bei Eltern wie auch bei professionellen Erzieherinnen bzw. anderen Verantwortungsträgern ausgelöst haben. Besonders deutlich wird dies bei der Betrachtung der Reformbemühungen und speziell der Curriculumdiskussion in diesem Zeitraum.

Die dort vertretenen Positionen schwanken zwischen der Bevorzugung sozialer und kognitiver Erziehungsziele für den Kindergarten (vgl. weiter unten); diskutiert wurde eine große Spannbreite von oftmals unscharfen Zielen, die, um nur einige Beispiele zu nennen, von kognitiv-schulvorbereitenden Zielen, Autonomie, Kooperationsfähigkeit, Kreativität oder Selbständigkeit bis zu einem besseren Verständnis für die Probleme der technischen Welt hin reicht.

Die Ursachen für die sich hier zeigenden unterschiedlichen Zielpräferenzen können vielfältig sein. Erziehungsziele für den Kindergarten sind nicht statisch, sondern sie sind auf gesellschaftliche Bedürfnisse bezogen und ändern sich in Abhängigkeit von der - nationalen und internationalen - gesellschaftlichen Entwicklung; siehe hierzu z.B. die Auswirkungen des sogenannten Sputnik-Schocks auf die Entwicklung des Vorschulwesens in den westlichen Ländern (vgl. Hemmer/Obereisenbuchner 1979, 10 f.). Darüber hinaus kann es vielfältige Unterschiede innerhalb der Gesellschaft geben. Professionelle Erzieherinnen mit einer mehrjährigen Ausbildung und Berufserfahrung können andere Zielvorstellungen vertreten als Eltern, die in dieser Hinsicht als weniger professionell betrachtet werden können (vgl. Colberg-Schrader/ Krug 1977, 20 f.). Verschiedene Elterngruppen - differenziert nach Ausbildungsniveau und sozialer Schichtzugehörigkeit - können unterschiedliche Erziehungsziele für richtig halten. Schließlich werden Zielvorstellungen nicht nur von aktuellen Entwicklungen beeinflußt, sondern ebenso von kulturellen Traditionen, die besonders zwischen verschiedenen Ländern zu unterschiedlichen Zielpräferenzen führen.

Insgesamt können damit folgende Varianzquellen für Erziehungsziele identifiziert werden:
- epochale Varianz, d.h. Unterschiede in den Zielpräferenzen über die Zeit;
- länderspezifische/kulturelle Varianz, d.h. Unterschiede zwischen verschiedenen Ländern;
- subkulturelle/soziokulturelle Varianz, d.h. Unterschiede zwischen verschiedenen sozialen Gruppen innerhalb eines Landes oder einer Kultur;
- professionelle Varianz, d.h. Unterschiede aufgrund professioneller Orientierungen z.B. zwischen Erzieherinnen mit einer besonderen Ausbildung und Laienerziehern wie den Eltern.

Die von den einzelnen Personen bzw. Gruppen wie Eltern oder Erzieherinnen vertretenen Erziehungsziele für den Kindergarten wirken sich auf das tatsächliche

Handeln im Kindergarten und damit auf die Sozialisation der Kinder aus. Es ist zu erwarten, daß unterschiedliche Zielpräferenzen von Eltern und Erzieherinnen für die Kindergartenarbeit ein latentes Problempotential enthalten. Ein vereinfachendes Beispiel soll dies erläutern: wenn Eltern von der Kindergartenarbeit eine starke Schulvorbereitung erwarten, Erzieherinnen aufgrund ihres professionellen Selbstverständnisses ihre Arbeit aber eher an der Bewältigung sozialer Lernprozesse orientieren, können grundlegende Konflikte über die praktische Kinderarbeit entstehen, die sich letztlich auch auf die Sozialisation der betroffenen Kinder auswirken.

Die gesellschaftliche Bedeutung der Erziehungsziele wie auch die Bedeutung für die unmittelbar praktische Kindergartenarbeit ist aber nicht nur von den eigenen Zielvorstellungen einer Gruppe abhängig, sondern ebenso davon, welche Erziehungsziele einer anderen Gruppe zugeschrieben werden. Unterstellen Eltern z.B. Erzieherinnen schulvorbereitende Ziele, die diese selbst gar nicht verfolgen, sondern eher sogar ablehnen, dürften bedeutsame Mißverständnisse zu erwarten sein, die wiederum die Sozialisation der Kinder beeinflussen. Damit werden sowohl das "Selbstbild" einer Gruppe im Hinblick auf Erziehungsziele als auch das "Fremdbild", das eine Gruppe von einer anderen hat, zu bedeutsamen Bedingungen der praktischen Arbeit (vgl. zur allgemeinen Bedeutung von Fremd- und Selbstbild in interaktionistischen Ansätzen: Mead 1968; Krappmann 1973). Dem so skizzierten Problemkreis wendet sich eine Studie zu, die Erziehungsziele für den Kindergarten in verschiedenen Ländern analysiert. Teilnehmerländer an dieser Studie sind zur Zeit USA, Brasilien, Portugal, Belgien, Polen und die Bundesrepublik Deutschland. In den drei letztgenannten Ländern liegen bereits erste länderspezifische Auswertungen vor, während die anderen Länder kurz vor der Datenerhebung stehen. Die Studie in der Bundesrepublik wird an der Universität Münster durchgeführt (Projektleiter: W. Tietze).

In jedem Land werden Eltern und Erzieherinnen nach ihren Erziehungszielen für den Kindergarten befragt; erhoben werden dabei sowohl die "Selbstbilder" jeder Gruppe als auch die "Fremdbilder", d.h. jene Erziehungsziele, die eine Gruppe der jeweils anderen zuschreibt. Durch die Untersuchungsanlage können drei der oben genannten Varianzquellen für unterschiedliche Erziehungsziele aufgedeckt werden: länderspezifische/kulturelle (durch den Vergleich der Erziehungsziele in verschiedenen Ländern), professionelle (durch den Vergleich von Erzieherinnen und Eltern) und subkulturelle/soziokulturelle Varianz (durch den Vergleich von unterschiedlichen sozialen Gruppen innerhalb jeden Landes). Epochale Varianz kann in diesem

Forschungsvorhaben nicht berücksichtigt werden, da ein retrospektiver Zugriff auf entsprechende Daten nicht möglich ist. Jedoch können die Daten dieser Studie als Ausgangspunkt für eine zukünftige Studie dienen, in der auch epochale Veränderungen untersucht werden.

Der folgende Beitrag nimmt ausschließlich auf die Auswertung der Daten für die Bundesrepublik Bezug. Bevor die Instrumentenentwicklung und Untersuchungsanlage im engeren (Kapitel III) sowie einige Hauptergebnisse (Kapitel IV) dargestellt werden, soll ein kurzer Überblick über die im Zusammenhang mit der Curriculumdiskussion in der Bundesrepublik diskutierten Erziehungsziele für den Kindergarten gegeben werden.

II. Erziehungsziele im Kontext der Curriculumdiskussion

Unter Erziehungsziel als Minimalbegriff wird eine "psychische Disposition, die im Zu-erziehenden (Educanden) zu erreichen gewollt, versucht oder gefordert wird", verstanden (Brezinka 1981, 150). Die Diskussion von Erziehungszielen für den Kindergarten ist in der Bundesrepublik eng verbunden mit der Curriculumdiskussion der letzten beiden Jahrzehnte. Eine Systematisierung der verschiedenen Curriculumansätze im Elementarbereich ist relativ einfach. Je nachdem, ob mit einem Curriculum wichtige psychische Funktionen, Grundbegriffe wissenschaftlicher Disziplinen oder aktuelle Lebenssituationen der Kinder thematisiert werden, werden sie in der Fachliteratur in funktionsorientierte, wissenschaftsorientierte oder situationsorientierte Ansätze eingeteilt (vgl. Retter 1980, 132; Liegle/Neumann-Porttner 1975, 296 f.). Diese Einteilung wird gleichzeitig als historisch thematisiert, da - im gewissen Sinne idealtypisch - der situationsorientierte Ansatz die anderen ablöste.

Wenn auch die Betonung bestimmter Erziehungsziele mit bestimmten curricularen Ansätzen zum Teil eng verbunden ist (vgl. z.B. die Bevorzugung sozialer Ziele im situationsorientierten Ansatz; vgl. Zimmer 1973, 28 f.), so gibt es dennoch keine definitive Zuordnung der Ziele zu einem Ansatz, denn ein bestimmtes Erziehungsziel kann in verschiedenen curricularen Ansätzen - wenn auch mit unterschiedlichen Intentionen - thematisiert werden. Erziehungsziele wie Sprachförderung oder Kreativität finden sich nicht ausschließlich in funktionsorientierten Ansätzen wieder, sondern ebenfalls im Situationsansatz. Dort werden diese Ziele aber nicht als funktionale Fähigkeiten angesehen, sondern als integrative Bestandteile eines umfassenden Förderkonzeptes (vgl. Lipski 1975, 100 f.).

Betrachtet man die in diesen curricularen Ansätzen - sowie in ergänzender Fachliteratur - diskutierten Erziehungsziele zusammen, so lassen sich zehn Zielbereiche identifizieren, die auf einer allgemeinen Ebene in soziale und kognitive Zielbereiche differenziert werden können. Bevor diese Zielbereiche kurz dargestellt werden, ist eine Vorbemerkung nötig.

Die Identifikation von Zielbereichen hatte gleichzeitig die Funktion, die Konstruktion eines Erhebungsinstruments anzuleiten. Dabei ergaben sich aber im Kontext einer internationalen Studie besondere Probleme, da die Aufteilung in verschiedene Zielbereiche im allgemeinen auch für die anderen teilnehmenden Länder angemessen sein sollte. Wenn somit im folgenden Zielbereiche in der deutschen Curriculumdiskussion identifiziert werden, so muß gleichzeitig berücksichtigt werden, daß diese Zielbereiche den anderen teilnehmenden Ländern nicht allzu fremd sind.

Im Bereich sozialer Erziehungsziele wurden identifiziert:

- Kooperation:
Das Erziehungsziel Kooperation findet sich verstärkt in den situationsorientierten Ansätzen wieder. Kooperatives Verhalten wird dabei definiert als Erkennen und Durchsetzen von gemeinsamen Interessen und Bedürfnissen (vgl. Stange u.a. 1977, 139) oder als Bewältigung einer vorgegebenen Aufgabe im Sinne koordinierter Tätigkeiten (vgl. Schmidt-Denter 1978, 392). Kooperationsfähigkeit ist dabei in den situationsorientierten Ansätzen keine formale Eigenschaft, die ausschließlich in konkreten Situationen zum Tragen kommt, sondern ist Bestandteil eines umfassenden Förderkonzeptes (vgl. Arbeitsgruppe Vorschulerziehung 1973a, 53 f.).

- Konfliktverhalten:
Streit und Auseinandersetzung unter Kindern ist im Kindergarten ein immer wieder auftretendes Problem. Deswegen wird in curricularen Ansätzen ein niederlagenloses Konfliktlöseverhalten gefordert, d.h. die Suche der Konfliktpartner nach einer Lösung, die den jeweiligen Interessen so weit wie möglich Rechnung trägt, ohne daß ein Konfliktpartner sich ausschließlich durchsetzt oder nachgibt (vgl. Schmidt-Denter 1978, 396).

- Selbstbestimmung:
Die Erziehung zur Selbstbestimmung ist Anspruch des situationsorientierten Ansatzes (vgl. Gerstacker/Zimmer 1978, 195). Ziel ist es, Kindern zum Abbau von Fremdbestimmung zu verhelfen, ihnen ihre legitimen Interessen zu verdeutlichen und ein Angebot an Handlungsalternativen bereitzustellen (vgl. Arbeitsgruppe Vorschulerziehung 1973b, 28).

- Selbständigkeit:
Die Erziehung zur Selbständigkeit ist ein wichtiges Ziel innerhalb der Sozialerziehung (vgl. Nickel/Schenk/Ungelenk 1980, 67). Selbständigkeit ist dabei eine Voraussetzung für viele unterschiedliche Verhaltensbereiche. Während Selbstbestimmung eher einer Entscheidungsebene zuzuordnen ist, steht Selbständigkeit eher für die Handlungsebene.

- Positives Selbstkonzept:
Der Begriff Selbstkonzept umfaßt das Gesamtmuster der Einstellungen, Beurteilungen und Einschätzung der eigenen Person und "integriert die Mehrzahl jener Persönlichkeitsbereiche, die in verschiedenen Zielkatalogen mit der Vorsilbe Selbst- bezeichnet werden wie z.B. Selbstvertrauen, Selbstachtung, Selbstwertgefühl oder Selbstsicherheit" (Rauer, 1978, 361).

Bei den kognitiven Erziehungszielen können die folgenden fünf Bereiche identifiziert werden:

- Sprachförderung:
Sprache wurde in funktions- und wissenschaftsorientierten Ansätzen mit Hilfe von funktionalen Trainingsmappen zu fördern versucht (vgl. Bereiter/Engelmann 1966). Über Sprache sollten die kognitiven Ressourcen der Kinder ausgeschöpft und ihre intellektuelle Leistungsfähigkeit gesteigert werden. Neuere Arbeiten und situationsorientierte Curricula sprechen inzwischen anstatt von Sprachförderung von Förderung der Kommunikation (vgl. MAGS 1981). Damit wird der Tatsache Rechnung getragen, daß Kinder kommunikative Kompetenz in verschiedenen sozialen Situationen erwerben. Deshalb wird in situationsorientierten Ansätzen die Förderung sprachlicher Kommunikation in den Tagesablauf unter die pädagogischen Rahmenmöglichkeiten des Kindergartens integriert.

- **Kreativität:**
Der Sputnikschock 1957 löste sozusagen einen Kreativitätsboom aus, der sich in den funktionsorientierten Ansätzen niederschlug (vgl. Preiser 1976, 16). Kreativität wurde dabei definiert als divergentes Denken, d.h. als Denken, welches in verschiedene Richtungen geht und mehrere Lösungsmöglichkeiten zu einem Problem hervorbringt, während konvergentes Denken im Vergleich dazu auf das Hervorbringen einer richtigen Antwort gerichtet ist.

- **Arbeitstugenden:**
Unter diesem Begriff werden die Ziele subsumiert, die mit Erziehung zu Ordnung, Sauberkeit, Fleiß, Konzentration und Disziplin umschrieben werden können. Mit diesen Arbeitstugenden werden wichtige Ziele angesprochen, die grundsätzlich - mit oder ohne Intention - im Kindergarten vermittelt werden.

- **Schulvorbereitung:**
Im Zuge der Intelligenz- und Begabungsforschung stellte Lückert (1967) die These von der "kulturellen Vernachlässigung des Kleinkindes" auf. Der von ihm angeprangerte Bildungsnotstand und die einsetzende Frühlesebewegung führten schließlich dazu, daß auf Drängen vieler Eltern eine explizite Schulvorbereitung als Ziel der Kindergartenarbeit und damit verschiedene Förderprogramme und Trainingsmappen in den Kindergärten eingeführt wurden. Die Eltern versprachen sich von dem vorschulischen Training verbesserte schulische und langfristig bessere berufliche Chancen ihrer Kinder (vgl. Hemmer/Obereisenbuchner 1979, 29).

- **Orientierung an der realen Erwachsenenwelt:**
Wenn auch die verschiedenen curricularen Ansätze unterschiedliche Ziele bzw. dieselben Ziele, aber in anderen Kontexten verfolgen, so haben sie doch alle eines gemeinsam: Die Kindergartenerziehung orientiert sich an der realen Erwachsenenwelt. Beim Situationsansatz kommt dies z.B. dadurch zum Ausdruck, daß Kinder lernen, die komplexe Welt der Erwachsenen zu verstehen. Wenn auch die didaktischen Einheiten "Kind im Krankenhaus" oder "Verlaufen in der Stadt" (Arbeitsgruppe Vorschulerziehung 1976, 108 f.) in erster Linie die Autonomie des Kindes fördern sollen, so orientieren sich diese Einheiten implizit auch an der Erwachsenenwelt; Kindergartenerziehung wird damit nicht als ein von der Außenwelt abgeschotteter Schonraum verstanden.

III. Instrumentenentwicklung und Untersuchungsfragen

Der Begriff Erziehungsziel wird aus pragmatischen Gründen in der vorliegenden Studie relativ breit verstanden. Er umfaßt nicht nur Erziehungsziele im engeren Sinne, sondern auch Erziehungseinstellungen und instrumentelle Überzeugungen (vgl. Engfer/Filipp/Schneewind 1973, 13). Gemeinsam ist allen Konstrukten, daß sie Orientierungen für pädagogisches Handeln geben.

Es gibt verschiedene Instrumente, die sich auf Erziehungsziele, Einstellungen und instrumentelle Überzeugungen beziehen, z.B. die Frankfurter Skala zur Erfassung der Erziehungseinstellungen (Graudenz/Kraak/Hauer 1976).

In der Regel fragen diese Instrumente eher nach allgemeinen Erziehungszielen und Erziehungspraktiken speziell im familialen Leben, während in der vorliegenden Studie eine andere Intention vorhanden ist. Alle Fragen sollten sich speziell auf Erziehungsziele für das Kindergartenkind in der Kindergartensituation beziehen.

Für diesen Zugriff mußte daher ein neues Instrument entwickelt werden. Den theoretischen Ausgangspunkt bildeten die Erziehungsziele, die in der Kindergartencurriculumdiskussion der letzten Jahre betont wurden. Analytisch wurden diese Ziele in soziale und kognitive Ziele aufgeteilt. Jeder Bereich wurde durch fünf Konstrukte konstituiert.

Als Untersuchungsinstrument wurde ein Fragebogen für eine schriftliche Befragung von Erzieherinnen und Eltern entwickelt. Für jedes theoretische Konstrukt wurden dabei mehrere Items formuliert und verschiedenen Vortests in der Volksrepublik Polen und der Bundesrepublik unterzogen. Anschließend wurde das Erhebungsinstrument aufgrund der Erfahrungen modifiziert. Dabei wurde versucht, eine Itemauswahl zu finden, die auch für andere Länder angemessen ist.

Das fertige vorgetestete Instrument besteht insgesamt aus 44 Items, von denen 20 Ziele den sozialen Bereich und 24 Ziele den kognitiven Bereich ansprechen. In methodischer Hinsicht werden die Erziehungsziele als Statements vorgegeben, die Befragten müssen dann Ablehnung oder Zustimmung auf einer vierstufigen Skala angeben. Das Untersuchungsinstrument ist so angelegt, daß die Zustimmung einmal zu den eigenen Zielen, zum anderen zu den jeweils einer anderen Referenzgruppe zugeschriebenen Erziehungszielen erfragt wird. Mit dem gleichen Instrument werden also sowohl die eigenen Erziehungsziele ("Selbstbild") als auch die bei einer anderen Gruppe perzipierten Erziehungsziele ("Fremdbild") erfragt.

Das Untersuchungsinstrument besteht aus einem - und das ist der größte Teil - für alle Länder verbindlichen Kernteil und aus einem länderspezifischen Zusatz. Dieser länderspezifische Teil soll helfen, einen kulturellen Bias zu verhindern, der dadurch möglich werden könnte, daß der Kernteil von Erziehungszielen vorwiegend die in der Reformphase der letzten zwei Jahrzehnte in den westlichen Ländern diskutierten Ziele widerspiegelt. Für das in der Bundesrepublik eingesetzte Instrument ist dieser Zusatz allerdings gering, d.h. nur 3 der 24 Items aus dem kognitiven Bereich gehören nicht zu dem für alle Länder verbindlichen Teil. In anderen Ländern (z.B. Belgien) wurden noch weitere Bereiche von Erziehungszielen aufgenommen. Neben dem Fragebogen für Erziehungsziele wurde ein weiteres Frageblatt entwickelt, das - für Erzieherinnen und Eltern getrennt - nach einigen allgemeinen persönlichen Hintergrundbedingungen sowie ökologischen Faktoren fragt.

Im Mittelpunkt der Studie in der Bundesrepublik - und der vorliegende Ergebnisteil bezieht sich ausschließlich auf die deutsche Erhebung - standen auf dem Hintergrund der in der Einleitung beschriebenen konzeptuellen Überlegungen die folgenden Hauptfragestellungen:
- Welche Dimensionen der Erziehungsziele lassen sich empirisch identifizieren, und wie verhalten sich die theoretisch identifizierten Zielbereiche zu den empirisch gefundenen Dimensionen?
- Welche Erziehungsziele - hier auf der Ebene von empirisch fundierten Erziehungszielbereichen - finden sich in der Praxis wieder? Teilen Eltern und Erzieherinnen jene Zielpräferenzen, wie sie sich in der Curriculumdiskussion/Fachliteratur finden lassen?
- Unterscheiden sich Eltern und Erzieherinnen in ihren Zielpräferenzen, d.h. verfolgen Erzieherinnen mit einer speziellen auf den Kindergartenbereich bezogenen Ausbildung andere Erziehungsziele als Eltern, die im allgemeinen als pädagogische Laien bezeichnet werden können (professionelle Varianz)?
- Gibt es Unterschiede im "Selbstbild" und im "Fremdbild", d.h. unterstellen Erzieherinnen Eltern andere Zielorientierungen, als diese für sich selbst beanspruchen - und umgekehrt?
- Lassen sich innerhalb der Gruppe der Eltern bzw. der Gruppe der Erzieherinnen spezifische Hintergrundbedingungen identifizieren (wie z.B. Bildungsstand der Eltern oder Berufserfahrung der Erzieherinnen), die bestimmte Zielpräferenzen erklären können (subkulturelle/soziokulturelle Varianz)?

IV. Hauptergebnisse

Die Datenerhebung für die Bundesrepublik wurde im Herbst 1984 in NRW durchgeführt. Bedingungen für eine Teilnahme waren: Eltern mußten zu der Zeit ein drei- bis sechsjähriges Kind im Kindergarten haben; Erzieherinnen mußten zu der Zeit im Kindergartenbereich arbeiten. Die Verteilung der Fragebögen an die Eltern wurde über Kindergärten vorgenommen: dabei wurde darauf geachtet, daß die Kindergärten aus strukturell unterschiedlichen Gebieten stammen: industrielle Großstadt (Essen), ländliches Gebiet (Ibbenbüren, Lengerich, Ostbevern) und eine Stadt mit einem typischen Dienstleistungsgepräge (Münster). Die Fragebögen für Erzieherinnen wurden auf überregionalen Kindergartenleiterinnentreffen in den Kreisen Münster und Steinfurt verteilt. Den Leiterinnen wurden dabei jeweils mehrere Fragebögen für andere Mitarbeiter des jeweiligen Kindergartens mitgegeben. Die Erzieherstichprobe rekrutierte sich folglich nicht aus den gleichen Kindergärten, in denen die Eltern befragt wurden.

Alle Befragten konnten ihre Zustimmung oder Ablehnung zu den 44 vorgelegten Erziehungszielitems auf einer vierstufigen Antwortskala abgeben (1,0 = Ablehnung, 4,0 = Zustimmung zu einem Ziel, Werte dazwischen bedeuten Abstufungen des Urteils). Die im folgenden berichteten Ergebnisse beruhen auf Aussagen von 151 Eltern sowie 156 Erzieherinnen.

1. Dimensionen der Erziehungsziele

Bei der Konstruktion des Fragebogens wurde von zehn theoretischen Erziehungszielbereichen ausgegangen, auf die hin die 44 Items formuliert wurden (soziale Erziehungsziele: Kooperation, Konfliktverhalten, Selbständigkeit, Selbstbestimmung, Selbstkonzept; kognitive Erziehungsziele: Sprachförderung, Kreativität, Arbeitstugenden, Schulvorbereitung, Orientierung an der realen Erwachsenenwelt). In einem ersten Untersuchungsschritt wurde untersucht, welche Erziehungszieldimensionen sich anhand des Fragebogens identifizieren lassen und wie sich die identifizierten empirischen Dimensionen zu den unterstellten zehn theoretischen Erziehungszielbereichen verhalten. Dazu wurden getrennt für den sozialen und den kognitiven Bereich verschiedene Faktorenanalysen durchgeführt. Alle Faktorenanalysen wurden nach der Hauptachsenmethode mit anschließender Varimaxrotation gerechnet. Es wurden jeweils 3 bis 7 Faktoren extrahiert. Die Bestimmung der optimalen Faktorenanzahl orientierte sich am Scree-Test, am Fürntratt-Kriterium (vgl. Fürntratt 1969) und an der Interpretierbarkeit der Faktorenlösungen. Ausgewählt wurde jeweils eine 4-Faktor-Lösung. Eine Kurzfassung der Items mit den Ladungen und Kommunalitäten findet sich im Anhang (vgl. Tabelle 3 und 4).

Die vier Faktoren im Bereich der sozialen Erziehungsziele erklären 39 % der Gesamtvarianz. Die Faktoren 1 und 3 beziehen sich auf die Selbstbestimmung des Kindes, Faktor 2 auf ein positives Selbstkonzept und Faktor 4 auf Aspekte der Kooperation.

Faktor 1 erklärt 14,1 % der Gesamtvarianz, er wird durch 5 Items deutlich markiert. Vier dieser Items sprechen dabei Aspekte der Selbstbestimmung des Kindes an (14, 5, 18, 10). Kinder sollen sich gegen die Ansprüche der Erwachsenen durchsetzen, nicht nur in Konfliktsituationen, sondern auch dann, wenn es um die Gestaltung von Spielen geht. In diesem Zusammenhang ist Item 1 etwas schwieriger zu interpretieren, das die Entwicklung eines positiven Selbstkonzeptes (vgl. Faktor 2) thematisiert (vollständige Formulierung des Items: Für die Entwicklung des Kindes ist es wichtig, daß es eher seine negativen als seine positiven Seiten kennenlernt). Vielleicht wurde aber auch durch die Formulierung des Items ein Aspekt des Widerstandes gegen die Ansprüche der Erwachsenen thematisiert, der die Selbstbestimmung verhindert. Insgesamt gesehen kann die erste Dimension der sozialen Ziele als "Selbstbestimmung gegen die Ansprüche der Erwachsenen" bezeichnet werden.

Der Faktor 3 erklärt 7,9 % der Gesamtvarianz. Ähnlich wie bei Faktor 1 sprechen die sechs Markieritems Aspekte der kindlichen Selbstbestimmung an. Jedoch beziehen sich hier die Items in der Tendenz auf eine Ermunterung der Erzieher an das Kind, sich in der Gruppensituation selbstbestimmend und selbständig zu verhalten. Kinder sollen zu eigenen Entscheidungen, zu selbständigem Konfliktverhalten in der Gruppe und zur Durchsetzung eigener Wünsche gegen die anderen Gruppenmitglieder ermuntert werden. Diese Dimension läßt sich dementsprechend mit "Selbstbestimmung gegenüber der Gruppe" bezeichnen.

Faktor 2 erklärt 10 % der Gesamtvarianz. Die drei Items mit den höchsten Ladungen (19, 20, 15) beziehen sich auf die Förderung eines positiven Selbstkonzeptes. Kinder sollen stolz auf sich sein, Selbstvertrauen haben und sich gut leiden können. Zwei andere Items mit etwas geringeren Ladungen passen ebenfalls in diesen Kontext: Zuviel Lob wird nicht als schädlich angesehen (3), und das Klima für ein positives Selbstkonzept soll nicht durch zuviel Leistungsorientierung behindert werden (6). Diese Dimension wird daher insgesamt mit "Positives Selbstkonzept" benannt.

Faktor 4 erklärt 6,7 % der Gesamtvarianz. Drei Items kennzeichnen diesen Faktor deutlich (7, 8, 16). Der Faktor spricht stark das Erziehungsziel der Kooperation an, d.h. gemeinsame Tätigkeiten der Kinder und die Wichtigkeit des gegenseitigen Helfens. Dazu kommt noch ein Item (4), nach dem eine starke Orientierung an der Gruppe nicht (negative Ladung) die kindliche Persönlichkeitsentwicklung behindert.

Die Formulierung der Items zu den sozialen Erziehungszielen war orientiert an den theoretischen Konstrukten Kooperation, Konfliktverhalten, Selbständigkeit, Selbstkonzept und Selbstbestimmung. Zum größten Teil finden sich diese Konstrukte in der Faktorenanalyse wieder. Kooperation und Selbstkonzept machen jeweils einen eigenen Faktor auf, während Konfliktverhalten, Selbständigkeit und Selbstbestimmung sich auf zwei neue Faktoren aufteilen: Selbstbestimmung gegen die Ansprüche der Erwachsenen und Selbstbestimmung gegenüber der Gruppe.

Die vier extrahierten Faktoren bei den kognitiven Erziehungszielen erklären 45 % der Gesamtvarianz. Die Faktoren 2 bis 4 beziehen sich auf die Erziehungsziele Arbeitstugenden, Schulvorbereitung und Orientierung an der realen Erwachsenenwelt, während Faktor 1 eine Kontrolle durch Erzieherinnen thematisiert.

Faktor 1 erklärt 15,2 % der Gesamtvarianz, sieben Items haben ihre höchste Ladung auf diesem Faktor. Die Items sprechen verschiedene Aspekte der Sprachförderung, Schulvorbereitung und von Arbeitstugenden an. Gemeinsam ist ihnen jedoch - und das unterscheidet sie von Faktor 2 und 3 -, daß die Ansprüche an das Kind immer explizit von der Erzieherin ausgehen. In diesem Sinne spricht der Faktor weniger einen Erziehungszielbereich direkt an, sondern thematisiert ein für notwendig erachtetes Erziehungsverhalten, das bestimmte kognitiv orientierte Verhaltensweisen von Kindern kontrolliert. Aus diesem Grund soll der Faktor mit "Kontrolle durch Erzieherin" bezeichnet werden.

Faktor 2 erklärt 12,9 % der Gesamtvarianz und wird von 6 Items markiert. Die Items beschreiben Anforderungen an das kindliche Arbeitsverhalten. Das Kind soll sich längere Zeit einer Aufgabe widmen können, sich diszipliniert verhalten und nicht zu sehr in seiner Phantasie abschweifen. Diese Dimension läßt sich somit eindeutig mit "Arbeitstugenden" benennen.

Faktor 3 erklärt 6,6 % der Gesamtvarianz, fünf Items haben ihre höchste Ladung auf diesem Faktor. Alle Items beziehen sich direkt auf schulvorbereitende Arbeiten im Kindergarten, sie thematisieren entweder die Vermittlung von Kulturtechniken im Kindergarten oder die schulvorbereitende Funktion des Kindergartens. Faktor 3 wird daher mit "Schulvorbereitung" bezeichnet.

Faktor 4 schließlich erklärt 6,3 % der Gesamtvarianz; sechs Items haben ihre höchsten Ladungen auf diesem Faktor. Die vier Items mit den höchsten Ladungen (1, 11, 8, 14) thematisieren das Verhältnis der "Kindergartenwelt" zu den Ansprüchen, Problemen, Komplexitäten der Außenwelt. Der Kindergarten soll die Kinder nicht von der komplexen Erwachsenenwelt abschirmen - und einen künstlichen Schonraum aufbauen -, sondern die Kinder sollen schon mit den Mühen und Erschwernissen des Erwachsenenlebens konfrontiert werden. In der Tendenz jedoch passen auch zwei schwächer ladende Items (3, 7) in dieses Interpretationsmuster: sie fordern eine spezielle Sprachförderung und die Kenntnis wichtiger mathematischer Grundbegriffe - Voraussetzungen, so läßt sich schließen, die für das Umgehen mit der Außenwelt, mit den Ansprüchen der realen Welt nötig sind. Faktor 4 soll deshalb als "Orientierung an der realen Erwachsenenwelt" bezeichnet werden.

Auch in dem kognitiven Bereich lassen sich damit zum Teil die der Itemkonstruktion zugrunde liegenden Konstrukte (Sprachförderung, Kreativität, Arbeitstugenden, Schulvorbereitung und Orientierung an der realen Erwachsenenwelt) wiederfinden. Direkt reproduziert werden konnten Schulvorbereitung und Arbeitstugenden. Das Konstrukt Sprachförderung zeigt sich so nicht wieder, vielmehr entsteht ein Faktor, der die Kontrolle durch die Erzieherin - auch im Hinblick auf Sprachförderung - thematisiert. Ein eigener Faktor Kreativität konnte nicht reproduziert werden.

Zusammenfassend läßt sich festhalten, daß sowohl im Bereich sozialer als auch im Bereich kognitiver Erziehungsziele zu einem großen Teil die untersuchten Ziele sich empirisch gruppieren lassen, wie es die theoretischen Annahmen unterstellten.

Nach den Ergebnissen der Faktorenanalysen wurden aus den Markiervariablen der Faktoren acht additive Skalen gebildet. Negativ ladende Items wurden vorher umgepolt; anschließend wurden die Skalen wieder auf Werte von 1 bis 4 transformiert. Die Skalen sind so gepolt, daß eine 4 Zustimmung zu dem Erziehungszielbereich, eine 1 Ablehnung beinhaltet. Die Reliabilität der Skalen - berechnet nach Cronbachs ALPHA - liegen zwischen .48 und .75. Berücksichtigt man die Kürze der Skalen, so kann von zufriedenstellenden Reliabilitäten ausgegangen werden. Aus diesem Grund können die acht neukonstruierten Erziehungszielskalen den folgenden Untersuchungsschritten zugrunde gelegt werden.

Die Interkorrelationen der Skalen - da es sich hier um additiv gebildete Skalen handelt, können diese miteinander korrelieren - fallen insgesamt sehr niedrig aus. Eine Ausnahme bildet die plausible Korrelation zwischen Skala 1 und Skala 5 (r = -.66): Je mehr die Befragten eine Selbstbestimmung der Kinder gegen die Ansprüche der Erwachsenen betonen (Skala 1), desto eher lehnen sie die Kontrolle durch Erzieherinnen ab (Skala 5). Insgesamt sind die acht Erziehungszielskalen jedoch relativ unabhängig voneinander und erfassen somit unterschiedliche Zielbereiche.

2. Erziehungsziele in der Gesamtgruppe

Die in der Untersuchung enthaltenen Erziehungsziele wurden auf dem Hintergrund der Curriculumdiskussion ausgewählt. Es schließt sich nun die Frage an, wie diese Erziehungsziele sich in der Praxis wiederfinden, d.h. wie Eltern und Erzieherinnen zusammen diese Erziehungsziele einschätzen. Bei der Bewertung der im folgenden berichteten Ergebnisse muß aber berücksichtigt werden, daß Eltern und Erzieherinnen nur jene Erziehungsziele beurteilen konnten, die im Fragebogen enthalten waren. D.h. es ist durchaus möglich, daß es Erziehungsziele gibt, die Eltern und Erzieherinnen als bedeutsam bewerten, die aber nicht in der Itemsammlung im Fragebogen enthalten sind.

Berichtet wird hier über die Ergebnisse im Hinblick auf die acht konstruierten Erziehungszielskalen; Tabelle 1 enthält die entsprechenden Mittelwerte in der Gesamtgruppe. Ebenfalls enthält die Tabelle in den beiden rechten Spalten bereits die Mittelwerte von Erzieherinnen und Eltern, auf die im nächsten Kapitel Bezug genommen wird.

Tabelle 1: Skalenmittelwerte

SKALA		Selbsteinschätzung	
	Gesamtgruppe	Eltern	Erzieherinnen
1 Selbstbestimmung gegen die Ansprüche der Erwachsenen	3.1	2.9	3.3
2 positives Selbstkonzept	3.6	3.5	3.6
3 Selbstbestimmung gegenüber der Gruppe	3.0	3.1	3.0
4 Kooperation	2.9	3.1	2.6
5 Kontrolle der Erzieherin	2.1	2.3	1.9
6 Arbeitstugenden	2.7	2.5	2.9
7 Schulvorbereitung	1.5	1.7	1.3
8 Orientierung an der realen Erwachsenenwelt	2.9	2.8	3.0

Soziale Ziele: Skala 1 bis 4; kognitive Ziele: Skala 5 bis Skala 8

Den vier sozialen Erziehungszielskalen wird überwiegend zugestimmt. Alle Mittelwerte liegen deutlich über dem theoretischen Skalenmittelwert von 2.5. Die höchste Zustimmung erfährt dabei das Erziehungsziel "positives Selbstkonzept" des Kindes mit einem Skalenmittelwert von 3.6. Ebenso wird das Erziehungsziel der Selbstbestimmung des Kindes für wichtig gehalten. Beiden Aspekten der Selbstbestimmung - sowohl gegenüber den Ansprüchen der Erwachsenen als auch gegenüber der Gruppe - wird mit 3.1 und 3.0 deutlich zugestimmt. Leicht niedriger bewertet wird das Ziel Kooperation (2.9), das aber ebenfalls noch über dem theoretischen Skalenmittelwert von 2.5 liegt.

Auffallend ist, daß im Vergleich zu den sozialen Zielen die kognitiven Zielbereiche zum einen heterogener, zum anderen deutlich niedriger bewertet werden, z.T. werden sie explizit abgelehnt. Die Befragten präferieren somit für die Kindergartenerziehung eindeutig soziale Erziehungsziele. Dieses Ergebnis ist auf dem

Hintergrund der Curriculumdiskussion nicht verwunderlich, da dort soziale Erziehungsziele bzw. auf soziales Lernen hin orientierte Curricula dominieren (vgl. Dollase 1978).

Im einzelnen werden die kognitiven Ziele wie folgt beurteilt: deutlich abgelehnt wird mit einem Mittelwert von 1.5 eine direkte Schulvorbereitung als Ziel der Kindergartenarbeit. Diese Ablehnung überrascht nicht und geht mit dem Auftrag des Kindergartens einher, keine schulvorbereitende bzw. schulvorwegnehmende Funktion im Sinne einer Vermittlung von Kulturtechniken zu haben.

Ebenfalls wird insgesamt eine Kontrolle durch Erzieherinnen abgelehnt, also ein Erzieherverhalten, das bestimmte kognitiv orientierte Verhaltensweisen von Kindern kontrolliert (Mittelwert 2.1). Tendenziell zugestimmt wird dem Ziel Förderung von Arbeitstugenden, diese Zustimmung fällt aber eher gering aus und liegt bei einem Mittelwert von 2.7 eher im mittleren/neutralen Bereich der Skala. Am stärksten zugestimmt wird im kognitiven Bereich der Orientierung an der realen Erwachsenenwelt (Skalenmittelwert von 2.9), d.h. die Kindergartenerziehung wird nicht als ein von der realen Welt abgeschotteter Schonraum gesehen, sondern als eine Vorbereitung hin auf die reale Erwachsenenwelt.

Damit liegt für den kognitiven Bereich der Erziehungsziele ein deutliches Muster vor: Von den Befragten wird zwar eine direkte Schulvorbereitung der Kindergartenerziehung, d.h. eine Vorwegnahme schulischen Lernens, abgelehnt, andererseits soll die Kindergartenerziehung aber kein von der realen Welt abgeschotteter Schonraum sein und gezielt kindliche Fähigkeiten fördern, die ihrerseits indirekt auf die Schule vorbereiten helfen.

Festzuhalten bleibt insgesamt als Fazit dieses Abschnittes die deutliche Präferierung von sozialen Erziehungszielen gegenüber kognitiven Erziehungszielen, die mit den Zielpräferenzen in den neueren Curricula und in der Fachliteratur übereinstimmen.

3. Unterschiede in den Erziehungszielen zwischen Eltern und Erzieherinnen

In den konzeptionellen Rahmenüberlegungen wurde als eine potentielle Quelle für Unterschiede in Zielpräferenzen der Faktor "Professionalität" identifiziert. Damit verbunden ist die Frage, ob Erzieherinnen als Fachleute mit einer speziellen auf den Kindergartenbereich bezogenen Ausbildung andere Erziehungsziele bevorzugen als Eltern, die im allgemeinen als pädagogische Laien betrachtet werden können. Diese Frage nach der professionellen Varianz wird im folgenden mit Hilfe von Einwegvarianzanalysen auf Skalenebene verfolgt. Voraussetzung für eine Analyse auf Skalenebene ist, daß sich bei Eltern und Erzieherinnen die gleiche Faktorenstruktur zeigt. Dies konnte in getrennten Faktorenanalysen bestätigt werden, über die hier allerdings nicht weiter berichtet wird.

Tabelle 1 enthält in den beiden rechten Spalten die Skalenmittelwerte der beiden Gruppen in den acht Erziehungszielskalen. Die Mittelwertunterschiede sind zumindest auf dem 5 % Niveau signifikant; dieses überrascht jedoch aufgrund der relativ hohen Fallzahlen (n = 307) nicht und kann auch nicht zwingend im Sinne von praktisch bedeutsamen Mittelwertunterschieden interpretiert werden.

Im Bereich der sozialen Erziehungszielskalen zeigen sich kaum bedeutsame Unterschiede zwischen Eltern und Erzieherinnen. Die größte Differenz findet sich bei dem Erziehungsziel "Kooperation". Erzieher bewerten dieses Ziel deutlich niedriger als Eltern. Ihre Einschätzung liegt mit 2.6 fast im neutralen Bereich der Skala, während Eltern kooperativen Zielen eher zustimmen (Mittelwert von 3.1). Die "neutrale" Einschätzung der Erzieher bezüglich dieses Zieles überrascht angesichts der Curriculumdiskussion, in der - besonders in den situationsorientierten Ansätzen - kooperatives Verhalten als wichtiges Ziel der Kindergartenerziehung betont wird. Gleichzeitig wird Eltern oft unterstellt, daß sie nur an ihrem Kind interessiert seien und darüber die gemeinsamen Interessen der Gruppe übersehen würden. Empirisch zeigt sich hier eher der umgekehrte Zusammenhang: Erzieher als Umsetzer der Curricula lehnen Kooperation eher ab, während Eltern diesem Ziel eher zustimmen.

Ein weiterer größerer Unterschied von fast einer halben Skalenstufe mit 0.4 findet sich in der Bewertung der Erziehungszielskala "Selbstbestimmung gegenüber den Ansprüchen der Erwachsenen". Dieses Ziel findet bei Erziehern eine stärkere Zustimmung als bei Eltern. Eltern tendieren demnach eher dahin, daß Erwachsene in der Erziehung des Kindes auch mitunter ihre eigenen Interessen - auch wenn sie gegen die des Kindes stoßen - durchsetzen. Bei der Bewertung der anderen Erziehungszielskalen (positives Selbstkonzept und Selbstbestimmung gegenüber der Gruppe) zeigen sich zwischen Eltern und Erzieherinnen keine Unterschiede.

Bei den kognitiven Erziehungszielskalen zeigen sich tendenziell mehr Unterschiede als bei den sozialen. Eltern und Erzieherinnen lehnen beide eine Kontrolle der Erzieherinnen ab, d.h. ein Erzieherverhalten, das bestimmte kognitiv orientierte Verhaltensweisen von Kindern kontrolliert. Allerdings ist die Ablehnung bei den Erzieherinnen etwas deutlicher, was durchaus im Zusammenhang mit ihrem professionellen Selbstverständnis zu sehen ist.

Bei der Erziehungszielskala "Arbeitstugenden" zeigt sich eine umgekehrte Tendenz: Erzieher befürworten stärker als Eltern, die diesbezüglich eher im neutralen Bereich liegen, eine Förderung kindlicher Arbeitstugenden. Da Erzieher im Gegensatz zu Eltern mit einer größeren Kindergruppe arbeiten müssen, ist aus ihrer Sicht diese etwas stärkere Betonung von Arbeitstugenden verständlich.

Schulvorbereitung als Aufgabe des Kindergartens wird von beiden Gruppen stark abgelehnt, allerdings von Erziehern stärker. An dieser Stelle kommt besonders deutlich das professionelle Selbstverständnis der Erzieherinnen zum Ausdruck, die ihre Aufgabe eher in der allseitigen Förderung des Kindes sehen und den Kindergarten nicht als eine nach unten hin verlängerte Schule betrachten, sondern den eigenständigen Bildungsauftrag des Kindergartens im besonderen und der Vorschulerziehung im allgemeinen befürworten. Damit ist allerdings nicht ausgeschlossen, daß - wie schon erwähnt - eine indirekte, auf die Kindergartenarbeit ausgerichtete Förderung schul-"vorbereitender" Fähigkeiten durchaus als angemessenes Ziel der Kindergartenarbeit gesehen wird.

Die hier skizzierten Ergebnisse wurden auf verschiedenen Wegen überprüft (z.B. ebenfalls über Diskriminanzanalysen sowie auf Itemebene). Dabei zeigen sich insgesamt nur wenige Unterschiede zwischen Eltern und Erzieherinnen bei der Bewertung der Erziehungsziele, die sich dann jedoch konstant bei verschiedenen Analysen wiederfinden. Von besonderem Interesse ist dabei – neben einer stärkeren Ablehnung der Schulvorbereitung und einer besonderen Betonung von Arbeitstugenden durch Erzieherinnen – die niedrige Einschätzung des Zieles Kooperation durch die Erzieherinnen; dies überrascht angesichts des besonderen Stellenwertes dieses Erziehungszieles in der Curriculumdiskussion.

4. "Selbstbild" versus "Fremdbild" von Eltern und Erzieherinnen

Die konzeptionellen Rahmenüberlegungen betonen, daß sowohl im Hinblick auf die gesellschaftliche Bedeutung von Erziehungszielen als auch auf ihren Einfluß auf die praktische Kindergartenarbeit nicht nur die eigenen Zielpräferenzen einer Gruppe von Bedeutung sind, sondern auch jene, die sie bei einer anderen sozialen Gruppe wahrnimmt. Daran schließt sich die Frage an: Unterstellen Erzieherinnen Eltern andere Zielorientierungen, als diese für sich selbst beanspruchen - und umgekehrt. Diese Vergleiche der jeweiligen "Selbst-" und "Fremdbilder" im Hinblick auf die Erziehungsziele werden mit Hilfe von Varianzanalysen auf Skalenebene durchgeführt. Voraussetzung für diese Vorgehensweise war wiederum eine nahezu identische Faktorenstruktur der Items, in denen sich Erzieherinnen und Eltern selbst einschätzen und in denen sie die jeweils andere Gruppe einschätzen. Dies konnte durch entsprechende Faktorenanalysen bestätigt werden. Bei den folgenden Vergleichen muß allerdings berücksichtigt werden, daß es nicht dieselben Erzieher und Eltern sind, die sich gegenseitig bezüglich der Erziehungsziele einschätzen. Somit kann nur ein bestimmtes "Erzieherbild" und auch nur ein bestimmtes "Elternbild" vermittelt werden. Tabelle 2 enthält jeweils die Selbsteinschätzung einer Gruppe und die Fremdeinschätzung durch die andere Gruppe.

Tabelle 2: Selbst- versus Fremdeinschätzung von Erzieherinnen und Eltern

SKALA	Selbsteinschätzung vs. Fremdeinschätzung			
	Eltern	Eltern durch Erzieherin	Erzieherin	Erzieherin durch Eltern
1 Selbstbestimmung gegen die Ansprüche der Erwachsenen	2.9	2.2	3.3	2.6
2 positives Selbstkonzept	3.5	3.1	3.6	3.4
3 Selbstbestimmung gegenüber der Gruppe	3.1	2.4	3.0	3.0
4 Kooperation	3.1	2.3	2.6	3.3
5 Kontrolle durch Erzieherin	2.3	3.0	2.6	3.3
6 Arbeitstugenden	2.5	3.2	2.9	2.6

SKALA	Selbsteinschätzung vs. Fremdeinschätzung			
	Eltern	Eltern durch Erzieherin	Erzieherin	Erzieherin durch Eltern
7 Schulvorbereitung	1.7	2.3	3.0	2.7
8 Orientierung an der realen Erwachsenenwelt	2.8	2.9	3.0	2.7

Soziale Ziele: Skala 1 bis Skala 4; kognitive Ziele: Skala 5 bis Skala 8

Vergleicht man das Selbstbild der Eltern mit den Fremdeinschätzungen der Eltern durch die Erzieher, so zeigen sich deutliche Unterschiede (alle Mittelwertunterschiede mit Ausnahme von Skala 8 sind signifikant).

Insgesamt werden Eltern von den befragten Erziehern in fast allen Skalen "negativer" eingeschätzt. Der größte Unterschied bei den sozialen Zielen findet sich in der Skala Kooperation (Unterschied 1.2). Während Eltern diesem Ziel deutlich zustimmen, wird ihnen von Erzieherinnen eine deutlich schwächere Befürwortung zugeschrieben (der unterstellte Skalenwert von 2.3 liegt sogar im Ablehnungsbereich). Ebenfalls wird Eltern unterstellt, daß sie einer Selbstbestimmung des Kindes - sowohl gegenüber Ansprüchen Erwachsener (Skala 1) als auch gegenüber der Gruppe (Skala 3) - kritischer gegenüber stehen, als Eltern sich selbst sehen. Bei den kognitiven Zielen fallen die Unterschiede niedriger aus als bei den sozialen Zielen. Nach Meinung der Erzieherinnen befürworten Eltern sowohl eine Kontrolle der Kinder durch die Erzieherin (Skala 5), eine Förderung des kindlichen Arbeitsverhaltens (Skala 6) als auch eine Schulvorbereitung der Kindergartenarbeit (Skala 7) stärker, als sich die Eltern selbst hinsichtlich dieser Ziele eingestuft haben.

Während im sozialen Bereich damit Eltern stärker die Ziele der Kooperation, der Selbstbestimmung und auch eines positiven Selbstkonzeptes betonen, als Erzieher ihnen dies unterstellen, legen sie im kognitiven Bereich weniger Wert auf eine Erzieherkontrolle, Arbeitstugenden und Schulvorbereitung als nach Meinung der Erzieher. Konstruiert man ein "konservatives" Erziehungsverständnis als Betonung von schulvorbereitenden Zielen und geringerer Wichtigkeit von sozialen Zielen, so werden Eltern von Erziehern konservativer beurteilt, als sie sich selbst sehen. Anhand der vorliegenden Daten läßt sich aber nicht entscheiden, ob dahinter eine

Verzerrung der Selbsteinschätzung der Eltern in Richtung "progressive" Ziele steht, ob Erzieher die Eltern z.B. aufgrund von Vorurteilen falsch einschätzen oder ob die Einschätzungen die tatsächlichen Erfahrungen von Erziehern widerspiegeln.

Bei dem Vergleich der Selbsteinschätzung der Erzieherinnen mit der Fremdeinschätzung durch die Eltern zeigen sich insgesamt weniger Unterschiede. In der Tendenz schätzen Eltern die Erziehungsziele der Erzieher treffender ein als umgekehrt. Es zeigen sich nur drei Unterschiede: Erzieher sind stärker für Selbstbestimmung gegen die Ansprüche der Erwachsenen, als Eltern ihnen dieses unterstellen. Auf der anderen Seite sind sie weniger für Kooperation und Erzieherkontrolle, als dies nach Meinung der Eltern gegeben ist. Interessant ist wiederum die niedrige Selbsteinschätzung der Erzieherinnen bezüglich des Ziels Kooperation, während nach Meinung der Eltern Erzieher doch viel stärker kooperative Ziele vertreten.

Berücksichtigt man die Curriculumdiskussion, so dürfte die Fremdeinschätzung der Erzieher durch die Eltern dem dort vertretenen Diskussionsstand näher stehen, als dies bei den Erziehern gegeben ist.

Zusammenfassend läßt sich festhalten, daß Eltern die Erziehungsziele der Erzieher relativ treffend einschätzen sowie, daß nach Meinung der Erzieher Eltern eher ein "konservatives" Muster vertreten, als diese bei sich selbst wahrnehmen.

5. Erklärung der Erziehungsziele durch Hintergrundvariablen

Erziehungszielpräferenzen werden als abhängig von subkulturellen/soziokulturellen Faktoren gedacht. Gefragt wird also danach, ob sich innerhalb der Gruppe der Eltern bzw. der Erzieherinnen spezifische Hintergrundbedingungen (wie z.B. der Bildungsstand der Eltern oder die Berufserfahrungen der Erzieherinnen) identifizieren lassen, die bestimmte Erziehungszielpräferenzen erklären können. Dieser Frage nach der sub- und soziokulturellen Varianz wurde mittels multipler schrittweiser Regressionsanalysen nachgegangen, wobei die Erziehungszielskalen als Kriterium betrachtet wurden, die mit Hilfe von gruppenspezifischen Hintergrundvariablen erklärt werden sollten. Diese Analysen konnten nur gruppenintern (d.h. für Eltern und Erzieherinnen getrennt) durchgeführt werden, da keine gemeinsamen Hintergrundvariablen existieren.

Insgesamt zeigen sich nur wenige Abhängigkeiten der Erziehungsziele von den erhobenen Hintergrundvariablen (auf eine tabellarische Darstellung der Regressionsanalyse soll deshalb verzichtet werden). Bei der Gruppe der Erzieherinnen wurden einbezogen: Alter der Erzieherinnen, Dauer der Ausbildung, Berufserfahrung in Jahren, Anzahl der Gruppen pro Kindergarten, Kinderanzahl pro Gruppe, Raumgröße, Anzahl der nutzbaren Räume, Erzieheranzahl pro Kindergarten und Durchschnittsalter der Erzieherin. Die Erziehungsziele der Erzieherinnen sind jedoch weitgehend unabhängig von diesen persönlichen und ökologischen Bedingungen des Kindergartens; eine schwache positive Beziehung zwischen der Berufserfahrung und dem Ziel "Selbstbestimmung gegenüber der Gruppe" (r = .19) kann praktisch vernachlässigt werden.

Bei den Eltern wurden sechs familiale Hintergrundbedingungen untersucht: Alter des Vaters und der Mutter, Bildungsabschluß des Vaters und der Mutter, monatliches Familieneinkommen und Kinderzahl. Auch hier zeigen sich nur wenige und insgesamt schwache, gleichwohl aber plausible Zusammenhänge. Prädiktive Variablen für bestimmte Erziehungszielbereiche sind Bildungsabschluß von Vater und Mutter sowie deren Alter, wobei soziale Erziehungsziele positiv, kognitive Erziehungsziele negativ mit diesen Bedingungen verknüpft sind. Insgesamt sind jedoch die Beziehungen als sehr niedrig zu betrachten (Anteile erklärter Varianz von 4 % bis max. 20 %), so daß - obwohl die Beziehungen plausibel sind und sich in bisherige Forschungen aus diesem Kontext einordnen lassen (vgl. Schendl-Mayrhuber 1978) - auf eine weitere Darstellung verzichtet werden soll.

Ob sich bestimmte Erziehungsziele besser durch länderspezifische/kulturelle Faktoren vorhersagen lassen als durch subkulturelle/soziokulturelle Bedingungen, ist eine Frage, die erst nach der Kopplung der erhobenen Daten aus den verschiedenen an der Studie beteiligten Länder beantwortet werden kann.

V. Zusammenfassung

Erziehungs- und Bildungsprozesse werden durchgängig von Norm- und Zielvorstellungen begleitet. Im Elementarbereich wurden in den beiden letzten Jahrzehnten sehr unterschiedliche Erziehungsziele für den Kindergarten diskutiert. Analytisch lassen sich vier Varianzquellen für unterschiedliche Erziehungsziele identifizieren: epochale Varianz, länderspezifische/kulturelle Varianz, subkulturelle/soziokulturelle

Varianz und professionelle Varianz. Die vorliegende Untersuchung, die über den deutschen Teil einer internationalen Studie zu Erziehungszielen berichtet, wendet sich nur den beiden letzten Varianzquellen zu.

Auf dem Hintergrund der Curriculumdiskussion konnten zehn Erziehungszielbereiche identifiziert werden, die sich analytisch in soziale und kognitiv orientierte Ziele aufteilen lassen (soziale Ziele: Konfliktverhalten, Kooperation, Selbstkonzept, Selbstbestimmung, Selbständigkeit; kognitive Ziele: Schulvorbereitung, Kreativität, Arbeitstugenden, Sprachförderung, Orientierung an der realen Erwachsenenwelt). Diese zehn Zielbereiche wurden in einem Erhebungsinstrument mit 44 Items operationalisiert, das zugleich das "Selbstbild" und das "Fremdbild" hinsichtlich der Erziehungsziele erfragt. Den folgenden Auswertungen liegen die Aussagen von 151 Erzieherinnen und 156 Eltern zugrunde.

Hauptergebnisse:

- Empirisch lassen sich sowohl im sozialen als auch im kognitiven Bereich je vier Erziehungszieldimensionen identifizieren (sozialer Bereich: Selbstbestimmung gegen die Ansprüche der Erwachsenen, positives Selbstkonzept, Selbstbestimmung gegenüber der Gruppe, Kooperation; kognitiver Bereich: Kontrolle durch Erzieherin, Arbeitstugenden, Schulvorbereitung, Orientierung an der realen Erwachsenenwelt), die zu einem Großteil die theoretischen Konstrukte reproduzieren. Aufgrund der Faktorenanalysen wurden acht additive Skalen gebildet, auf die sich die weiteren Ergebnisse beziehen.

- Bei der Beurteilung der Erziehungsziele präferieren die befragten Eltern und Erzieherinnen eindeutig soziale Erziehungsziele für die Kindergartenarbeit, während in der Tendenz die Ziele aus dem kognitiven Bereich zum Teil abgelehnt werden. Bei den sozialen Zielen wird überraschender Weise dem Ziel Kooperation am niedrigsten zugestimmt. Bei den kognitiven Zielen wird die Vorwegnahme schulischen Lernens zwar abgelehnt, andererseits jedoch Zielen zugestimmt, die indirekt auch auf die Schule vorbereiten helfen.

- Zwischen den Erziehungszielpräferenzen von Eltern und Erzieherinnen zeigen sich nur wenige Unterschiede. Von besonderem Interesse ist dabei - neben einer starken Ablehnung der Schulvorbereitung und einer besonderen Betonung von Arbeitstugenden durch Erzieherinnen - die durchgängig niedrigere Einschätzung des Ziels Kooperation durch Erzieherinnen. Dieses Ergebnis überrascht angesichts des hohen Stellenwertes dieses Zieles in der Curriculumsdiskussion.

- Eltern schätzen die Erziehungsziele der Erzieherinnen - gemessen an der Selbsteinschätzung - relativ treffend ein; Erzieherinnen hingegen halten Eltern für "konservativer", als diese bei sich selbst wahrnehmen.

- Die in der Untersuchung berücksichtigten Hintergrundvariablen können die Erziehungszielpräferenzen von Eltern und Erzieherinnen kaum vorhersagen.

Die vorliegende Studie konnte einige sowohl für weitere Untersuchungen als auch für die Praxis interessante Ergebnisse aufzeigen, die helfen können, die Erziehungsarbeit im Kindergarten besser zu verstehen und auch Mißverständnisse zwischen Eltern und Erzieherinnen abzubauen. Es sei aber daran erinnert, daß hier ausschließlich Ergebnisse für die Bundesrepublik Deutschland berichtet wurden. Da die identischen Erhebungen aber auch in anderen europäischen und nicht europäischen Ländern durchgeführt werden, wird sich die volle Qualität des Ansatzes erst dann zeigen, wenn die Daten aus den verschiedenen beteiligten Ländern gemeinsam analysiert werden. Dann erst wird auch die Beantwortung einer weiteren wichtigen Frage möglich: Werden unterschiedliche Erziehungszielpräferenzen überwiegend durch Unterschiede zwischen den Ländern bestimmt oder sind dafür andere Bedingungen relevant, die weitgehend innerhalb der Länder zu finden sind; wie z.b. Unterschiede zwischen sozialen Gruppen oder zwischen professionellen Erziehern und Laienerziehern wie die Eltern?

Literatur:

Almstedt, L./ Kammhöfer, H.-D.: Situationsorientiertes Arbeiten im Kindergarten. Bericht über ein Erprobungsprogramm, München 1980

Arbeitsgruppe Vorschulerziehung: Vorschulische Erziehung in der Bundesrepublik. Eine Bestandsaufnahme zur Curriculumentwicklung, München 1974

Arbeitsgruppe Vorschulerziehung: Anregungen I. Zur pädagogischen Arbeit im Kindergarten, München 1973a

Arbeitsgruppe Vorschulerziehung: Anregungen II. Didaktische Einheiten im Kindergarten, München 1973b

Arbeitsgruppe Vorschulerziehung: Anregungen III. Didaktische Einheiten im Kindergarten, München 1976

Bereiter, C./ Engelmann, S.: Teaching disadvantaged children in preschool, Englewood Cliffs 1966

Brezinka, W.: Erziehungsziele, Erziehungsmittel, Erziehungserfolge, 2. Auflage, München 1981

Colberg-Schrader, H./Krug, M.: Arbeitsfeld Kindergarten, München 1977

Engfer, A./ Filipp, U.-D./ Schneewind, K.: Entwicklung eines Fragebogens zur Erhebung selbstperzipierter elterlicher Erziehungseinstellungen. Forschungsbericht 22 des SFB 22, Nürnberg 1973

Gerstacker, R./ Zimmer, J.: Der Situationsansatz in der Vorschulerziehung. In: Dollase, R. (Hrsg.): Handbuch der Früh- und Vorschulpädagogik, Bd. 2, Düsseldorf 1978, 189-205

Graudenz, I./ Kraak, B./ Hauer, D.: Skala zur Erfassung der Erziehungseinstellungen von Müttern 5-6jähriger Vorschulkinder. In: Psychologie in Erziehung und Unterricht 23 (1976), 70-79

Hemmer, K./ Obereisenbuchner, M.: Die Reform der vorschulischen Erziehung, München 1979

Krappmann, L.: Soziologische Dimensionen der Identität, Stuttgart 1971

Liegle, W./ Neumann-Porttner, I.: Curricula und Curriculumsprojekte im Elementarbereich. In: Frey, K. (Hrsg.): Curriculum Handbuch, Bd. 3, München 1975, 294-303

Lipski, J.: Sprachförderung im sozialen Kontext. In: Baumgartner, A./ Geulen, D. (Hrsg.): Vorschulische Erziehung, Bd. 2, Weinheim 1975, 96-121

Lückert, H.-R.: Die basale Begabungs- und Bildungsförderung, München 1969

MAGS: Arbeitshilfen zur Planung der Arbeit im Kindergarten, 2. Aufl., Düsseldorf 1981

Mead, G.H.: Geist, Identität und Gesellschaft, Frankfurt 1968

Nickel, H./ Schenk, M./ Ungelenk, B.: Erzieher- und Elternverhalten im Vorschulbereich. Empirische Untersuchungen in Kindergärten und Elterninitiativgruppen, München 1980

Preiser, S.: Kreativitätsforschung, Darmstadt 1976

Rauer, W.: Emotion und Motivation. Entwicklung und Förderungsmöglichkeiten in den ersten sechs Lebensjahren. In: Dollase, R. (Hrsg.): Handbuch der Früh- und Vorschulpädagogik, Bd. 2, Düsseldorf 1978, 357-377

Retter, H.: Curriculumtheorien im Elementarbereich. In: Hameyer, U./ Frey, K./ Haft, H. (Hrsg.): Handbuch der Curriculumforschung, Weinheim 1983, 129-139

Schendl-Mayrhuber, M.: Der Einfluß der Schichtzugehörigkeit auf die Bildung von Erziehungseinstellungen und Erziehungszielen. In: Schneewind, K./ Lukesch, H. (Hrsg.): Auswirkungen elterlicher Erziehungsstile, Göttingen 1975, 14-27

Schmidt-Denter, U.: Erziehung zur sozialen Kompetenz. In: Dollase, R. (Hrsg.): Handbuch der Früh- und Vorschulpädagogik, Bd. 2, Düsseldorf 1978, 391-406

Stange, W. u.a.: Grundlagen der Sozialerziehung. In: Hielscher, H. (Hrsg.): Sozialerziehung konkret, Bd. 1, Hannover 1977, 33-206

Zimmer, J.: Ein Bezugsrahmen vorschulischer Curriculumentwicklung. In: Zimmer, J. (Hrsg.): Curriculumentwicklung im Vorschulbereich, Bd. 1, 9-60

Anhang

Tabelle 3: Faktorladungen und Kommunalitäten der sozialen Items

ITEMS	Faktor 1	Faktor 2	Faktor 3	Faktor 4	hi^2
14) Kinder sollen Erwachsenen nicht widersprechen *	.69				.49
5) Erwachsene müssen sich Kindern gegenüber durchsetzen *	.66				.47
18) Erzieherinnen müssen oft für Kinder entscheiden *	.62				.44
10) Anleitung des Kinderspiels durch Erwachsene ist unverzichtbar *	.57				.35
1) Das Kind soll eher seine negativen Seiten kennenlernen *	.54				.35
19) Das Kind sollte stolz auf sich sein		.76			.61
20) Großes Selbstvertrauen ist für das Kind wichtig		.68			.50
15) Ein Kind soll sich gut leiden können		.53			.35
6) Ein Kind soll bessere Leistungen erbringen als der Gruppendurchschnitt *	.31	.40			.32
3) Zuviel Lob verdirbt den Charakter des Kindes *	.36	.38			.29
13) Kinder sollen zum Widerspruch ermuntert werden			.61		.39
2) Erzieher sollten das Kind in jedem Fall zu eigenen Entscheidungen ermuntern			.60		.38
12) Kinder müssen ihre Auseinandersetzungen ohne Erwachsene lösen			.55		.31

ITEMS	Faktor 1	Faktor 2	Faktor 3	Faktor 4	hi^2
17) Erwachsene sollten nur bei Gesundheitsgefährdung in den Streit der Kinder eingreifen		.49			.26
9) Kinder sollen eigene Wünsche durchsetzen		.35			.25
11) Schmerzliche Erfahrungen dürfen Kindern nicht erspart bleiben		.31			.15
7) Gemeinsame Tätigkeiten der Kinder sind wichtiger			.71		.57
8) Anderen Kindern zu helfen ist wichtiger			.70		.54
16) Ziele der Gruppe sind wichtiger als die des Kindes			.66		.51
4) Eine starke Orientierung an der Gruppe ist hinderlich			-.35		.22

Tabelle 4: Faktorladungen und Kommunalitäten der kognitiven Items

ITEMS	Faktor 1	Faktor 2	Faktor 3	Faktor 4	hi^2
9) Die Erzieherin muß auf ein diszipliniertes Verhalten der Kinder drängen	.75				.59
5) Auf eine korrekte Ausdrucksweise muß geachtet werden	.69				.49
6) Eine fehlerhafte Aussprache muß sofort korrigiert werden	.68				.46
21) Kinder sollen sich an Ordnung und Fleiß gewöhnen	.66				.50
15) Den Phantasievorstellungen soll nicht immer freien Lauf gelassen werden	.61				.39

ITEMS	Faktor 1	Faktor 2	Faktor 3	Faktor 4	hi^2
23) Phantasiegeschichten verhindern Bezug zur Erwachsenenwelt	.51				.32
19) Die Kindergartenzeit sollte einen Schonraum bilden *	-.36			.35	.33
10) Das Kind muß sich längere Zeit konzentrieren können		.80			.72
2) Das Kind soll sich längere Zeit mit einer Sache beschäftigen		.77			.63
17) Ein Kindergartenkind kann noch nicht stillsitzen *		.75			.60
20) Das Kind soll nicht längere Zeit belastet werden *		.67			.51
24) Von einem Kindergartenkind kann man keine Disziplin fordern *		.47			.24
18) Die Phantasie des Kindes darf nicht eingeschränkt werden *		.34			.26
4) Für Lesen und Schreiben ist die Schule da *			.76		.62
16) Der Kindergarten darf keine schulischen Inhalte vorwegnehmen *			.71		.52
13) Im Kindergarten soll keine Leistungsorientierung sein *			.63		.44
22) Bei Schulanfang soll das Kind schon ein paar Wörter schreiben können			.59		.52
12) Die Kindergartenerziehung darf nicht auf Schulvorbereitung eingeschränkt werden *			.45		.26

ITEMS	Faktor 1	Faktor 2	Faktor 3	Faktor 4	hi^2
1) Die Mühen des Erwachsenen-lebens sollen von Kindern ferngehalten werden *				.72	.54
11) Kinder sollen von der Welt der Erwachsenen abge-schirmt werden *				.64	.52
8) Kinder sollen früh tech-nische Gegenstände kennenlernen	.39		.48		.39
14) Es soll keine künstliche Kinderwelt geschaffen werden			.41		.31
3) Eine spezielle Sprach-förderung ist über-flüssig *			.33		.26
7) Das Kind sollte mathe-matische Grundbegriffe kennen			.31		.18

Es wurden nur Faktorladungen > .30 aufgeführt. Die mit * markierten Items sind in "negativer Bedeutungsrichtung" formuliert. Für die Analyse wurden diese Items umgepolt, d.h. zum Beispiel, wenn ein solches Item mit negativem Bedeutungsgehalt abgelehnt wurde (Wert 1), so erhält es nun den Wert 4 und eine "umgekehrte Be-deutung". Bei der Interpretation der mit * markierten Items muß diese "Um-drehung" berücksichtigt werden.

Judyta Jahnson
Hans-Günther Roßbach

ERZIEHUNGSZIELE IM KINDERGARTEN IN DER VOLKSREPUBLIK POLEN AUS DER SICHT VON ERZIEHERINNEN UND ELTERN

I. Einleitung

Erziehungsziele können als bedeutsame Determinanten der pädagogischen Praxis betrachtet werden. Sie sind nicht nur ein Charakteristikum von Erziehung selbst, sondern bilden die Grundlagen für Organisation, Planung und Erfolgskontrolle jedes pädagogischen Handelns (vgl. Brenzinka 1981, 150 f.; Muszyński 1974, 9). Dies gilt nicht nur für den Bereich schulischen Lernens, sondern ebenso für vorschulische Lernprozesse, die im Vergleich zur Schule in vielen Hinsichten als weniger organisatorisch verfestigt betrachtet werden müssen.

Für die Erziehung im Kindergarten - als der bedeutendsten Organisationsform vorschulischer Lernprozesse - wurden in den letzten Jahrzehnten zahlreiche, zum Teil heterogene Ziele diskutiert. Ursachen für unterschiedliche Zielpräferenzen können vielfältig sein; vor allem läßt sich vermuten, daß unterschiedliche Kulturen bzw. Länder in Abhängigkeit ihrer gesellschaftlichen Bedingungen unterschiedliche Erziehungsziele für den Kindergarten bevorzugen.

Der folgende Beitrag berichtet über eine Analyse von Erziehungszielen im Kindergarten, wie sie von Eltern und Erzieherinnen in der Volksrepublik Polen gesehen werden (vgl. ausführlicher Jahnson 1986). Die Arbeit ist entstanden im Rahmen einer internationalen Studie zu Erziehungszielen für den Kindergarten in verschiedenen Ländern (USA, Brasilien, Portugal, Belgien, Polen, Bundesrepublik Deutschland; die Studien in der Bundesrepublik und in Polen wurden von der Universität Münster aus durchgeführt; Projektleiter: W. Tietze). Berichtet wird hier ausschließlich über Ergebnisse in der Volksrepublik Polen; an ausgewählten Stellen wird auf

Ergebnisse in der Bundesrepublik verwiesen. Der konzeptuelle Hintergrund und der Aufbau der Arbeit wurde in dem vorliegenden Band bereits ausführlich von Horst Brönstrup und Hans-Günther Roßbach für die Untersuchung in der Bundesrepublik beschrieben (vgl. Brönstrup/Roßbach: Erziehungsziele im Kindergarten aus der Sicht von Erzieherinnen und Eltern). Da das Vorgehen für die Untersuchung in Polen weitgehend identisch ist, sollen hier theoretischer Hintergrund und Untersuchungsanlage nicht noch einmal dargelegt werden. Bevor allerdings die Ergebnisse berichtet werden, sollen kurz einige Hinweise auf die polnische Kindergartensituation und die Rolle von Erziehungszielen im polnischen Bildungswesen gegeben sowie auf Erziehungsziele in der polnischen Fachliteratur eingegangen werden.

II. Der polnische Kindergarten

Der Kindergarten wurde in der Volksrepublik Polen schon relativ früh zu einem festen Bestandteil des Bildungswesens. Im Hinblick auf den Bildungsauftrag der Erziehung zur sozialistischen Persönlichkeit (vgl. Wilgocka-Okoń 1982, 440) und der Erkenntnis der Bedeutung der frühen Kindheitsphase für die weitere Persönlichkeitsentwicklung (vgl. Woskowski 1983, 85) gewinnt er einen besonderen Stellenwert. Schon 1961 wird der Kindergarten als Bildungsinstitution im Gesetz "über die Entwicklung des Bildungs- und Erziehungswesens vom 15. Juli 1961" genannt (Dziennik ustaw, Nr. 32, Pos. 60 von 1961). Der Kindergarten umfaßt das Alter von 3-7 Jahren, also vier Jahrgangsstufen. Die Kinder besuchen den Kindergarten ganztägig und sind in der Regel in altershomogene Gruppen aufgeteilt. Der Kindergarten soll die Kinder auf die Schule vorbereiten und im Sinne des sozialistischen Ideals eine allseitige kindliche Persönlichkeitsentwicklung fördern. Um den Kindern gleiche Schulstartvoraussetzungen zu bieten, wurde ab dem Schuljahr 1977/78 ein obligatorisches Kindergartenjahr für die Sechsjährigen eingeführt (Einschulung erfolgt in Polen im Alter von 7 Jahren). Desweiteren wurde die Kindergartenerzieherin zu einer Kindergartenlehrerin umbenannt, um ihre Bildungstätigkeit zu unterstreichen.

1. Zielsetzungen des polnischen Kindergartens

Di offiziellen Zielsetzungen des Kindergartens weisen im Vergleich zur Bundesrepublik einige Unterschiede auf (vgl. Program wychowania w przedszkolu 1981; Arbeitsgruppe Vorschulerziehung 1974 sowie w.u.). Darüber hinaus haben Erziehungsziele - wie auch Ziele allgemein - einen anderen Stellenwert und eine größere Verbindlichkeit. Im Unterschied zur Bundesrepublik stellt die Volksrepublik Polen ein ideologisch geschlosseneres Gesellschaftssystem dar. Der ideologisch geschlossene Charakter erfordert anders als ideologisch offenere Gesellschaftsstrukturen längerfristig bestimmte, aus der Ideologie einheitlich abgeleitete Erziehungsziele und eine größere Verbindlichkeit von diesen. Dadurch soll die Weitergabe der Ideologie, des sozialistischen Ideals und der sozialistischen Persönlichkeit gewährleistet werden. Es ist somit zu erwarten, daß - relativ gesehen, z.B. zur Bundesrepublik - die Erziehungsziele in Polen sich durch eine Längerfristigkeit, Einheitlichkeit und größere Verbindlichkeit auszeichnen. Um die Einheitlichkeit der Erziehungsziele im Vorschulbereich zu unterstützen, wurde 1973 ein Ministerialprogramm erstellt, das nach mehrmaliger Überarbeitung bis heute die Grundlage für pädagogisches Arbeiten in Kindergärten liefert (vgl. Trzebiatowski 1983, 59). Das Streben nach Einheitlichkeit und Verbindlichkeit der Erziehungsziele hat auch Konsequenzen für andere Aspekte der praktischen Arbeit. So soll das Ministerialprogramm helfen, den Erziehungsprozeß und seine Ziele unabhängig von der Persönlichkeit der Erzieherinnen zu gestalten (vgl. Program wychowania w przedszkolu 1981).

2. Erziehungsziele in der polnischen Fachliteratur

Eine Untersuchung der Erziehungsziele für den Kindergarten setzt voraus, daß die Erziehungsziele bzw. Erziehungszielbereiche identifiziert werden, die die Fachdiskussion in einem Land widerspiegeln. Eine international vergleichende Untersuchung steht hier vor besonderen Problemen, denn es muß ein gemeinsamer Satz von Zielbereichen gefunden werden, der im allgemeinen auf die verschiedenen, an der Studie teilnehmenden Länder paßt.

Die vorliegende Studie - die weitgehend von der Universität Münster koordiniert wurde und somit in der Gefahr steht, die bundesrepublikanische Erziehungszieldiskussion überzubetonen - identifizierte zuerst anhand der Curriculumdiskussion in der Bundesrepublik einen vorläufigen Satz von Indikatoren, der anschließend während eines längeren Aufenthalts der Erstautorin in Polen auf eine Angemessenheit für die dortige Situation überprüft und entsprechend modifiziert wurde. Ergebnis war ein Satz von 10 theoretischen Zielbereichen (vgl. auch Brönstrup/ Roßbach), der zwar einen gewissen Kompromißcharakter beinhaltet, aber im allgemeinen auf die Erziehungszieldiskussion in den verschiedenen Ländern paßt.

Im folgenden soll nun skizziert werden, wie die 10 Zielbereiche sich in der polnischen Fachliteratur zeigen. Die Zielbereiche können heuristisch in kognitive und in soziale Ziele differenziert werden. Allerdings wird in Polen weniger von "sozialen" Zielen gesprochen, sondern von "gesellschaftlich-moralischen". In der gesellschaftlich-moralischen Erziehung spielen ethische Momente eine große Rolle. Besonders hervorgehoben wird die Haltung gegenüber Menschen und ideellen Werten, gegenüber der gegenständlichen Welt, der Natur sowie der Haltung zu sich selbst (vgl. Walczyna 1978, 176). Unterstrichen wird die Entwicklung einer "rechtmäßigen" kindlichen Gesinnung gegenüber den zu fördernden Fähigkeiten. Rechtmäßig bedeutet hier eine Gesinnung im Sinne des sozialistischen Ideals. Das Kind soll lernen, die Fähigkeiten als etwas besonderes, im Zusammenhang mit etwas "Höherem", schätzen zu lernen. Sie sollen nicht nur als Mittel zum Zweck verstanden werden, sondern allgemein als eine Bereicherung des menschlichen Daseins (vgl. Program wychowania w przedszkolu 1981).

In der Volksrepublik Polen werden soziale und kognitive Erziehungsziele als gleich bedeutsam beurteilt. Es wird zwar eine Vernachlässigung der sozialen Ziele bemängelt und die Forderung erhoben, sich ihnen ebenso intensiv zuzuwenden wie den kognitiven (vgl. Kąkol 1984), dennoch wird beiden Zielbereichen die gleiche Bedeutsamkeit im Hinblick auf eine allseitige kindliche Persönlichkeitsentwicklung zugewiesen.

Die Erziehungszielbereiche im einzelnen:

a) Kognitive Erziehungsziele

- Sprachförderung:
In der Volksrepublik Polen wird dem Ziel der kindlichen Sprachentwicklung eine besondere Bedeutung im Hinblick auf die menschliche Entwicklung und den Schulerfolg zugesprochen. Um das Kindergartenkind entsprechend auf die Schulerwartungen und -anforderungen (z.B. elaborierter Code) vorzubereiten, soll seine

Sprache im Kindergarten gezielt gefördert und bereits festgestellte Entwicklungsretardierungen ausgeglichen werden. Hierbei soll die Kindergartenlehrerin nicht nur Vorbild sein; sie soll die Kinder zum Sprechen animieren, Sprechsituationen initiieren und korrigierend eingreifen. Besonders soll sie auf den Wortschatz des Kindes, auf ein grammatisch richtiges Sprechen sowie auf eine richtige und deutliche Aussprache achten (vgl. Kielar 1982, 502; Kwiatkowska/Topińska 1978, 228).

- Kreativität:

Das Erziehungsziel "Kreativität" des Kindes wird vorwiegend im Rahmen der ästhetischen Erziehung angesprochen, gleichzeitig wird seine besondere Bedeutung in anderen Lebensbereichen des Kindes gesehen. Bei der kognitiven Förderung erwähnt Trzebiatowski (1983, 59) die Bedeutung der Entwicklung und Erfindung von Neuem. Kinder sollen eine schöpferische Lebenseinstellung entwickeln (vgl. Cybulska-Piskorek 1983, 359). Kreativität grenzt sich von wirklichkeitsgetreuem Wiedergeben, von bloßem Nachahmen ab. Sie setzt viel Freiraum voraus. Das Erziehungsziel Kreativität fließt in Polen in die gesamte erzieherische Arbeit im Kindergarten ein.

- Arbeitstugenden:

Da der Kindergarten die Kinder auf ihre spätere Rolle als Schüler und als Mitglieder der Gesellschaft vorbereiten soll, gehört die Förderung von Arbeitstugenden wie Sauberkeit, Ordnung, Fleiß, Gehorsam, Konzentration, Pflichtbewußtsein, Verantwortungsgefühl, Ausdauer und Disziplin zu wichtigen Zielsetzungen der Kindergartenarbeit (vgl. Dudzińska 1983, 463). Kinder sollen verstehen lernen, daß sie mit diesen Tugenden die anderen entlasten, ihnen damit zugleich aber auch der Weg zur Welterschließung und zur Bildung ermöglicht und erleichtert werden soll.

- Schulvorbereitung:

Zu den wichtigsten Aufgaben der Vorschulerziehung zählt in Polen die Schulvorbereitung. Wurde sie in der Vergangenheit dazu benutzt, schulische Inhalte wie Lesen und Schreiben in den Kindergarten vorzuverlegen, so hat sie heute die Funktion, die allgemeine Schulreife des Kindes zu fördern. Dem widerspricht nicht, daß entsprechend den Entwicklungsvoraussetzungen der Kinder mathematische Grundlagen gebildet und die Sprache gefördert werden sollen (vgl. Program wychowania w przedszkolu 1981, 7 f.). Es besteht der Anspruch, daß auch das Formen einer Erkundungshaltung der Welt, gegenüber eine positive Einstellung zur Bildung und zum

Lernen sowie das Einführen in die Kooperation mit anderen die Chancen des Kindes beim Schulbeginn steigern können.

- Orientierung an der realen Erwachsenenwelt:

Ein wichtiges Ziel in dem kognitiven Bereich sehen polnische Pädagogen darin, Kinder für ein Interesse an der realen Welt der Erwachsenen zu motivieren, das von einer "richtigen" Haltung geprägt ist. Zur kindlichen Erschließung der Erwachsenenwelt gehört der gesellschaftliche, naturwissenschaftliche sowie technische Lebensbereich. Kinder sollen in all diese Lebensbereiche der Erwachsenen einbezogen werden, um so ihren Erfahrungshorizont zu erweitern. Sie sollen lernen, alle Errungenschaften des Menschen als dessen Schöpfung zu schätzen und den Wunsch entwickeln, an ihnen aktiv teilzunehmen (vgl. Walczyna 1978, 23).

b) Soziale Erziehungsziele

- Kooperation:

Kooperationsfähigkeit wird als wichtige Voraussetzung für das Zusammenleben und -handeln mit anderen angesehen (vgl. Walczyna 1978, 103). Hier soll besonders die Haltung des Kindes anderen gegenüber geprägt werden. Wertschätzung des anderen, Hilfsbereitschaft, Erkennen und Eingehen auf die Bedürfnisse anderer, Gruppen- und Zusammengehörigkeitsgefühl sollen gefördert werden.

- Konfliktverhalten:

Für das Zusammenleben und -handeln ist es bedeutsam, Kindern ein rechtmäßiges Konfliktverhalten beizubringen. Sie dürfen in Konfliktsituationen nicht sich selbst überlassen werden, denn sonst gewinnen Gewalt, List, Einschmeichelei und das Recht des Stärkeren Eingang in den Umgang der Kinder untereinander (vgl. Kwiatkowska/Topińska 1978, 150). Konflikte sollen im Kindergartenalltag nach Möglichkeit durch die Lehrerin verhindert, nicht aber abgeblockt werden. Durch die Intervention dieser Art sollen Konflikte gemeinsam im Rahmen der den Kindern bekannten Verhaltensregeln zu lösen gelernt werden. Das Ziel, einen Streit rechtmäßig und eigenständig zu lösen, wird erstmals von Fünfjährigen erwartet (vgl. Program wychowania w przedszkolu 1981, 62).

- Selbständigkeit:
Innerhalb der Erziehung einer "rechtmäßigen" Haltung sich selbst gegenüber wird vor allem das Ziel des kindlichen selbständigen Handelns betont (vgl. Walczyna 1978, 104). Dies Handeln zielt weniger auf das Erkennen eigener Vorteile ab als vielmehr auf kooperatives Verhalten, das die anderen entlastet, Kontakte erleichtert, wodurch mehr Zeit für gemeinsame Aktivitäten übrig bleibt (vgl. Walczyna 1978, 105).

- Selbstkonzept:
Das Erziehungsziel der Förderung eines positiven Selbstkonzepts des Kindes wird wie das Ziel Selbständigkeit im Rahmen der Erziehung einer "rechtmäßigen" Haltung sich selbst gegenüber angesprochen (vgl. Walczyna 1978, 172). Es umschließt Aspekte wie Selbstbewertung, Selbstwertgefühl und Selbstempfinden. Wird in der westlichen Pädagogik eher von einer bedingungslosen Forderung eines positiven Selbstkonzepts des Kindes ausgegangen, so verhält es sich in der Volksrepublik Polen anders. Die Selbsteinschätzung des Kindes und sein Selbstwertgefühl sollen sich an den gesellschaftlich anerkannten Normen orientieren (vgl. Muszyński 1974, 256).

- Selbstbestimmung:
Selbstbestimmung als eigenständiges Erziehungsziel läßt sich in der polnischen Fachliteratur nur in Ansätzen identifizieren, wobei dann davon ausgegangen wird, daß sie sich nur im Rahmen des sozialistischen Ideals entfalten kann. Sie umfaßt auch eher eine gewisse Selbstbestimmung den Altersgenossen gegenüber als gegenüber Erwachsenen (vgl. Kwiatkowska/Topińska 1978, 149).

III. Hauptergebnisse der Studie in der Volksrepublik Polen

Für die Untersuchung der Erziehungsziele für den Kindergarten, wie sie von Eltern und Erzieherinnen beurteilt werden, wurde eine polnische Version des in der internationalen Studie verwendeten Instruments erstellt (zur Instrumententwicklung vgl. ausführlicher den Beitrag von Brönstrup/Roßbach). Ausgangspunkt waren die im vorherigen Abschnitt skizzierten Erziehungszieldimensionen, wobei für jedes theoretische Konstrukt mehrere Items enthalten sind. Das Instrument - das im Rahmen einer schriftlichen Befragung eingesetzt wurde - besteht aus 20 Erziehungszielen aus dem sozialen und 24 aus dem kognitiven Bereich; methodisch wurden die Erziehungsziele als Statements vorgegeben, die Befragten müssen dann Ablehnung oder Zustimmung zu einem Erziehungsziel auf einer vierstufigen Skala angeben (1 = Ablehnung, 4 = Zustimmung; Werte dazwischen dienten zur Abstufung des Urteils). Das Instrument erhebt sowohl die eigenen Beurteilungen der Erziehungsziele ("Selbstbild") als auch die bei einer anderen Gruppe perzipierten Erziehungsziele ("Fremdbild").

Drei der 24 Items aus dem kognitiven Bereich wurden speziell im Hinblick auf die Situation in Polen aufgenommen (der internationale Kernteil besteht aus 21 Items des kognitiven Bereichs). Neben dem Fragebogen für Erziehungsziele wurde ein weiteres Frageblatt entwickelt, das - für Erzieherinnen und Eltern getrennt - nach einigen allgemeinen persönlichen Hintergrundbedingungen sowie ökologischen Faktoren fragt.

Die Datenerhebung wurde 1984 in Polen durchgeführt. Voraussetzung für eine Teilnahme war: Eltern mußten zur Zeit ein 3- bis unter 7jähriges Kind im Kindergarten haben, Erzieherinnen mußten im Kindergartenbereich arbeiten. Die Erzieherinnen wurden über einzelne Kindergärten angesprochen, sie wurden gleichzeitig gebeten, die Eltern ihrer Kindergartenkinder für die Untersuchung zu interessieren. Insgesamt nahmen 55 Kindergärten an der Untersuchung teil, davon 31 aus verschiedenen Stadtteilen Warschaus und 24 aus umliegenden Ortschaften, die eine ländliche Struktur aufweisen. Die Fragebögen wurden so verteilt, daß jeweils die Hälfte der Gruppe aus städtischen und die andere Hälfte aus ländlichen Gebieten stammte, um eine gute Streuung im Bereich der Hintergrundvariablen zu erhalten. In die Auswertung gingen 317 Fragebögen ein: 160 von Eltern, 157 von Erzieherinnen.

Dem vorliegenden Ergebnisbericht liegen - hier für die Volksrepublik Polen - die identischen Fragestellungen zugrunde, wie sie auch von Brönstrup/Roßbach für die Bundesrepublik Deutschland verfolgt wurden:

- Welche Dimensionen der Erziehungsziele lassen sich empirisch identifizieren, und wie verhalten sich diese Dimensionen zu den theoretisch hergeleiteten 10 Zielbereichen?

- Wie werden die Erziehungsziele - auf der Ebene der empirisch gefundenen Zielbereiche - von Eltern und Erzieherinnen beurteilt?

- Unterscheiden sich Eltern und Erzieherinnen in ihren Zielpräferenzen, d.h. verfolgen Erzieherinnen mit einer speziellen pädagogischen Ausbildung andere Erziehungsziele als Eltern, die im allgemeinen als pädagogische Laien bezeichnet werden können?
- Gibt es Unterschiede im "Selbstbild" und im "Fremdbild", d.h. unterstellen Erzieherinnen Eltern andere Zielorientierungen, als diese für sich selbst in Anspruch nehmen - und umgekehrt?
- Lassen sich bei Eltern und Erzieherinnen spezifische Hintergrundbedingungen identifizieren (wie z.B. Bildungsstand der Eltern oder Berufserfahrungen der Erzieherinnen), die bestimmte Zielpräferenzen erklären können?

1. Dimensionen der Erziehungsziele

Der Fragebogenkonstruktion liegen zehn theoretische Zielbereiche zugrunde (soziale Erziehungszielbereiche: Kooperation, Konfliktverhalten, Selbständigkeit, Selbstbestimmung, Selbstkonzept; kognitive Erziehungszielbereiche: Sprachförderung, Kreativität, Arbeitstugenden, Schulvorbereitung, Orientierung an der realen Erwachsenenwelt); zu jedem Zielbereich wurden mehrere Items formuliert, insgesamt 44. Zuerst soll nun untersucht werden, welche Erziehungszieldimensionen sich empirisch finden lassen und wie sich diese zu den zehn theoretisch angenommenen Erziehungszielbereichen verhalten.

Zur Beantwortung dieser Fragestellung wurden Faktorenanalysen - getrennt für den sozialen und kognitiven Bereich - gerechnet. Die Faktorenanalysen wurden nach der Hauptachsenmethode mit anschließender Varimaxrotation durchgeführt. Dabei wurden jeweils drei bis sieben Faktoren extrahiert. Zur Bestimmung der optimalen Faktorenzahl wurden Scree-Test, Fürntratt-Kriterium (vgl. Fürntratt 1969) sowie die Interpretierbarkeit der Faktorlösungen berücksichtigt (vgl. Gaensslen/Schubö 1973, 226). Für beide Zielbereiche wurde jeweils eine 4-Faktoren-Lösung ausgewählt. Eine Kurzfassung der Items mit den Ladungen findet sich im Anhang. (Die Faktorenanalysen beruhen auf einer erweiterten Stichprobe, bei der zusätzlich zu den Eltern und Erzieherinnen die Angaben von 156 Studenten (Gesamt n = 473) berücksichtigt wurden.)

Die neuen Faktoren im Bereich sozialer Erziehungsziele erklären 39,3 % der Gesamtvarianz. Der erste Faktor bezieht sich auf eine Erwachsenen- und Gruppenorientierung des Kindes, der zweite auf seine Selbstbestimmung, der dritte auf ein positives Selbstkonzept und der vierte auf ein selbständiges Konfliktverhalten.

Faktor 1 erklärt 15,8 % der Gesamtvarianz und wird durch sieben Items deutlich markiert. Vier Items (14, 18, 10, 5) sprechen das Verhältnis zu Erwachsenen, zwei Items (16, 7) jenes gegenüber der Gruppe an. Kinder sollen sich von einer Orientierung an den Ansprüchen der Erwachsenen sowie der Gruppe lösen. Oder anders formuliert: Kinder sollen sich den Erwachsenen sowie der Gruppe unterordnen. Damit spricht diese Dimension einen wichtigen Aspekt der sozialistischen Erziehung an. Das Kind muß sich als Mitglied der Gesellschaft verstehen lernen und den Gruppenzielen und -interessen unterordnen können. Der Erwachsene soll als Vermittler der gesellschaftlich anerkannten Ziele eintreten, deshalb hat das Kind sich ihm unterzuordnen. Diese Dimension kann folglich mit "Erwachsenen- und Gruppenorientierung" des Kindes bezeichnet werden.

Der zweite Faktor erklärt 9,3 % der Gesamtvarianz, sechs Items charakterisieren ihn. Kinder sollen zum Widerspruch, zu eigenen Entscheidungen und zur Durchsetzung eigener Wünsche ermuntert werden (13, 2, 9), Leistungsdenken entwickeln (6) und selbständig Erfahrungen sammeln können (11). Eine starke Orientierung an der Gruppe ist dabei hinderlich (4). Alle Items sprechen Aspekte einer kindlichen Selbstbestimmung an, dementsprechend soll dieser Faktor benannt werden.

Faktor 1 (Erwachsenen- und Gruppenorientierung) und Faktor 2 (Selbstbestimmung) stehen nur scheinbar im Widerspruch. Während Faktor 1 - so läßt sich vorsichtig interpretieren - eher die gesellschaftliche Ebene der Erziehung anspricht, gibt Faktor 2 die individuelle wieder. Auf der ersten Ebene geht es um Ziele, die über das Individuum hinaus eine Bedeutung haben. Auf der individuellen Ebene dagegen spielen solche Ziele eine Rolle, die unmittelbar für die eigene Persönlichkeit des Individuums und für den Umgang der Individuen untereinander von Bedeutung sind.

Faktor 3 erklärt 7,7 % der Gesamtvarianz und wird von vier Items gebildet. Alle vier Items sprechen Aspekte eines positiven Selbstkonzepts an. Demnach soll ein Kind sich gut leiden mögen, stolz auf sich sein und ein großes Selbstvertrauen entwickeln (19, 15, 20). Um diese Entwicklung zu erleichtern, sollen Kinder viel Lob erhalten (3). Entsprechend wird diese Dimension mit "positives Selbstkonzept" benannt.

Faktor 4 wird durch drei Items markiert; er erklärt 6,5 % der Gesamtvarianz. Die beiden Items mit den höchsten Ladungen (12, 17) sprechen das Konfliktlöseverhalten an. Kinder sollen lernen, ihre Konflikte selbständig untereinander ohne die Hilfe von Erwachsenen zu lösen. Schwächer - aber durchaus plausibel - geht in den Faktor ein, daß es wichtig ist, sich gegenseitig in der Gruppe zu helfen (8). Der Faktor soll hier mit "selbständiges Konfliktverhalten" bezeichnet werden.

Die der Fragebogenkonstruktion zugrunde liegenden sozialen Erziehungszielbereiche (Kooperation, Konfliktverhalten, Selbständigkeit, Selbstbestimmung, Selbstkonzept) finden sich somit zum Teil in den empirisch identifizierten Dimensionen wieder. Konfliktverhalten und Selbstkonzept konnten direkt reproduziert werden, während sich mit "Erwachsenen- und Gruppenorientierung" und "Selbstbestimmung" zwei Faktoren zeigen, die zwar einen deutlichen Bezug zur Fachliteratur aufweisen, jedoch die dort diskutierten Zielbereiche nur indirekt abdecken. Andererseits jedoch thematisieren diese beiden Faktoren durchaus Erziehungszielbereiche, die für die polnische Kindergartensituation als bedeutsam betrachtet werden müssen.

Die vier Faktoren im Bereich kognitiver Erziehungsziele erklären 39,3 % der Gesamtvarianz. Die Faktoren 1 bis 3 sprechen die Erziehungsziele Arbeitstugenden, Orientierung an der realen Erwachsenenwelt und Schulvorbereitung an; der zweite Faktor ist hingegen nur schwer zu interpretieren.

Der erste Faktor erklärt 14,7 % der Gesamtvarianz. Überwiegend thematisieren die Items allgemeine kindliche Arbeitstugenden wie diszipliniertes Verhalten (9), Konzentration auf eine Aufgabe (10, 2), Gewöhnung an Ordnung und Fleiß (21) sowie eine gewisse Eingrenzung der kindlichen Phantasievorstellungen (15). Dazu soll das Kind technische Gegenstände und wichtige mathematische Grundbegriffe kennenlernen (8, 7); ebenso soll auf eine korrekte Aussprache geachtet werden. Die Items beschreiben somit überwiegend Anforderungen, die an das kindliche Arbeitsverhalten gestellt werden bzw. Voraussetzungen dafür wie z.B. eine korrekte Aussprache. Deshalb wird dieser Faktor mit "Arbeitstugenden" bezeichnet.

Auf Faktor 2 entfallen 10,9 % der Gesamtvarianz. Die drei Items mit den höchsten Ladungen (11, 1, 9) thematisieren das Verhältnis der "Kindergartenwelt" zu den Ansprüchen der Außen- bzw. Erwachsenenwelt. Es geht darum, ob der Kindergarten einen Schonraum darstellen soll oder ob die Kinder schon mit den Beschwernissen der Erwachsenenwelt konfrontiert werden sollen. Dazu gehört dann auch (schwächere Ladungen), ob schon im Kindergarten eine Förderung von Ausdauer betont (24) bzw. die Sprachentwicklung nicht sich selber überlassen wird (23). Faktor 2 soll dementsprechend mit "Orientierung an der realen Erwachsenenwelt" benannt werden.

Faktor 3 erklärt 7,5 % der Gesamtvarianz. Die Markieritems sprechen alle eine direkte schulvorbereitende (bzw. schulvorwegnehmende) Funktion des Kindergartens an. In die Kindergartenarbeit sollen schon schulische Inhalte oder eine schulische Leistungsorientierung aufgenommen werden (16, 13, 12). Dies impliziert zugleich eine direkte schulische Arbeitstugend wie die Fähigkeit zum Stillsitzen (17) sowie eine Einschränkung der kindlichen Phantasie (18). Faktor 3 wird deshalb mit "Schulvorbereitung" bezeichnet.

Der vierte Faktor, auf den 6,2 % der Gesamtvarianz entfallen, ist schwierig zu interpretieren. Am deutlichsten markiert wird er von einem Item (14), das sich auf die Schaffung einer künstlichen Kinderwelt im Kindergarten bezieht. Zugleich wird jedoch auch - schwächer - eine Schulvorbereitung angesprochen, d.h. eine Förderung von Kreativität, Sprache sowie schulischen Fähigkeiten wie Lesen und Schreiben (22, 3, 4). All diese Aspekte wurden auch schon in den vorherigen Faktoren thematisiert. Deshalb soll auf eine weitere Interpretation hier verzichtet werden. Für die folgenden Schritte wird dieser Faktor lediglich aus praktischen Gründen entsprechend des Items mit der höchsten Ladung mit "künstlicher Kindergartenwelt" angesprochen.

Auch im kognitiven Bereich können somit die der Fragebogenkonstruktion zugrunde liegenden theoretischen Zielbereiche (Sprachförderung, Kreativität, Arbeitstugenden, Schulvorbereitung und Orientierung an der realen Erwachsenenwelt) nur zum Teil reproduziert werden. Direkt wiederfinden ließen sich die Erziehungsziele Arbeitstugenden, Schulvorbereitung und Orientierung an der realen Erwachsenenwelt. Eigenständige Dimensionen Sprachförderung oder Kreativität konnten nicht identifiziert werden; die diesen Konstrukten zugeordneten Items teilen sich auf die anderen Faktoren auf. Zusammenfassend läßt sich somit festhalten, daß sowohl im sozialen wie im kognitiven Bereich die untersuchten Items sich nicht immer so empirisch zu Dimensionen zusammenfassen lassen, wie es die theoretischen Annahmen unterstellen.

Im Anschluß an die Faktorenanalyse wurden anhand der Markiervariablen der acht Faktoren acht additive Erziehungszielskalen gebildet. Berücksichtigt wurden dabei nur Items mit Ladungen größer als .40. Negativ ladende Items wurden vorher umgepolt. Anschließend wurden die Skalen wieder auf die Werte 1-4 transformiert. In den folgenden Untersuchungsschritten sind alle Skalen so gepolt, daß 1 eine Ablehnung und 4 eine Zustimmung zu einem Erziehungszielbereich bedeutet. Für die acht Skalen wurde als Reliabilitätsschätzung Cronbachs ALPHA berechnet. Berücksichtigt man die Kürze der Skalen (zum Teil nur drei bis vier Items), so kann bei den Werten von .38 bis .78 noch von relativ zufriedenstellenden Reliabilitäten ausgegangen werden. Eine Ausnahme bildet erwartungsgemäß der Faktor 4 bei den kognitiven Zielen (künstliche Kinderwelt; ALPHA = .18), auf seine Interpretation soll im weiteren verzichtet werden. Die acht Erziehungszielskalen sind weitgehend unabhängig voneinander. Es findet sich nur eine - plausible - substantielle Korrelation zwischen Skala 1 "Erwachsenen- und Gruppenorientierung" und Skala 5 "Arbeitstugenden" mit r = .53. Je eher die Befragten eine Erwachsenen- und Gruppenorientierung für den Kindergarten betonen, desto eher stellen sie Anforderungen an das Arbeitsverhalten der Kinder.

Bevor zur nächsten Fragestellung übergegangen wird, sollen kurz die Faktorenanalysen in der Volksrepublik Polen mit jenen in der Bundesrepublik verglichen werden (vgl. Brönstrup/Roßbach). Dabei ist zu berücksichtigen, daß zum einen zum jetzigen Zeitpunkt keine simultanen Datenanalysen durchgeführt wurden, zum anderen die Itemsätze im kognitiven Bereich in drei Items (jeweils 22-24) unterschiedlich sind. Bei den sozialen Erziehungszielen zeigt sich in der Faktorenstruktur zwischen beiden Ländern eine gewisse Ähnlichkeit. Wenn auch zum Teil die Zuordnung einzelner Items zu den jeweiligen Faktoren unterschiedlich ausfällt, ähneln sich doch die Faktoren Erwachsenen- und Gruppenorientierung - Selbstbestimmung gegenüber Erwachsenen, Selbstbestimmung - Selbstbestimmung gegenüber der Gruppe sowie positives Selbstkonzept - positives Selbstkonzept (die erste Nennung bezieht sich immer auf die polnischen Faktoren). Dem Faktor selbständiges Konfliktverhalten entspricht jedoch kein Faktor in der Bundesrepublik. Bei den kognitiven Erziehungszielen zeigen sich in der Tendenz größere Unterschiede. Obwohl bei drei Faktoren die Benennungen identisch sind (Arbeitstugenden, Orientierung an der realen Arbeitswelt, Schulvorbereitung), ergeben sich auf der Ebene der Zuordnung der Items zu den Faktoren einige Unterschiede. Inwieweit aus diesen Ergebnissen auf weitgehend gleiche oder unterschiedliche Faktorenstrukturen der Erziehungsziele in der Volksrepublik Polen und der Bundesrepublik geschlossen werden kann, ist nicht Gegenstand der vorliegenden Arbeit und muß speziellen, simultanen Auswertungen überlassen werden.

2. Erziehungsziele in der Gesamtgruppe

Die in der Untersuchung enthaltenen Ziele wurden auf dem Hintergrund der Fachliteratur ausgewählt. Es stellt sich nun die Frage, wie sich diese Ziele in der Praxis wiederfinden, d.h. wie Eltern und Erzieherinnen zusammen diese Ziele einschätzen. Tabelle 1 (linke Spalte) enthält dazu die Mittelwerte in den acht Erziehungszielskalen.

Tabelle 1: Skalenmittelwerte in den Selbsteinschätzungen

	Skalen	Gesamtgruppe	Eltern	Erzieher
	1. Erwachsenen- und Gruppenorientierung	2.7	2.8	2.6
soziale Skalen	2. Selbstbestimmung	2.3	2.3	2.3
	3. positives Selbstkonzept	3.0	3.1	3.0
	4. selbständiges Konfliktverhalten	1.9	1.8	2.1
	5. Arbeitstugenden	3.2	3.1	3.3
kognitive Skalen	6. Orientierung an der realen Erwachsenenwelt	2.3	2.1	2.4
	7. geringe Schulvorbereitung	1.7	1.8	1.7
	8. künstliche Kindergartenwelt	3.0	3.0	3.1

Den sozialen Erziehungszielskalen wird überwiegend zugestimmt (theoretischer Skalenmittelwert = 2.5). Die höchste Zustimmung erfahren die Erziehungsziele positives Selbstkonzept und selbständiges Konfliktverhalten. Ebenfalls zugestimmt wird - in der Tendenz niedriger, aber auch über dem theoretischen Skalenmittelwert - der Erwachsenen- und Gruppenorientierung der Kindergartenarbeit, während das Erziehungsziel Selbstbestimmung sogar leicht abgelehnt wird. Damit ergibt sich für die Volksrepublik Polen eine leichte Bevorzugung der gesellschaftlichen Anforderungen - wie sie von Erwachsenen und der Gruppe an das Kind gestellt werden - gegenüber dem Erziehungsziel einer eher individuell ausgerichteten Selbstbestimmung.

Heterogener als die sozialen Erziehungszielskalen werden die Skalen aus dem kognitiven Bereich eingeschätzt (wobei Skala 8 nicht weiter interpretiert werden soll). Eine direkte Schulvorbereitung der Kindergartenarbeit wird stark abgelehnt. Dieses Ergebnis überrascht zuerst, da gerade die Schulvorbereitung in Polen zu den wichtigsten Funktionen der Vorschulerziehung zählt. Bei der Skala Schulvorbereitung muß aber berücksichtigt werden, daß die hier formulierten Items eine Schulvorbereitung ansprechen, die das Leistungsniveau der Schule in den Kindergarten vorverlegt. Nach dem Verständnis polnischer Pädagogen wird ein Kindergartenkind damit jedoch überfordert. Es sollen zwar schulbezogene Fähigkeiten gefördert werden, jedoch müssen sie an das Leistungsniveau der Kinder angepaßt sein. Daß mit der Ablehnung einer direkten Schulvorbereitung bzw. Schulvorverlegung keine Ablehnung allgemeiner schulvorbereitender Funktionen der Kindergärten gemeint ist, zeigt sich sehr deutlich an der Zustimmung zur Skala Arbeitstugenden, bei der Anforderungen an das Arbeitsverhalten der Kinder gestellt werden, die durchaus im Sinne einer kindergartengemäßen Vorbereitung auf die Schule interpretiert werden können. In der Mitte zwischen der Ablehnung der direkten Schulvorbereitung und der starken Betonung der Förderung von Arbeitstugenden liegt - tendenziell im Ablehnungsbereich - das Erziehungsziel Orientierung an der realen Erwachsenenwelt. Tendenziell soll damit die Kindergartenzeit von den Erschwernissen und Mühen der Erwachsenenwelt freigehalten werden.

Betrachtet man die Beurteilung der kognitiven und sozialen Ziele zusammen, so zeigt sich - in Übereinstimmung mit der polnischen Fachliteratur - eine relative Gleichgewichtung der beiden Bereiche. Vergleicht man dies mit den Ergebnissen in der Bundesrepublik, so läßt sich ein deutlicher Unterschied festhalten: In der Bewertung der bundesrepublikanischen Skalen zeigt sich eine eindeutige Präferierung von sozialen gegenüber kognitiven Zielen (vgl. Brönstrup/Roßbach). In Polen fällt dagegen die relative Gleichgewichtung der sozialen und kognitiven Ziele auf. Beide Ergebnisse lassen sich anhand der länderspezifischen Fachdiskussionen erklären. Neuere Curricula in der Bundesrepublik thematisieren überwiegend soziale Ziele, während auf polnischer Seite eine Gleichgewichtung von beiden Zielbereichen gefordert wird. An Gemeinsamkeiten zwischen beiden Ländern läßt sich jedoch im sozialen Bereich die hohe Wertschätzung des Erziehungsziels positives Selbstkonzept, im kognitiven die starke Ablehnung der Schulvorbereitung bei gleichzeitiger Betonung einer Förderung von kindlichen Arbeitstugenden festhalten.

3. Unterschiede in den Erziehungszielen zwischen Eltern und Erzieherinnen

Als eine wichtige Quelle für Unterschiede in Erziehungszielpräferenzen kann die Professionalität der Befragten angesehen werden. Es scheint plausibel, daß Erzieherinnen mit einer speziellen auf die Kindergartenarbeit bezogenen Ausbildung andere Ziele bevorzugen als Eltern, die eher als Laien in der Erziehung betrachtet werden können. Die Untersuchung möglicher Unterschiede zwischen Eltern und Erzieherinnen wurde mit Hilfe von Einwegvarianzanalysen auf Skalenebene verfolgt. Tabelle 1 enthält die entsprechenden Mittelwerte in den beiden rechten Spalten. Bei der relativ hohen Fallzahl (n = 317) ergeben sich schon bei numerisch minimalen Differenzen signifikante Mittelwertunterschiede (hier auf dem 5 % Niveau), die jedoch kaum auf praktisch bedeutsame Unterschiede hinweisen. Berücksichtigt man dies, so zeigen sich bei den Erziehungszielskalen kaum Unterschiede zwischen Eltern und Erzieherinnen. Im sozialen Bereich zeigt sich eine leichte Tendenz, nach der Eltern etwas mehr Wert auf ein selbständiges Konfliktverhalten legen als die Erzieherinnen. Es läßt sich vermuten, daß sich hier die täglichen Erfahrungen der Erzieherinnen in der praktischen Arbeit niederschlagen, bei der Erzieherinnen oft die Grenzen der "Selbständigkeit" der Kinder in Konfliktsituationen erfahren.

Auch bei den kognitiven Zielen gibt es kaum Unterschiede zwischen Eltern und Erzieherinnen. Sowohl die Ablehnung einer direkten Schulvorbereitung als auch die Betonung von Arbeitstugenden wird von beiden Gruppen geteilt. Ein kleinerer Unterschied zeigt sich in dem Ziel Orientierung an der realen Erwachsenenwelt, das von Eltern in der Tendenz etwas stärker abgelehnt wird. Eltern neigen damit eher dazu, Kindergartenwelt und Erwachsenenwelt zu trennen und ihren Kindern einen "Schonraum" zu erhalten. Es läßt sich vermuten, daß dies im Zusammenhang mit einer eher "behütenden" Elternrolle zu sehen ist.

Die skizzierten Ergebnisse - die über das hier Berichtete hinaus auch auf Itemebene sowie mit Diskriminanzanalysen bestätigt werden konnten - zeigen also nur minimale Unterschiede zwischen Eltern und Erzieherinnen auf. Daraus läßt sich schließen, daß die vermuteten "professionellen" Unterschiede zwischen Eltern und Erzieherinnen in der Volksrepublik Polen für die Auswahl von Erziehungszielen von geringerer Bedeutung sind als ursprünglich angenommen wurde. Im Vergleich dazu zeigen sich in der Bundesrepublik - obwohl dort auch viele Gemeinsamkeiten festgestellt werden können - mehr Unterschiede zwischen Eltern und Erzieherinnen in der Beurteilung der Erziehungsziele (vgl. Brönstrup/Roßbach).

4. "Selbstbild" versus "Fremdbild" von Eltern und Erzieherinnen

Die konzeptuellen Rahmenüberlegungen der Untersuchung (vgl. Brönstrup/Roßbach) betonen, daß sowohl für die Erziehungspraxis als auch im Hinblick auf die gesellschaftliche Bedeutung von Erziehungszielen nicht nur die eigenen Erziehungszielvorstellungen bedeutsam sind, sondern auch die Ziele, die bei einer anderen sozialen Gruppe vermutet werden. Unterstellen Eltern z.B. Erzieherinnen schulvorbereitende Ziele für die Kindergartenarbeit, die diese selbst gar nicht verfolgen, sondern eher sogar ablehnen, dürften bedeutsame Mißverständnisse zu erwarten sein, die sich auf die Sozialisation der Kinder auswirken können. Deshalb stellt sich die Frage, ob Erzieherinnen Eltern andere Zielpräferenzen zuweisen, als diese für sich selbst beanspruchen - und umgekehrt. Bei der Untersuchung dieser Frage sind zwei Vorbemerkungen notwendig. Zum einen können Fremd- und Selbsteinschätzung von Eltern und Erzieherinnen nicht individuell verglichen werden. Die Erzieherinnen schätzten in der Untersuchung nicht die Eltern ihrer Kindergruppe bzw. die Eltern nicht die Erzieherinnen ihres Kindergartenkindes ein, sondern die gegenseitigen Einschätzungen erfolgten als allgemeine Einschätzung der jeweils anderen Gruppe. Zum anderen müssen diese Ergebnisse auf Itemebene berichtet werden, da aufgrund von Faktorenanalysen sich unterschiedliche Faktorenstrukturen in Selbst- und Fremdeinschätzungen zeigten und somit eine gemeinsame Skalenbildung nicht möglich war.

Die Vergleiche von Selbst- und Fremdeinschätzungen wurden mittels Varianzanalysen durchgeführt. Da aufgrund der hohen Fallzahl (n = 317) auch minimale Unterschiede signifikant werden, sollen im folgenden nur jene Unterschiede berücksichtigt werden, die größer als eine halbe Skalenstufe sind. Solche Unterschiede zeigen sich nur bei den sozialen Erziehungszielitems. Tabelle 2 enthält diese Items mit den entsprechenden Mittelwerten.

Tabelle 2: Mittelwertunterschiede in Selbst- und Fremdeinschätzungen von Eltern und Erzieherinnen in den sozialen Items

Items	Selbsteinschätzung der Eltern	Fremdeinschätzung der Eltern durch Erzieherinnen	Selbsteinschätzung der Erzieherinnen	Fremdeinschätzung der Erzieherinnen durch Eltern
1. Das Kind soll eher seine negativen Seiten kennenlernen			2.4	3.3
2. Erzieher sollten das Kind in jedem Fall zu eigenen Entscheidungen ermuntern	2.1	2.8		
5. Erwachsene müssen sich Kindern gegenüber durchsetzen			1.9	2.7
8. Anderen Kindern zu helfen ist wichtiger	2.9	2.2		
9. Kinder sollen ihre eigenen Wünsche durchsetzen	2.0	2.6		
12. Kinder müssen ihre Auseinandersetzungen ohne Erwachsene lösen	3.6	2.8		
16. Ziele der Gruppe sind wichtiger	2.0	2.9	2.2	1.6
17. Erwachsene sollten nur bei Gesundheitsgefährdung in den Streit der Kinder eingreifen	3.1	2.5		
19. Das Kind sollte stolz auf sich sein	2.7	3.3		

Vergleicht man die Selbsteinschätzung der Eltern mit den Fremdeinschätzungen der Eltern durch die Erzieherinnen, so zeigen sich in sieben Items größere Unterschiede. Eltern betonen stärker das Helfen anderer Kinder und eine Orientierung an den Zielen der Gruppe, als Erzieherinnen dies bei den Eltern wahrnehmen (8, 16). Erzieherinnen unterstellen den Eltern hier eher eine Ausrichtung an den Interessen ihres Kindes. Ähnliches zeigt sich bei der Ermunterung zu eigenen Entscheidungen des Kindes, dem Durchsetzen seiner Wünsche sowie der Forderung eines starken Selbstkonzepts (2, 9, 19). Während Erzieherinnen den Eltern eine hohe Wertschätzung dieser Ziele zuordnen - und damit eine Fokussierung der Interessen auf ihr Kind -, lehnen Eltern selbst diese eher individualistischen Ziele ab. Bezogen auf ein selbständiges, nicht erwachsenenorientiertes Handeln in Konfliktsituationen (12, 17) - Erziehungsziele, die die Eltern sehr hoch einschätzen - unterstellen Erzieherinnen den Eltern eine niedrigere Wertschätzung.

Faßt man die Unterschiede pointiert zusammen, so unterstellen die Erzieherinnen den Eltern "konservativere" Zielpräferenzen, als die Eltern selbst verfolgen. Eltern seien eher an den Interessen ihres Kindes interessiert und vernachlässigten somit Gruppenziele wie z.B. auch das Erlernen von Konfliktlösungsmöglichkeiten in der Gruppe.

Auf der anderen Seite schätzen Eltern die Erziehungsziele der Erzieherinnen relativ treffend ein. Bei dem Vergleich der Selbsteinschätzungen der Erzieherinnen und der Fremdeinschätzungen durch die Eltern zeigen sich nur drei größere Unterschiede: Erzieherinnen schätzen die Orientierung an der Gruppe sowie den Erwachsenen niedriger ein, als Eltern es ihnen unterstellen (16, 5). Daneben vermuten Eltern, daß Erzieherinnen eher die negativen Seiten des Kindes hervorheben. Erzieherinnen legen dagegen mehr Wert auf einen Ausgleich zwischen seinen positiven und negativen Eigenschaften (1). Trotz dieser drei Unterschiede muß aber von einer weitgehenden Übereinstimmung zwischen den Erziehungszielen der Erzieherinnen und den Orientierungen, die Eltern ihnen unterstellen, ausgegangen werden.

Zusammenfassend läßt sich festhalten, daß es für die kognitiven Erziehungsziele keine Unterschiede zwischen den Selbst- und Fremdeinschätzungen der Eltern und Erzieherinnen gibt. Bei den sozialen Zielen schätzen die Eltern die Erziehungsziele der Erzieherinnen relativ treffend ein. Umgekehrt ergeben sich jedoch einige Unterschiede, bei denen - pointiert ausgedrückt - Erzieherinnen Eltern konservativere Ziele unterstellen, als diese selbst verfolgen. Es läßt sich hier aber nicht überprüfen, ob dies auf Vorurteilen der Erzieherinnen bzw. auf den tatsächlichen Erfahrungen der Erzieherinnen im Umgang mit den Eltern beruht oder aber ob die

Eltern sich progressiver einschätzen, als sie in Wirklichkeit sind. Ein durchaus vergleichbares Ergebnis - d.h. die Zuschreibung eines "konservativen Musters" durch die Erzieherinnen - zeigt sich auch bei der Analyse der Ergebnisse in der Bundesrepublik Deutschland. Anders als in den polnischen Ergebnissen zeigen sich in den bundesrepublikanischen auch Unterschiede in der Einschätzung der kognitiven Ziele.

5. Erklärung der Erziehungsziele durch Hintergrundbedingungen

Erziehungszielpräferenzen können von soziokulturellen/subkulturellen Faktoren abhängig sein, d.h. bestimmte Hintergrundbedingungen wie z.B. Bildungsgrad der Eltern oder das Alter der Erzieherin, können potentiell einen Einfluß auf die Erziehungszielpräferenzen ausüben. Zur Analyse der Effekte solcher Hintergrundbedingungen wurden schrittweise multiple Regressionsanalysen durchgeführt. Als Kriterium wurden die Erziehungszielskalen betrachtet, die mit Hilfe von gruppenspezifischen Hintergrundvariablen erklärt werden sollten. Insgesamt zeigten sich nur wenige Abhängigkeiten von den erhobenen Hintergrundvariablen, so daß auf eine tabellarische Darstellung verzichtet werden soll.

Bei den Erzieherinnen wurden als mögliche Einflußfaktoren auf die Erziehungszielpräferenzen untersucht: Alter der Erzieherin, Ausbildungsart und Ausbildungsgrad der Erzieherin, Dauer der Ausbildung, Praxiserfahrung, Anzahl der Gruppen im Kindergarten und Anzahl der Kinder in der Gruppe. Geringe, jedoch praktisch unbedeutsame Abhängigkeiten zeigten sich von dem Alter der Erzieherin und ihrer Praxiserfahrung. Es muß aber geschlossen werden, daß die Erziehungsziele der Erzieherinnen weitgehend unabhängig von den persönlichen Bedingungen und ökologischen Merkmalen des Kindergartens sind.

Bei den Eltern ergibt sich ein vergleichbares Ergebnis. Untersucht wurden: Alter des Vaters, Alter der Mutter, Ausbildung des Vaters, Ausbildung der Mutter, Einkommen der Eltern und Kinderzahl. Eine größere Bedeutung kommt lediglich der Ausbildung der Mutter zu. Je höher ihre Ausbildung ist, desto eher lehnt sie eine Erwachsenen- und Gruppenorientierung ab (Skala 1), bevorzugt sie eine kindliche Selbstbestimmung (Skala 2) und eine Orientierung an der realen Erwachsenenwelt (Skala 6). Eine gewisse Rolle spielt auch noch das Ausbildungsniveau des Vaters, je höher dieses ist, desto eher werden eine Erwachsenen- und Gruppenorientierung abgelehnt (Skala 1) bzw. Anforderungen an das Kind betont.

Obwohl die bei den Eltern gefundenen Beziehungen sich plausibel in die Literatur einordnen lassen (vgl. Schendl-Mayrhuber 1978, 139 f.), muß insgesamt festgehalten werden, daß die Erziehungsziele von Eltern und Erzieherinnen weitgehend unabhängig von den hier untersuchten Hintergrundvariablen sind.
Das gleiche Ergebnis zeigte sich auch in der Bundesrepublik (vgl. Brönstrup/Roßbach). In beiden Ländern gleich ergibt sich als eine mögliche Erklärungsvariable lediglich die Ausbildung der Eltern und somit eine weitgehende Unabhängigkeit von den untersuchten soziokulturellen/subkulturellen Bedingungen.

IV. Zusammenfassung

Der vorliegende Beitrag berichtet über Erziehungsziele für den Kindergarten, wie sie von Eltern und Erzieherinnen in der Volksrepublik Polen gesehen werden. Die Untersuchung ist Teil einer internationalen Studie zu Erziehungszielen in verschiedenen Ländern (USA, Brasilien, Portugal, Belgien, Polen und Bundesrepublik Deutschland); konzeptueller Rahmen sowie Ergebnisse für die Bundesrepublik sind in dem Beitrag von Horst Brönstrup und Hans-Günther Roßbach in diesem Band enthalten.

Der Kindergarten wurde in der Volksrepublik Polen schon früh zu einem festen Bestandteil des Bildungswesens mit dem Auftrag, auf die Schule vorzubereiten sowie die sozialistische Persönlichkeit entwickeln zu helfen. Kognitive und soziale - d.h. "gesellschaftlich-moralische" - Erziehungsziele für den Kindergarten werden in Polen als gleichbedeutsam beurteilt. Vergleichbar mit der Diskussion in der Bundesrepublik lassen sich in Polen in der Fachliteratur 10 verschiedene Zielbereiche (soziale Ziele: Kooperation, Konfliktverhalten, Selbständigkeit, Selbstbestimmung, Selbstkonzept; kognitive Ziele: Kreativität, Arbeitstugenden, Schulvorbereitung, Sprachförderung, Orientierung an der realen Erwachsenenwelt) identifizieren, auf die hin ein Erhebungsinstrument mit 44 Erziehungszielitems (20 aus dem sozialen, 24 aus dem kognitiven Bereich) konstruiert wurde. Mit diesem Erhebungsinstrument wurden sowohl die Selbsteinschätzung wie auch die Fremdeinschätzung der Erziehungsziele von 160 Eltern und 157 Erzieherinnen erhoben. Die Hauptergebnisse lassen sich wie folgt zusammenfassen:

- Empirisch lassen sich sowohl im sozialen als auch im kognitiven Bereich je vier Dimensionen der Erziehungsziele identifizieren (soziale Erziehungsziele: Erwachsenen- und Gruppenorientierung, Selbstbestimmung, positives Selbstkonzept, selbständiges Konfliktverhalten; kognitive Erziehungsziele: Arbeitstugenden, Orientierung an der realen Erwachsenenwelt, Schulvorbereitung, künstliche Kindergartenwelt), die zum Teil die theoretisch angenommenen Konstrukte reproduzieren und sich deutlich im Hinblick auf die polnische Kindergartensituation interpretieren lassen. Aufgrund der Ergebnisse wurden acht additive Erziehungszielskalen konstruiert.

- Soziale und kognitive Erziehungsziele werden von den befragten Eltern und Erzieherinnen relativ gleichgewichtig eingeschätzt, wobei sich bei den kognitiven Zielen aber eine größere Streuung zeigt. Auffällig ist im sozialen Bereich die starke Ablehnung einer direkten Schulvorbereitung bei gleichzeitiger hoher Wertschätzung der Förderung von kindlichen Arbeitstugenden im Kindergarten.

- Zwischen Eltern und Erzieherinnen zeigen sich kaum Unterschiede in der Bewertung der Erziehungsziele. Die unterstellte Bedeutung einer professionellen Ausbildung versus einer Laienerziehung konnte somit nicht bestätigt werden.

- Eltern schätzen im sozialen Bereich die Erziehungsziele der Erzieherinnen relativ treffend ein. Umgekehrt jedoch unterstellen die Erzieherinnen den Eltern konservativere Erziehungsziele, als die Eltern für sich in Anspruch nehmen. Bei den kognitiven Zielen wurde weder bei den Eltern noch bei den Erzieherinnen ein Unterschied zwischen Selbst- und Fremdeinschätzung entdeckt.

- Die in der Untersuchung berücksichtigten Hintergrundvariablen können die Erziehungspräferenzen von Eltern und Erzieherinnen kaum erklären.

Bei den einzelnen Untersuchungsabschnitten wurden - auf einer sehr allgemeinen Ebene - die Hauptergebnisse für die Volksrepublik Polen mit jenen für die Bundesrepublik Deutschland verglichen. Dabei zeigten sich in vielen Aspekten deutliche Ähnlichkeiten. Es ist jedoch zu berücksichtigen, daß hier keine simultane Auswertung der Ergebnisse in beiden Ländern vorliegt und daß im kognitiven Bereich drei Items in beiden Ländern (Zusatzitems) verschieden sind. Eine vollständige Analyse der Ähnlichkeiten und Verschiedenheiten der Zielvorstellungen für den Kindergarten bei Eltern und Erzieherinnen in den beiden Ländern - sowie den anderen an der

Studie beteiligten Ländern - liegt zur Zeit noch nicht vor. Aufgrund einzelner Teilvergleiche kann jedoch erwartet werden, daß bei einer Simultananalyse weiterreichende Ergebnisse gefunden werden können.

Literatur:

Arbeitsgruppe Vorschulerziehung: Vorschulische Erziehung in der Bundesrepublik. Eine Bestandsaufnahme zur Curriculumentwicklung, München 1974

Brezinka, W.: Grundbegriffe der Erziehungswissenschaft. Analyse, Kritik, Vorschläge, 4. verb. Aufl., München, Basel 1981

Cybulska-Piskorek, J.: Tworczosc plastyczna w wychowaniu estetycznym. In: Dudzińska, J. (Hrsg.): Wychowanie i nauczanie w przedszkolu, Warszawa 1983, 358-370

Dudzińska, J.: O współzyciu dzieci w gruppie przedszkolnej, Warszawa 1975

Fürntratt, E.: Zur Bestimmung der Anzahl interpretierbarer gemeinsamer Faktoren in Faktorenanalysen psychologischer Art. In: Diagnostica 15 (1969), 62-75

Gaensslen, H./Schubö, W.: Einfache und komplexe statistische Analyse, 2. verb. Aufl., München, Basel 1976

Jahnson, J.: Erziehungsziele und Erziehungseinstellungen aus der Sicht von Eltern, Erziehern und Studenten. Eine empirische Untersuchung in der Volksrepublik Polen. Unveröffentlichte Diplomarbeit, Münster 1986

Kielar, M.: Wpływ środowiska wychowawczego i technicznego na rozwój myślenia dziecka. In: Wychowanie w przedszkolu 5 (1981), 259-260

Kwiatkowska/Topińska (Hrsg): Pedagogika przedszkolna, Warszawa 1978

Muszyński, H.: Ideał i cele wychowania, Warszawa 1974

Program wychowania w przedszkolu: Ministerstwo oświaty i wychowania - instytut programów szkolnych, 3. bearb. Aufl., Warszawa 1981

Schendl-Mayrhuber, M.: Der Einfluß der Schichtzugehörigkeit auf die Bildung von Erziehungseinstellungen und Erziehungszielen. In: Schneewind, K./Lukesch, H. (Hrsg.): Familiäre Sozialisation, Stuttgart 1978, 136-146

Trzebiatowski, K.: Vorschulerziehung in der Volksrepublik Polen. In: Sozialpädagogische Blätter 2 (1983), 58-61

Walczyna, J.: Kształtowanie postaw społeczno-moralnych dzieci w wieku przedszkolnym, Warszawa 1978

Wilgocka-Okoń, B.: Współczesne tendencje wychowania pzedszkolnego w Polsce a pedagogika Froebla. In: Wychowanie w przedszkolu 9 (1982), 443

Woskowski, J.: Sociologia wychowania, Warszawa 1983

Anhang

Tabelle 3: Faktorladungen der sozialen Items

Items	Faktor 1	Faktor 2	Faktor 3	Faktor 4	h_i^2
14. Kinder sollen Erwachsenen nicht widersprechen *	.66				.47
18. Erzieherinnen müssen oft für Kinder entscheiden *	.63				.44
16. Ziele der Gruppe sind wichtiger	-.61				.51
10. Anleitung des Kinderspiels durch Erwachsene ist unverzichtbar *	.60	-.33			.51
7. Gemeinsame Tätigkeiten der Kinder sind wichtiger	-.58				.39
1. Das Kind soll eher seine negativen Seiten kennenlernen *	.56			-.33	.46
5. Erwachsene müssen sich Kindern gegenüber durchsetzen *	.53				.35
13. Kinder sollen zum Widerspruch ermuntert werden		.64			.42
2. Erzieher sollten das Kind in jedem Fall zu eigenen Entscheidungen ermuntern		.52			.34
4. Eine starke Orientierung an der Kindergruppe ist hinderlich		.48			.25
9. Kinder sollen eigene Wünsche durchsetzen		.44			.27
6. Ein Kind soll bessere Leistungen erbringen als der Gruppendurchschnitt *		-.35			.23
11. Schmerzliche Erfahrungen dürfen Kindern nicht erspart bleiben		.34			.26

Items	Faktor 1	Faktor 2	Faktor 3	Faktor 4	hi²
9. Das Kind sollte stolz auf sich sein		.71			.58
15. Ein Kind soll sich gut leiden können		.70			.51
20. Großes Selbstvertrauen ist für das Kind wichtig		.59			.37
3. Zuviel Lob verdirbt den Charakter des Kindes *		.33			.22
12. Kinder müssen ihre Auseinandersetzungen ohne Erwachsene lösen			.75		.58
17. Erwachsene sollten nur bei Gesundheitsgefährdung in den Streit der Kinder eingreifen			.61		.39
8. Anderen Kindern zu helfen ist wichtiger			.40		.28
9. Die Erzieherin muß auf ein diszipliniertes Verhalten der Kinder drängen	.71				.50
10. Das Kind muß sich längere Zeit auf eine Aufgabe konzentrieren können	.71				.57
21. Kinder sollen an Ordnung und Fleiß gewöhnt werden	.67				.47
8. Technische Gegenstände sollen Kinder früh kennenlernen	.64				.48
7. Am Ende der Kindergartenzeit sollte das Kind wichtige mathematische Grundbegriffe kennen	.62				.47
2. Das Kind soll sich längere Zeit mit einer Aufgabe beschäftigen	.59			-.31	.46
15. Den Phantasievorstellungen soll nicht immer freier Lauf gelassen werden	.48			-.47	.46

Items	Faktor 1	Faktor 2	Faktor 3	Faktor 4	hi²
6. Eine fehlerhafte Aussprache muß sofort korrigiert werden	.47				.33
5. Auf eine korrekte Ausdrucksweise muß geachtet werden	.44				.32
11. Kinder sollen von der Welt der Erwachsenen abgeschirmt werden *		.69			.49
1. Die Mühen des Erwachsenenlebens sollen von Kindern ferngehalten werden *		.68			.47
19. Die Kindergartenzeit sollte einen Schonraum bilden *		.60			.54
24. Betonung von Ausdauer ist im Kindergarten verfrüht *		.43	.30		.29
23. Eine richtige Sprache entwickelt sich von selbst *		.38			.23
17. Ein Kindergartenkind kann noch nicht länger stillsitzen *			.68		.49
16. Der Kindergarten darf keine schulischen Inhalte vorwegnehmen *			.65		.51
13. Im Kindergarten soll keine Leistungsorientierung wie in der Schule sein *			.57		.34
20. Das Kind soll nicht länger belastet werden *		.38	.45		.43
12. Die Kindergartenerziehung darf nicht auf Schulvorbereitung eingeschränkt werden *			.38		.15
18. Die Phantasie des Kindes darf nicht eingeschränkt werden *			.36		.18
14. Es soll keine künstliche Kinderwelt geschaffen werden			-.32	-.58	.54

Items	Faktor 1	Faktor 2	Faktor 3	Faktor 4	hi²
22. Für den Schulerfolg sind kreative Lösungen wichtig				.42	.20
3. Eine spezielle Sprachförderung ist überflüssig *				.42	.23
4. Für Lesen und Schreiben ist die Schule da *		.31		.32	.26

Es sind nur Faktorladungen > .30 aufgeführt. Die mit * markierten Items sind in "negativer Bedeutungsrichtung" formuliert; für die Analysen wurden diese Items umgepolt, d.h. z.B., wenn ein solches Items mit "negativem Bedeutungsgehalt" abgelehnt wurde (Wert 1), so erhält es nun den Wert 4 und eine "umgedrehte Bedeutung". Bei der Interpretation der mit * markierten Items muß diese "Umdrehung" des Bedeutungsgehalts berücksichtigt werden.

Doris Oberfrank-List

EINSTELLUNGEN VON ERZIEHERINNEN ZUR SEXUALERZIEHUNG IM KINDERGARTEN

I. Problemlage

Der zu Beginn der 60er Jahre in den westlichen Industriegesellschaften einsetzende Liberalisierungsprozeß des Sexuellen, der mitunter sogar optimistisch als "sexuelle Revolution" bezeichnet wurde, konnte die Vorstellung von der "Asexualität" des Kindes nur wenig erschüttern. Die Begriffe "Kind" und "Sexualität" in einem Atemzug zu nennen, erscheint manchen Zeitgenossen noch immer als schlimmstes Ärgernis. Borneman spricht daher vom "... letzten Reservoir der Reinheit. Wer dieses Reservoir beschmutzt, wird als Untäter schlechthin geächtet" (Borneman 1978, 91).

Auch die zahlreichen kulturanthropologischen und empirischen Untersuchungen, durch die eine Existenz der frühkindlichen Sexualität faktisch nachgewiesen wurde (z.B. Malinowski 1929; Ford/Beach 1960; Hammond/Ladner 1969; Borneman 1974, 1976; Koch 1980; Kinsey u.a. 1955, 1966; Wolffheim 1966; Kreitler/Kreitler 1967), haben über die wissenschaftliche Diskussion hinaus zu keiner wesentlichen Bewußtseinsänderung in der Öffentlichkeit geführt.

Erzieherisches Engagement, das im allgemeinen durchaus positiv bewertet wird, bedarf daher besonderer Begründungen und Rechtfertigungen und wird mißtrauisch beobachtet, sofern es darum geht, der Erziehungsbedürftigkeit der kindlichen Sexualität gerecht zu werden.

Daß derjenige, der die Sexualität des Kindes und deren Erziehungsbedürftigkeit ernst nimmt, angreifbar ist, mußten z.B. drei Erzieherinnen eines Kinderhortes in Berlin-Steglitz erfahren, die vom Dienst suspendiert und angeklagt wurden, "...sexuellen Handlungen von Personen unter 16 Jahren an oder vor dritten ... Vorschub geleistet zu haben" (Anklageschrift der Staatsanwaltschaft beim Landgericht Berlin, August 1981), weil sie bei sexuellen Spielereien der 6- bis 9jährigen Hortkinder nicht nachhaltig genug eingeschritten seien oder diese sogar gefördert hätten (vgl. Bericht "... und führten Oralverkehr aus", in: Sexualpädagogik und Familienplanung 4 (1982), 1-5). Das Verfahren wurde zwar eingestellt, nachdem die Kinder psychiatrisch untersucht und polizeilich verhört (!) worden waren und nachdem geklärt war, daß die Erzieher bei den sexuellen Aktivitäten der Kinder nicht anwesend waren, sondern den Kindern lediglich das ermöglichten, was von vielen Sexualpädagogen gefordert wird, nämlich sich ungestört in einen gemütlich eingerichteten Raum zurückzuziehen (zu dem die Erzieher aber Zutritt hatten). Doch die ständige Angst der drei Erzieherinnen, eine Strafe zu bekommen und dann vorbestraft zu sein, bleibt sicher nicht ohne Folgen für das sexualerzieherische Verhalten der "Angeklagten". Auch andere Erzieher, die von diesem oder einem ähnlichen Vorfall erfahren, werden sich überlegen, ob sie ihren sexualpädagogischen Einsatz mit Arbeitsplatzverlust, Geldbuße etc. "bezahlen" möchten.

Von solch einer, im obengenannten Beispiel dargestellten, ablehnenden Einstellung gegenüber einer den kindlichen Bedürfnissen angemessenen, d.h. sexualfreundlichen Erziehung, sind in besonderem Maße die Kindergarten-Erzieher(innen) betroffen. Denn während das Bundesverfassungsgericht am 21.12.1977 festlegte, daß die individuelle Sexualerziehung in erster Linie zu dem natürlichen Erziehungsrecht der Eltern gehört (Art. 6, Abs.2 des Grundgesetzes), und daß der Staat aufgrund seines Erziehungs- und Bildungsauftrages (Art. 7, Abs. 1 des Grundgesetzes) ebenfalls berechtigt ist, Sexualerziehung in der Schule fächerübergreifend durchzuführen (Holzmeyer u.a. 1978, 5), steht eine solche Entscheidung für den Bereich der Vorschulerziehung noch aus.

In den Kindergarten-Gesetzen finden sich keine Aussagen zur Sexualerziehung; jedoch sind die Beschreibungen des Auftrags des Kindergartens so weit gefaßt, daß bei entsprechender Auslegung Sexualerziehung als dazugehörig betrachtet werden kann. Auch in den Richtlinien der Bundesländer, die mit Untertiteln wie "Empfehlungen...", "Arbeitshilfen..." und "Anregungen..." verdeutlichen, daß sie keinen verbindlichen Charakter haben, bleibt die Sexualerziehung weitgehend ausgespart. Lediglich drei Bundesländer (Berlin-West, Bremen und Saarland) heben die Sexualerziehung als einen wichtigen Bereich der Vorschulerziehung hervor und nennen konkrete Ziele (vgl. Friebel/Fried 1981, 39). Inwieweit diese Anregungen in der Kindergarten-Arbeit realisiert werden, ist in erster Linie von der Entscheidung des Trägers und dem sexualerzieherischen Engagement des Erziehungspersonals abhängig. So wird z.B. in den "vorläufige(n) Empfehlungen für die Bildungs- und Erziehungsarbeit im Kindergarten" (Rheinland-Pfalz) gleich im ersten Abschnitt festgestellt, daß diese Empfehlungen "... insbesondere den Erziehern Hilfen und Anregungen für die pädagogische Arbeit im Kindergarten geben", jedoch "... das Recht des freien Trägers auf selbständige Zielsetzung und Durchführung seiner Arbeit unberührt" lassen (Ministerium für Soziales, Gesundheit und Sport 1977, 7). Auch die Schriften der verschiedenen Verbände (z.B. Caritasverband, Diakonisches Werk) enthalten, ebenso wie die Schriften, die von den einzelnen Kindergärten selbst herausgegeben werden, nur in Ausnahmefällen Aussagen über die Relevanz und Inhalte der Sexualerziehung im Kindergarten, so daß insgesamt gesehen die Sexualerziehung, im Vergleich zu anderen Lernbereichen, "... einen ausdrücklich vernachlässigten Bereich darstellt" (Huppertz 1984, 37).

Angesichts der verschiedenen Schwierigkeiten, mit denen sich sexualpädagogisch engagierte Erzieher(innen) auseinandersetzen müssen, darf es nicht verwundern, wenn eine größere Anzahl der Kindergarten-Erzieher(innen) den einfacheren Weg wählt und ihren sexualerzieherischen Auftrag ignoriert oder ihre Bemühungen bezüglich der Sexualerziehung auf ein Minimum reduziert.

Dies ist besonders bedauerlich, wenn man bedenkt, daß gerade der Kindergarten in struktureller Hinsicht besonders günstige Voraussetzungen zur Sexualerziehung bietet, die teilweise nicht in der Familie und erst recht nicht in der Schule gegeben sind (vgl. Oestereich 1974, 45; Zitelmann/Carl 1976, 43; Kluge 1978, 82; Huppertz/Huppertz 1981, 92; Huppertz 1984, 34). Die "Gruppensituation" des Kindergartens ist dadurch gekennzeichnet, daß sie lockerer, weniger starr organisiert ist und daher den Bedürfnissen der Kinder mehr entgegenkommt als der geschlossene Klassenverband mit seiner starren Sitzordnung. Die Kinder können hier ungezwungener miteinander kommunizieren als in der Schule, haben viel Zeit für Spiele, in denen sich u.a. Freundschaften bilden, Zärtlichkeiten ausgetauscht werden und eine probeweise handelnde Auseinandersetzung mit Geschlechtsrollen ermöglicht wird. In "Doktorspielen", "Vater-Mutter-Kind-Spielen" gespielten Geburtsszenen etc. haben die Kinder auch die Möglichkeit, ihre sexuelle Neugier lustvoll zu befriedigen, ebenso bei der häufig praktizierten unreglementierten Toilettenbenutzung.

Im Sommer können sich die Kinder ausziehen, nackt oder mit der Badehose auf dem Spielfeld im Wasser planschen. Weiterhin besteht die Möglichkeit, den Kindern nassen Sand zur Verfügung zu stellen oder ihnen im Waschraum Voraussetzungen zu schaffen, ihrem Bedürfnis nach Matschen und Planschen (ohne Rücksicht auf Sauberkeit) gerecht zu werden.

Auch der Kontakt zwischen dem Erzieher und dem einzelnen Kind ist meist unmittelbarer als in der Schulklasse, und emotionale Verhaltenweisen wie miteinander "schmusen" spielen in der Beziehung zwischen Kind und Erzieher eine wesentliche Rolle. Für viele Kinder ist die Kindergarten-Erzieherin die erste Vertrauensperson außerhalb der Familie. Weiterhin wird der soziale Kontaktbereich des Kindes auch durch die vielen Kinder verschiedenen Alters, verschiedenen Geschlechts und aus unterschiedlichem sozialen Milieu erweitert, so daß vor allem für Kinder ohne Geschwister die Gruppensituation des Kindergartens Möglichkeiten eröffnet, die zu Hause in der Familie nicht gegeben sind. In der Kindergruppe kann das Kind z.B. Rücksichtnahme, Partnerschaftlichkeit, Verantwortlichkeit und Zärtlichkeit lernen, also Eigenschaften, die als wesentliche Elemente der "Liebesfähigkeit" anzusehen sind.

Während das Kind in der Schule primär nach seinen kognitiven Fähigkeiten beurteilt wird, orientiert sich der Erzieher im Kindergarten mehr an dem Gesamtverhalten des Kindes, beispielsweise an dessen Sozialverhalten, Spiel- und Gestaltungsfähigkeit. Auch die Eltern des Kindergarten-Kindes sind noch weniger stark vom Leistungsdenken "befallen", also von der Angst, ob das Kind auch genug lernt und leistet. Weshalb der Kindergarten-Erzieher, im Gegensatz zum Lehrer, nicht unter dem Druck steht, primär "vorzeigbare", verbal vermittelte Kenntnisse zu lehren.

Weiterhin ist dem Kindergarten-Erzieher eine relativ freiheitliche Gestaltung seiner Arbeit möglich, so daß gegebene Anlässe (z.B. sexuelles Neugierverhalten einiger Kinder auf der Toilette, Schwangerschaft einer Erzieherin) situativ aufgegriffen und sexualerzieherisch genutzt werden können.

Ob sich der einzelne Erzieher im Kindergarten trotz der genannten Schwierigkeiten bemühen wird, diese günstigen Voraussetzungen hinreichend zu realisieren, ist in erheblichem Maße von dessen eigener Einstellung zur Sexualität und zu sexualpädagogischen Fragen abhängig. So kann die Verwirklichung einer sexualfreundlichen Erziehung auch ganz erheblich durch Faktoren behindert werden, die in der Erzieherpersönlichkeit begründet sind. Zu nennen sind hier einerseits die kognitive Komponente der Einstellung zur Sexualität, wie z.B. die Vorstellung von der "Asexualität" des Kindes; zusätzlich wirkt sich auch die affektive Komponente der Einstellung zur Sexualität, z.B. das Gefühl, die Sexualität sei "schmutzig" oder "sündig", ganz wesentlich auf die Art der praktizierten Sexualerziehung aus.

Da in der Kindheit der heutigen Erzieher das Sexuelle noch weit stärker tabuisiert war als heute, empfinden sie häufig ihre eigene Sexualität als schuldhaft und daher mit Angst besetzt, was dazu führt, daß Sexualerziehung "... zu einer höchst schwierigen und peinlichen Angelegenheit" wird und häufig unterbleibt oder mißlingt (vgl. Seelmann 1979, 24). Beispielsweise fällt es vielen Erziehern äußerst schwer, die sexuellen Spiele der Kinder zu tolerieren oder womöglich sogar als positiv zu erachten, da diese in ihrer eigenen Kindheit doch streng verboten waren. Einerseits können sie rational nicht erfassen, daß eine Verhaltensweise "normal" und "natürlich" sein soll, die in ihrer Kindheit als "krankhaft" und "sündig" erachtet wurde; und zum anderen, was schwerwiegender ist, werden sie z.B. beim Anblick eines masturbierenden Kindes an die selbst durchlebten Szenen ihrer Kindheit und Jugend erinnert, an die meist vergeblichen Versuche, der Masturbation zu widerstehen, an Entdeckungen, Bestrafungen, Schuldgefühle, Ängste etc. Da solche schmerzhaften Erinnerungen nur selten verarbeitet wurden, haben die meisten Erzieher(innen) auch heute noch eine ausgesprochen negative Einstellung zur Selbstbefriedigung und sehen sie keineswegs als vollwertige Möglichkeit an, sexuelle Befriedigung zu erleben. Wenn ein Erzieher auf die Masturbation oder sogenannte "Doktorspiele" der Kinder besonders heftig reagiert, geht es ihm daher nicht nur um die Kinder, sondern er ist auch selbst mitbetroffen.

Eine sexualfreundliche Reaktion auf kindliche sexuelle Verhaltensweisen würde daher voraussetzen, daß der Erzieher die Sexualität als wichtigen und erfreulichen Aspekt der menschlichen Persönlichkeit erachtet, hiervon auch die Sexualität des Kindes nicht ausschließt und deren Erziehungsbedürftigkeit erkennt.

II. Untersuchungen zur Praxis der Sexualerziehung im Kindergarten

Der gegenwärtige Erkenntnisstand zur tatsächlich praktizierten Sexualerziehung im Kindergarten ist, aufgrund der starken Behinderung sexualpädagogischer Forschung (vgl. Glück/Schliewert 1984; Kluge 1986), ausgesprochen defizitär, was in auffallendem Gegensatz zur Bedeutsamkeit dieses Themenkomplexes steht. Bezeichnend ist, daß lediglich drei Studien vorliegen, die erste Einblicke ermöglichen und methodischen Standards entsprechen (Schuh-Gademann 1972; Friebel/Fried 1981; Röchner 1981).

- Schuh-Gademann befragte 1970 in Winterthur (Schweiz) 68 Kindergarten-Erzieher(innen) über die von ihnen praktizierte Sexualerziehung und über deren Einstellung zur Sexualität im allgemeinen, zur Sexualität des Kindes und zur Sexualerziehung. Aufgrund der vielfältigen gewonnenen Erkenntnisse, die hier aus Platzgründen im einzelnen nicht aufgezeigt werden können, stellt sie zusammenfassend fest, daß die Mehrheit der befragten Erzieher(innen) ihrer eigenen Sexualität und der kindlichen Sexualität ablehnend gegenüberstehen und im Kindergarten primär eine negative, d.h. behütende und gegenwirkende Sexualerziehung durchgeführt wird. Dieses Ergebnis läßt sich aufgrund der nicht-repräsentativen Stichprobe nicht verallgemeinern. Schuh-Gademann selbst erhebt jedoch auch nicht den Anspruch, allgemeingültige Ergebnisse vorzulegen, sondern möchte in erster Linie zur "... Intensivierung des Problembewußtseins bezüglich der Bedeutung des Kindergartens und der frühkindlichen Erziehung, insbesondere der Sexualerziehung ..." beitragen (Schuh-Gademann, 1972, 280).

- Röchner führte 1981 eine empirische Untersuchung über curriculare Konzepte und Erziehungseinstellungen im Kindergarten durch, in der er u.a. auch nach der Einstellung der Erzieher(innen) zu sexualpädagogischen Themen fragte. Hierbei kommt er zu dem Ergebnis, daß 71,2 % der befragten Erzieher der Ansicht sind, daß Sexualerziehung in den Kindergarten gehöre, obwohl Fragen sexuellen Inhalts in der Regel nur ein- oder zweimal jährlich angesprochen oder beantwortet werden, und 78 % das Thema "Sexualerziehung" noch nie als eigenständige didaktische Einheit durchgeführt haben. Eine Ursache für die Diskrepanz zwischen der Einstellung zur Relevanz der Sexualerziehung im Kindergarten und dem eigenen dürftigen Beitrag zur Realisierung einer Sexualerziehung besteht darin, daß die Mehrheit Schwierigkeiten mit den Eltern befürchtet. So gaben 80,3 % der befragten Erzieher(innen) an, bezüglich der Sexualerziehung Probleme mit den Eltern der Kindergartenkinder gehabt zu haben oder solche Probleme zu erwarten. Nach der Analyse dieser und weiterer Ergebnisse kommt Röchner zu dem Schluß, daß Sexualerziehung noch immer ein heikles Thema ist, "... das von der Mehrheit der Erzieher(innen) nach Möglichkeit übergangen wird" (Röchner 1981, 157).

- Auch in der von Friebel 1979 durchgeführten Untersuchung tritt eine deutliche Diskrepanz zwischen der Einstellung und dem Verhalten zutage: Obwohl 65 % der Erzieher sexuelle Spiele als "natürlich" erachten und 80 % sie als "Neugierverhalten" interpretieren, sind nur 37 % bereit, das Spiel der Kinder zu tolerieren. Dagegen wollen 54 % versuchen, die Kinder von ihrer Spielerei abzulenken und 7 % wollen die Kinder "zur Rede stellen", ihnen also verbal vermitteln, daß ihr Verhalten unerwünscht ist.

Der kindlichen Frage nach der Herkunft der Babys würde keine der befragten Erzieher(innen) ausweichen, und nur 10 % verweisen die Kinder mit dieser Frage an die Eltern. Die restlichen Erzieher versuchen, die Frage "irgendwie zu erklären", wobei 32 % die gestellte Frage in ihrer Kindergarten-Gruppe erörtern würden.

Bei ihren Erklärungen über sexuelle Sachverhalte wollen angeblich 99 % der Erzieher nur so weit gehen, wie die Frage des Kindes reicht und dann abwarten, bis die nächste Frage kommt. Friebel spricht hier mit Recht an, daß die Vorgehensweise unzureichend ist, weil viele Kinder aufgrund schlechter Erfahrungen gar keine Fragen sexuellen Inhalts mehr stellen (vgl. Friebel 1979). Allerdings muß die Gültigkeit dieses Ergebnisses in Frage gestellt werden; denn der Erzieher hatte bei der Frage nach seiner Einstellung zur Methode der sexuellen "Aufklärung" nur die Wahl zwischen Antwortalternativen, in denen wesentliche Aspekte einer sexualfreundlichen Vermittlung sexueller Informationen fehlten.

Bezüglich der Inhalte der sexuellen "Aufklärung" im Kindergarten halten es 97 % der Erzieher(innen) für wichtig, daß die Kinder im Kindergarten etwas über die Unterschiede von Junge und Mädchen bzw. Mann und Frau erfahren. Dagegen erachten es lediglich 41 % als angemessen, dem Kind Kenntnisse über die wichtigsten Vorgänge bei der Geburt zu vermitteln, und nur 18 % sind bereit, mit den Kindern auch über Geschlechtsverkehr und Zeugung zu reden.

Der überwiegende Teil der befragten Erzieher(innen) hat das Thema "Sexualerziehung" noch nie im Rahmen der Elternarbeit aufgegriffen, was aufgrund der Bedeutsamkeit intensiver Kooperation zwischen Eltern und Erziehern (vgl. Zitelmann/Carl 1976, 47; Huppertz/Schinzler 1983, 191; Schmitt-Wenkebach 1978) äußerst bedenklich ist.

Diese verschiedenen, grob skizzierten Untersuchungsergebnisse zeigen auf, daß die sexualerzieherischen Aufgaben des Kindergartens nur unzureichend erfüllt werden;

eine gezielte und fachlich fundierte Sexualerziehung findet auch gegenwärtig nur selten statt.

III. Eigener Untersuchungsansatz

1. Fragestellung und Untersuchungsziel

Aufgrund der obengenannten Ergänzungsbedürftigkeit bislang vorliegender Untersuchungen zum Thema "Sexualerziehung im Kindergarten", führte die Verfasserin dieses Beitrags 1985 (im Rahmen einer Diplomarbeit) eine empirische Untersuchung durch, mittels der sie versuchte, die bereits vorhandenen Fakten zur Praxis der Sexualerziehung im Kindergarten zu vertiefen und zu differenzieren. Diese Studie erhebt keinen Repräsentativitätsanspruch, da die Anzahl der in der Untersuchung aufgenommenen Personen (n = 101) zu gering war, und die Durchführung der Befragung aus ökonomischen und organisatorischen Gründen regional begrenzt werden mußte.

Schwerpunktmäßig erfaßt wurde die Einstellung der Erzieher(innen) zur Sexualität im allgemeinen und speziell zur Sexualität des Kindes sowie ihre Einstellung über angemessene Ziele und Methoden der Sexualerziehung. Neben diesen Faktoren wurde u.a. nach der Berufsausbildung und Berufserfahrung der Erzieher(innen) gefragt und danach, ob sie ihre sexualpädagogische Ausbildung für ausreichend erachten, um sexualerzieherisch angemessen wirken zu können, oder ob die Ansicht besteht, daß in der Erzieher-Ausbildung vermehrt solche Themen behandelt werden müßten, die den Erzieher auf seine sexualpädagogische Arbeit vorbereiten. Weiterhin soll geklärt werden, welche Relevanz die Sexualerziehung im Kindergarten nach Auffassung der Erzieher besitzt, und ob die Erzieher der Ansicht sind, daß die Umwelt (z.B. Öffentlichkeit, Eltern, Trägerschaft) Sexualerziehung im Kindergarten erwartet, ablehnt oder ihr gleichgültig gegenübersteht. Ein wesentlicher Schwerpunkt der Untersuchung besteht auch in der Klärung der Frage, wodurch sich die Erzieher in ihrer sexualpädagogischen Arbeit beeinträchtigt fühlen. (Der Einfachheit halber wird in den nachfolgenden Ausführungen verallgemeinernd von "Erzieher" die Rede sein, wobei sich dieser Begriff auf die männlichen und die weiblichen Erzieher bezieht.)

2. Begründung der Methodenwahl zur Datenerhebung

Die Daten der hier vorliegenden Untersuchung wurden, ebenso wie in der Untersuchung von Schuh-Gademann, Friebel und Röchner, mittels einer schriftlichen Befragung erfaßt. Ein wesentlicher Grund hierfür besteht darin, daß der Forschungsgegenstand zu dem Fragenkomplex, der untersucht werden soll, ein exploratives Vorgehen nahelegt, wozu sich der ökonomische Fragebogen besonders eignet.

Daneben wurde die schriftliche Befragung gegenüber dem Interview deshalb vorgezogen, weil die schriftliche Befragung von den Untersuchungsteilnehmern anonymer erlebt wird, was sich günstig auf die Bereitschaft zu ehrlichen Antworten und gründlicher Auseinandersetzung mit der erfragten Problematik auswirken kann. Dieser Aspekt ist hier von besonderer Bedeutung, weil sexualpädagogische Fragen nach wie vor starke Emotionen wecken. Es kann wohl davon ausgegangen werden, daß Personen, die sexuell gehemmt sind, sich eher überwinden können, einen anonymen Fragebogen auszufüllen, als sich sachlich mit einem Interviewer über sexuelle und sexualpädagogische Themen zu unterhalten.

Die Beobachtung des sexualerzieherischen Verhaltens hätte sich ebenfalls angeboten, ist im Rahmen einer Diplomarbeit bei einer umfangreicheren Stichprobe jedoch keineswegs realisierbar, zumal sich eine Beobachtung sexualerzieherischen Handelns über einen längeren Zeitraum erstrecken müßte, um zu bedeutsamen Ergebnissen zu gelangen (vgl. Ergebnis von Röchner, daß Fragen sexuellen Inhalts in der Regel nur ein- oder zweimal jährlich angesprochen werden).

Trotz der verschiedenen Vorzüge der schriftlichen Befragung muß auch auf deren Nachteile und Gefahren hingewiesen werden. Zu nennen wären hier z.B. das Fehlen der stimulierenden Wirkung einer "bloßen physischen Anwesenheit des Interviewers" (Scheuch 1973, 124) sowie die unkontrollierte Situation beim Ausfüllen des Fragebogens, durch die unklar bleibt, wer den Fragebogen tatsächlich ausgefüllt hat, bei welchen Fragen "Gruppenarbeit" erfolgte, ob die vorgegebene Reihenfolge der Fragen eingehalten wurde etc. (vgl. Bortz 1984, 180). Weiterhin ist zu bedenken, daß die gegebenen Antworten nicht immer mit der Realität übereinstimmen müssen. Eine mögliche Fehlerquelle, die jedoch auch beim Interview auftreten kann, ist z.B. die Eigenschaft einiger Testpersonen, Befragungen nicht ernst zu nehmen und deshalb bewußt falsche oder leichtfertige Antworten zu geben (vgl. Scheuch 1973, 115). Vor allem Antworten der Fragen, bei denen sich der Befragte ohnehin unsicher ist (z.B. hypothetische Fragen: "Wie würden Sie reagieren, wenn ...?) können auch durch Stimmungsschwankungen des Befragten beeinflußt werden. Ein quantitativ bedeutsames Problem besteht auch darin, daß Antworten häufig im Sinne der sozialen Erwünschtheit ("social desirability") formuliert werden, weil der Befragte in Bezug auf seine Antworten Konsequenzen antizipiert, "... eine Fehlerquelle, die auch bei Zusicherung absoluter Anonymität nicht völlig auszuräumen ist" (Bortz 1984, 179).

Diese Gefahren lassen sich nie ganz ausschließen (vgl. Scheuch 1973, 90; Bortz 1984, 172, 182), so daß die durch eine Befragung gewonnenen Ergebnisse nur sehr vorsichtige Schlüsse auf die Realität zulassen.

3. Zur Konstruktion des Fragebogens

Bei der Konstruktion des zur Datenerhebung eingesetzten Fragebogens wurden einige Fragen in Anlehnung an die Fragebögen von Schuh-Gademann, Friebel und Röchner formuliert, wobei die vorgefundenen Fragen teilweise um weitere Antwortalternativen erweitert und zusätzliche Fragen erstellt wurden.

Die meisten Fragen sind aufgrund der besseren Auswertbarkeit (Vermeiden von Kategorisierungs- und Kodierarbeiten) und der höheren Objektivität (vgl. Bortz 1984, 146) geschlossen formuliert, wobei dem Befragten jedoch immer die Möglichkeit bleibt, neben den vorgefundenen Antwortalternativen auch eigene zu formulieren. Offene Fragen wurden aufgrund der Länge des Fragebogens zur "Auflockerung" eingeführt. Rating-Skalen wurden teilweise bei den Fragen eingesetzt, in denen es um das Erfassen von Einstellungen geht. Der Vorteil dieser Vorgehensweise, bei der die Erzieher darum gebeten werden, ihre Einstellungen auf einer numerischen Skala anzugeben, liegt u.a. darin, daß man hierdurch intervallskalierte Daten gewinnt (vgl. Bortz 1984, 124; Glück/Schliewert 1984, 63). Der Aufbau des Fragebogens, also die Anordnung der einzelnen Fragen und Fragenkomplexe, erfolgte nach den von Scheuch (1973, 90) und Bortz (1984, 182) genannten Kriterien einer Mikro- und Makroplanung. Diese sollen nicht alle aufgeführt werden; lediglich auf die wichtigsten Gestaltungskriterien sei verwiesen:

Die "Mikroplanung" des Fragebogens erfolgte vor allem nach dem Gesichtspunkt, daß es zweckmäßig ist, die Fragen, die das konkrete Verhalten (oder die Handlungskomponente der Einstellung) betreffen, denen voranzustellen, die auf die affektive oder kognitive Komponente der Einstellung zum gleichen Sachverhalt bezogen sind.

Denn das Bekennen zu einer bestimmten Einstellung wirkt sich wesentlich auf die Angabe des angeblichen Verhaltens aus (Vermeiden von Dissonanz - vgl. Mietzel 1975, 394).

Weiterhin wurde der Fragebogen so konstruiert ("Makroplanung"), daß der Befragte nicht gleich zu Beginn mit für ihn "schwierigen" Fragen konfrontiert wird (Gefahr des Abbruchs!), sondern daß eine allmähliche Steigerung in Bezug auf Tabus und Überwinden von Hemmungen erfolgt.

Auf eine detaillierte Auflistung der einzelnen Inhalte kann hier verzichtet werden, da die erfragten Themenkomplexe aus der Darstellung der Ergebnisse ersichtlich werden.

4. Anlage der Untersuchung und Stichprobenbeschreibung

Die Untersuchung wurde 1985 im Raum Ludwigshafen, Speyer und Worms durchgeführt. Zur Kontaktaufnahme wurden 51 Kindergärten zunächst schriftlich und eine Woche später telefonisch um ihre Mitarbeit gebeten. Angestrebt war eine "geschichtete Stichprobe" (vgl. Bortz 1984, 284). In Bezug auf die Variable "Trägerschaft" entspricht dies annähernd der Verteilung in der Gesamtpopulation.

Auf diesem Wege konnten 110 Erzieher zur Mitarbeit gewonnen werden, wobei Erzieher, die in einem Kindergarten unter kirchlicher Trägerschaft arbeiten, deutlich überrepräsentiert sind gegenüber Erziehern aus städtischen Einrichtungen. Der Grund hierfür ist u.a. in der starken Behinderung der Untersuchung in kommunalen Kindergärten durch behördliche Nicht-Genehmigung zu sehen (vgl. Fried/Oberfrank 1986, 107).

Insgesamt wurden von den 110 ausgegebenen Fragebögen 101 brauchbar ausgefüllte zurückerhalten, was einer Rücklaufquote von über 90 % entspricht. Die 101 befragten Erzieher(innen) (99 Frauen und nur 2 Männer) verteilen sich in Bezug auf die Variable "Träger des Kindergartens" folgendermaßen: 37,6 % arbeiteten zum Zeitpunkt der Befragung in einem katholischen und 38,6 % in einem evangelischen Kindergarten, während nur 23,8 % in einer kommunalen Einrichtung tätig waren.

- Das durchschnittliche Alter der Befragten betrug 30 Jahre. Ein Viertel war jünger als 23 J., die Hälfte zwischen 24 und 32 J. und nur ein Viertel zwischen 33 und 52 J.

- Bezüglich der Position der Befragten ergab sich folgende Aufteilung: 4 % Hilfskräfte; 11,9 % Praktikantinnen, 34,7 % Erzieher(innen); 35,6 % Gruppenleiter(innen) und 13,9 % Kindergartenleiter(innen).
- Die durchschnittliche Berufserfahrung war 7 Jahre und 10 Monate, wobei 27,7 % erst seit maximal 2 J. im Kindergarten arbeiten. Die im Durchschnitt sehr geringe Berufserfahrung deckt sich mit dem niedrigen Durchschnittsalter.

5. Statistische Auswertung

Zur statistischen Datenanalyse wurden die vorliegenden Antworten (qualitative Angaben) numerisch kodiert, wobei die Antworten der offenen Fragen bzw. die neben den vorgefundenen Antwortalternativen genannten Angaben zunächst zu Kategorien zusammengefaßt wurden.

Zur Aggregierung des erhobenen Datenmaterials wurden in einer deskriptiven Globalanalyse zunächst univariate Häufigkeitsverteilungen berechnet, wobei bei den nominalskalierten Werten relative Häufigkeitsverteilungen (Prozentwerte) ermittelt wurden, bei den intervallskalierten Daten der arithmetische Mittelwert und die Standardabweichung. Hierbei wurde in Anlehnung an Bortz davon ausgegangen, daß Rating-Skalen intervallskaliert seien (Bortz 1984, 124), was bedeutet, daß die Abstände zwischen den Meßwerten als gleich groß anzusehen sind.

Aufgrund dieser Voraussetzung konnte im zweiten Teil der statistischen Auswertung der Frage nachgegangen werden, inwieweit bestimmte abhängige Variablen (Kriterienvariablen) durch bestimmte unabhängige Variablen (Prädiktorvariablen) beeinflußt werden. Hierzu wurden verschiedene angenommene Zusammenhänge mit Hilfe einfaktorieller univariater und einfaktorieller multivariater Mittelwertsvergleiche überprüft. Bei dieser einfaktoriellen Varianzanalyse, in der die Stufen einer unabhängigen Variable (hier: Trägerzugehörigkeit, Alter, Berufserfahrung, Position) in Bezug auf eine abhängige Variable verglichen werden, wurde die Irrtumswahrscheinlichkeit alpha mit 0.05 festgelegt, was bedeutet, daß ein Ergebnis dann signifikant ist, wenn $p \leq 0.05$.

6. Ergebnisse der Untersuchung

Die Befragung lieferte viele Einzelinformationen, die im Rahmen dieses Beitrags zusammenfassend skizziert werden, wobei einige Aspekte und Ergebnisse unberücksichtigt bleiben.

a) Auffassung über Relevanz der Sexualerziehung im Kindergarten

Von besonderer Bedeutung ist die Frage, welchen Stellenwert die Erzieher einer Sexualerziehung im Kindergarten beimessen. Stimmt die Mehrheit der Auffassung zu, "... daß Sexualerziehung und Aufklärung in erster Linie in die Familie gehören" (Heinrichs 1971, 55), oder hat sich bei den Erziehern aufgrund der Aufwertung des Elementarbereichs ein Bewußtsein dafür entwickelt, daß der Kindergarten als familienergänzende Institution nicht nur berechtigt, sondern auch verpflichtet ist, seinen spezifischen sexualerzieherischen Beitrag zu leisten?

Erfreulicherweise wollen nur 3 % der Erzieher dem Kindergarten jeglichen sexualpädagogischen Auftrag absprechen. Fast ebenso gering ist jedoch die Anzahl derer, die der Sexualerziehung im Kindergarten den gleichen Stellenwert einräumen würden wie der familialen Sexualerziehung (6,9 %) oder die sich der besonders günstigen Voraussetzungen des Kindergartens zur Sexualerziehung bewußt sind (10,9 %). Die Mehrheit der befragten Erzieher (77,2 %) ist der Ansicht, daß Sexualerziehung im Vorschulalter primär Sache der Eltern sei, so daß der Kindergarten hier lediglich ergänzende Funktion habe, wobei nur knapp ein Drittel (29,7 %) der Auffassung ist, daß der Kindergarten aufgrund seines Erziehungsauftrages zur Sexualerziehung sowohl berechtigt als auch verpflichtet sei. (Mehrfachnennungen waren hier möglich.)

Aufgrund des hohen Stellenwertes, den die Familie bezüglich der frühkindlichen Sexualerziehung nach Auffassung der Erzieher besitzt, wäre zu erwarten, daß man den Eltern auch eine den kindlichen Bedürfnissen adäquate Sexualerziehung zutraut. Dagegen erachtet die Mehrheit der Erzieher (85,2 %) die familiale Sexualerziehung jedoch als mittelmäßig bis völlig unzureichend. Keiner der Befragten meinte, daß die Sexualerziehung in den Familien "völlig ausreichend" sei!

b) Auffassung über Resonanz der Umwelt auf sexualpädagogische Arbeit im Kindergarten

Wie einleitend erwähnt, führt die meist ablehnende Haltung unserer Gesellschaft gegenüber der kindlichen Sexualität häufig dazu, daß Erzieher Sexualerziehung auf ein Minimum reduzieren, um Konfrontationen mit der Umwelt zu vermeiden. Um zu erfahren, wie häufig Kindergarten-Erzieher den Eindruck haben, daß ihre sexualerzieherische Tätigkeit unerwünscht sei, wurde im Rahmen der Untersuchung danach gefragt, ob die Meinung besteht, daß Eltern bzw. die Träger Sexualerziehung im Kindergarten erwarten, ablehnen oder ihr gleichgültig gegenüberstehen.

Nur eine Minderheit der befragten Erzieher geht davon aus, daß Eltern (7,9 %) oder die Trägerschaft (17,8 %) Sexualerziehung im Kindergarten erwarten. Vor allem die Eltern machen auf die Erzieher häufig einen ablehnenden (20,8 %) und vor allem auch einen gleichgültigen Eindruck (47,5 %). Die Träger wurden etwas sexualfreundlicher eingeschätzt: bei ihnen wird häufiger angenommen, daß sie Sexualerziehung erwarten (17,8 %), als daß sie dieser ablehnend gegenüberstehen (16,8 %); aber auch ihnen wird eine sehr gleichgültige Haltung gegenüber sexualpädagogischen Fragen zugetraut (50,5 %).

Die hohe Prozentzahl der "gleichgültigen" Eltern und Träger könnte dahingehend interpretiert werden, daß Ott recht hat, wenn er behauptet, daß kindliche Sexualität gegenwärtig als "belanglos" erachtet wird (vgl. Ott 1981, 13). Es wäre aber auch denkbar, daß einige unentschlossene Erzieher diese "gemäßigte Mitte" gewählt haben, weil sie aufgrund unzureichender Kooperation mit Eltern und Träger nicht genau wissen, wie diese zur Sexualerziehung im Kindergarten eingestellt sind. (Hierfür spricht auch die große Zahl der "Antwortverweigerer" bei dieser Frage.)

c) Einstellung zur Sexualität im allgemeinen und zur Sexualität des Kindes

Die Einstellung des Erziehers zur kindlichen Sexualität wird entscheidend mitbestimmt von seinem Verhältnis zur eigenen Sexualität. Da eine positive Haltung gegenüber der eigenen Sexualität und der Sexualität des Kindes als Grundvoraussetzung einer sexualfreundlichen Erziehung anzusehen ist, geben die zu diesem Themenkomplex gestellten Fragen Auskünfte über einen Aspekt der "Qualifikation" der Kindergarten-Erzieher zur Sexualerziehung.

Die Mehrheit der befragten Erzieher verbalisiert eine ausgesprochen positive Einstellung gegenüber der Sexualität. So werden z.B. Puppen mit Geschlechtsorganen von 74,3 % bejaht und als Zeichen des gegenwärtigen Liberalisierungsprozesses gesehen. "Sprachschwierigkeiten" bezüglich sexueller Themen scheinen die wenigsten zu kennen; 71,4 % der Probanden geben an, daß es ihnen gar keine oder nur wenig Probleme bereitet, sexuelle Themen zu bereden. Erfreulicherweise scheint auch die jahrhundertelange Reduktion der menschlichen Sexualität auf ihre Fortpflanzungsfunktion überwunden zu sein. Die meisten der befragten Erzieher halten Sexualität für eine spezifische Möglichkeit des Menschen, Glück und Lust zu erfahren und miteinander zu kommunizieren. So erachten 78,2 % die Lustfunktion und 65,3 % auch die Sozialfunktion der Sexualität als bedeutsam.

Nur eine kleine Gruppe bringt ihre unsichere und ablehnende Haltung gegenüber der Sexualität offen zum Ausdruck, indem sie z.B. angibt, daß sie hinsichtlich des Sprechens über Sexualität sehr starke oder ziemlich starke Schwierigkeiten hat (7,9 %) oder Puppen mit Geschlechtsorganen als Zeichen für eine heutige Überbewertung des sexuellen Bereichs ansieht (12,9 %).

Auch hinsichtlich der kindlichen Sexualität brachten die Kindergarten-Erzieher mehrheitlich ihre positive Einstellung zum Ausdruck. Die Existenz einer kindlichen Sexualität wird von den meisten (81,2 %) erkannt, wobei Masturbation (84,2 %), sexuelle Spiele (75,2 %), Zärtlichkeitsaustausch zwischen Kindern (55,4 %) und auch Zärtlichkeitsaustausch mit den Erwachsenen (41,6 %) als typische Äußerungsformen kindlicher Sexualität angesehen werden.

Bewertet wird die Sexualität des Kindes meist als "harmlos", "unschuldig" und "grundlegend verschieden von der Sexualität Erwachsener", aber auch als "erfreulich" und "für das Kind wichtig". Sexuelle Spiele werden als "natürliche Erscheinung" angesehen (67,3 %), durch die das Kind seine sexuelle Neugier befriedigt (92,1 %) und lernt, Gleichaltrigen zärtlich und rücksichtsvoll zu begegnen (42,6 %), und die nur dann zu psychischen Schäden führt, wenn sie dem Kind verboten wird. Auch die kindliche Masturbation wird als verbreitete, "natürliche" Erscheinung erachtet (85,1 %), durch die das Kind lernt, positiv mit seinem eigenen Körper umzugehen (58,4 %). Nur eine geringe Anzahl von Erziehern meint noch immer, daß das Kind "asexuell" sei (8,9 %) oder gesteht dem Kind Sexualität zu, die aber als "belanglose" Kinderei abgetan wird und keine besondere Beachtung verdient.

d) Auffassung über Ziele der Sexualerziehung im Kindergarten

Die relativ positive Einstellung der befragten Erzieher gegenüber der eigenen und der kindlichen Sexualität läßt erwarten, daß sich die meisten Erzieher für eine umfassende und sexualfreundliche Zielsetzung der Sexualerziehung im Kindergarten aussprechen, so daß Sexualerziehung infolgedessen als Erziehung zur Sexualität verstanden werde, anstatt die kindliche "Unschuld" "bewahren" und kindliche Sexualität unterdrücken zu wollen.

Die Auffassung über die Bedeutsamkeit verschiedener Ziele der Sexualerziehung für den Kindergarten wurde mittels Rating-Skalen erfaßt, wobei der Skalenwert 1 für "sehr wichtig" und der Skalenwert 5 für "unwichtig" steht. Als besonders wichtig erachtet werden die Erziehungsziele "Partnerschaftsfähigkeit" (AM = 1,17), "Liebesfähigkeit" (AM = 1,50), "Offene, natürliche und bejahende Haltung zum eigenen und anderen Geschlecht und zur Sexualität" (AM = 1,33) und "Ausbildung der Kritikfähigkeit" (AM = 1,57). Diese Ziele lassen sich den von Scarbath genannten Teilzielen einer angestrebten Dispositionsverbesserung zuordnen (vgl. Scarbath 1969, 56) und sind daher als ausgesprochen sexualfreundlich anzusehen. Das Einüben der traditionellen Geschlechtsrollen wird nur noch von einem geringen Teil der Befragten als wichtig erachtet (AM = 4,54); die meisten Erzieher wollen dem Kind dazu verhelfen, nicht auf ein bestimmtes Geschlechtsrollenverhalten festgelegt zu werden (AM = 1,84). Auch die Ansicht, daß es wichtig sei, dem Kind einen Schonraum zu schaffen, in dem es unbelastet von sexuellen Reizen aufwachsen kann ("Bewahrung"), wurde relativ selten genannt (AM = 3,97). Dagegen empfinden es die meisten Erzieher als ziemlich bis sehr wichtig, das Kind vor der Sexualität Erwachsener zu schützen (AM = 1,84). Nur wenige Erzieher möchten das Kind zur "Schamhaftigkeit" in bezug auf Nacktheit (AM = 3,91), die Geschlechtsorgane (AM = 3,64) und die Ausscheidungen (AM = 3,59) erziehen. Die Fähigkeit des Kindes, seinen eigenen Körper und die Geschlechtlichkeit lustvoll wahrzunehmen, wird als relativ wichtig erachtet (AM = 2,51), bekommt jedoch nicht den gleichen Stellenwert zugemessen wie liebevolles und partnerschaftliches Verhalten.

Während Sexualerziehung in der Schule häufig auf die Vermittlung biologischer Fakten reduziert wird, spielt das Ziel "sexuelle Informiertheit" im Kindergarten keine besondere Rolle, sondern wird erst an achter Stelle genannt (AM = 2,65).

Bezüglich der Inhalte, welche die befragten Erzieher den Kindern im Kindergarten vermitteln wollen, ergab sich folgendes Bild: Die meisten Erzieher erachten es als ausreichend, dem Kind die körperlichen Unterschiede zwischen Jungen und Mädchen bzw. Mann und Frau sowie die Bezeichnung der Geschlechtsorgane zu vermitteln. Nur wenige möchten dem Kind auch Informationen über Zeugung (10,9 %) sowie über Schwangerschaft und Geburt (28,7 %) zukommen lassen. Eine Ursache für diese Zurückhaltung bei der sexuellen "Aufklärung" könnte darin gesehen werden, daß das Ziel "Schutz vor der Sexualität Erwachsener" als relativ wichtig angesehen wird. Dieser "Schutz" bedeutet dann wohl für die meisten Befragten nicht nur der berechtigte Schutz vor sexuellem Mißbrauch, sondern ein generelles Fernhalten vor der Sexualität Erwachsener und somit auch das Verschweigen der Informationen, die sich auf das Sexualleben Erwachsener beziehen. Hieraus kann der Schluß gezogen werden, daß eine größere Anzahl der Befragten doch eine problematischere Einstellung zur Sexualität hat, als dies von der Mehrheit verbalisiert wird. Während die kindliche Sexualität als "harmloses", "ungefährliches" Vergnügen abgetan werden kann, bereitet die "grundlegend verschiedene" Sexualität der Erwachsenen Unbehagen und häufig Angst.

Hätten die Erzieher zu ihrer eigenen Sexualität tatsächlich eine positive Einstellung, so bestände kein Grund, dem Kind wichtige Informationen vorzuenthalten.

e) Praxis der Sexualerziehung im Kindergarten und Auffassung über angemessene Methoden

Die mehrheitlich signalisierte, positive Einstellung gegenüber der Sexualität könnte, ebenso wie die von den meisten Erziehern genannten sexualfreundlichen Erziehungsziele, den Eindruck erwecken, als sei das Thema Sexualerziehung für Kindergarten-Erzieher längst kein Problem mehr. Manche der gegebenen Antworten scheinen diese Vermutung zu bestätigen, so z.B. die von 82,2 % der Befragten getroffene Aussage, daß die Kinder in ihrer Kindergarten-Gruppe die Möglichkeit hätten, sich allein oder zu mehreren ungestört in sogenannte "Kuschelecken" zurückzuziehen.

Bei gründlicher Durchsicht der gewonnenen Daten fällt jedoch eine erhebliche Diskrepanz zwischen bekundeten Einstellungen und sexualerzieherischem Handeln (bzw. der Handlungskomponente der Einstellung) auf, deren Ursachen nicht restlos geklärt werden können. Solche Unstimmigkeiten bestehen z.B. bezüglich der positiven Bewertung kindlicher sexueller Aktivitäten und der geringen Anzahl der Erzieher, die bereit sind, dem Kind diese angeblich positive Einstellung dadurch zu vermitteln, daß sie zumindest keine Versuche unternehmen, das kindliche Verhalten durch Ablenkung oder ähnliche Vorgehensweisen zu unterbinden. So würden nur 41,6 % der Erzieher kindliche Masturbation nicht weiter beachten und nichts dagegen unternehmen; bei sexuellen Spielen ist diese Reaktion noch seltener (24,8 %). Häufiger wird versucht, ein masturbierendes Kind oder ein Kind, das in sexuelle Spiele vertieft ist, abzulenken (46,5 %/ 31,7 %). Offensichtlich repressive Maßnahmen, wie Bestrafung sexueller Aktivitäten, Verbote und der Hinweis, daß "dieses Verhalten" unanständig sei, werden von nahezu allen Erziehern abgelehnt. Dagegen nutzt eine größere Anzahl der Befragten das Vorkommen von Masturbation oder sexuellen Spielen, um mit den Kindern zu reden. Unklar bleibt, wie solch ein Gespräch verläuft, ob die Erzieher dem Kind im Gespräch ihre positive Einstellung zur Masturbation/sexuellen Spielen vermitteln oder das Kind ermahnen, seine sexuellen Aktivitäten zu beenden. Selbst verbale Zurechtweisungen und Appelle an das "Schamgefühl" können unter "miteinander reden" verstanden werden, so daß diese vorgegebene Antwortalternative als recht unglücklich formuliert anzusehen ist.

Bemerkenswert ist, daß 22,8 % der Erzieher nach eigener Aussage noch nie mit einem masturbierenden Kindergartenkind "konfrontiert" wurden, 40,6 % noch nie Kinder im Kindergarten bei sexuellen Spielen angetroffen haben und über die Hälfte (55,4 %) angibt, daß in ihrer Gruppe von seiten der Kinder niemals der Wunsch geäußert worden sei, sich nackt auszuziehen. Hier wäre der Frage nachzugehen, ob in vielen Kindergärten eine derart sexualfeindliche Atmosphäre herrscht, daß sich die Kinder gemäß den an sie gestellten Anforderungen tatsächlich "asexuell" verhalten, oder ob einige Erzieher sexuelle Aktivitäten der Kinder mehr oder weniger absichtlich übersehen, weil sie sich aufgrund eigener Hemmungen und einer unzureichenden sexualpädagogischen Ausbildung nicht befähigt fühlen, sexualerzieherisch zu agieren.

Weitere "Schwachstellen" der gegenwärtig in den Kindergärten praktizierten Sexualerziehung werden nachfolgend kurz dargelegt:

- Die Behandlung sexueller Themen als didaktische Einheit, wie sie z.B. von Forster und Götte (1984) oder in der didaktischen Einheit "Geburt und Zärtlichkeit" (Deutsches Jugendinstitut 1976a) anschaulich beschrieben wird, hat in den meisten Kindergärten noch keinen Eingang gefunden. Nur 8,9 % der befragten Erzieher geben an, solch eine didaktische Einheit bisher mindestens einmal in das Kindergartenprogramm eingeplant zu haben. Als Grund für die starke Zurückhaltung wird am häufigsten erwähnt, daß das Interesse der Kinder zum Thema "Sexualität" zu gering wäre (44,6 %). 9,9 % sahen bisher keinen Anlaß und weitere 9,9 % meinen, daß sie hierdurch den Eltern vorgreifen würden. 11 Erzieher (10,9 %) sehen keine

Möglichkeit, Sexualerziehung als didaktische Einheit zu planen, weil die Kinder über zu unterschiedliche Vorkenntnisse verfügen, und somit manche Kinder überfordert wären. Auch auf die Gefahr der "Verfrühung" wird in diesem Zusammenhang hingewiesen. Neben einer zu kurzen Berufsdauer (8,9 %) und Angst vor Schwierigkeiten mit den Eltern (5,9 %) werden eigene Hemmungen, eine unzureichende sexualpädagogische Ausbildung, Probleme mit den Kollegen und die Meinung, daß man sexuelle Themen nicht überbewerten sollte, als weitere Gründe genannt.

- Obwohl die meisten Erzieher davon überzeugt sind, daß hinsichtlich der Sexualerziehung eine intensive Kooperation zwischen Eltern und Erziehern unerläßlich ist (Ratingskala von 1 = "sehr wichtig" bis 5 = "unwichtig": AM = 1,97), haben 82,2 % das Thema "Sexualerziehung" noch nie in der Elternarbeit aufgegriffen. Lediglich 10,9 % verständigen sich mehr oder weniger intensiv mit den Eltern über sexualpädagogische Themen. Zur Art und Weise dieser Verständigung (Mehrfachnennungen!) geben vier Erzieher an, das Thema am Elternabend neben anderen Themen besprochen zu haben, drei Erzieher haben einen Referenten zum Elternabend eingeladen, und in zwei Fällen wurden die Eltern über Elternbriefe, Kindergartenzeitung oder Planaushang über die im Kindergarten durchgeführte Sexualerziehung informiert. Sechs Erzieher berichten auch von Gruppengesprächen im kleinen Kreis. Bei einer derartigen Vernachlässigung des Themas "Sexualerziehung" in der Elternarbeit (bzw. Vernachlässigung der Elternarbeit im Rahmen der Sexualerziehung) wundert es nicht, daß nur wenige Erzieher wissen, was die Eltern hinsichtlich der Sexualerziehung von ihnen erwarten.

- Die Kindergarten-Erzieher kommen ihrer Aufgabe, das bereits vorhandene Wissen der Kinder in Erfahrung zu bringen, um es zu erweitern und eventuell falsche Vorstellungen zu korrigieren, nur bedingt nach. Zum einen sind die Informationen, die von der Mehrheit der Befragten als für das Kindergartenkind ausreichend angesehen werden, völlig unzureichend (vgl. Kapitel III.6.d). Weiterhin ist zwar die Mehrheit der befragten Erzieher (79,2 %) bereit, sexuelle Fragen der Kinder zu beantworten, und 69,3 % wollen dies auch in angemessener Weise leisten (sachlich richtig und frei von mystischen Erklärungen); jedoch greifen nur wenige von sich aus die Gelegenheit auf, mit den Kindern sexualkundliche Gespräche zu führen. (75,2 % meinen, man sollte mit der "Aufklärung" erst beginnen, wenn das Kind von sich aus zu fragen beginnt.) Kinder, die schon sehr früh gelernt haben, daß man sexuelle

Themen besser nicht anspricht, haben im Kindergarten daher keine große Chance, über ihre "infantilen Sexualtheorien" hinaus zu einem realistischen Wissen zu gelangen.

- Hinsichtlich der Befriedigung emotionaler Bedürfnisse wird ähnlich verfahren wie bei der Vermittlung sexueller Informationen. Kinder, die von sich aus mit ihren emotional-affektiven Bedürfnissen auf die Erzieher zukommen, werden nur selten abgewiesen (71,3 % geben an, dem kindlichen Wunsch "auf den Schoß genommen zu werden" nachzugehen). Jedoch erwarten die meisten Erzieher (56,4 %), daß das Kind mit seinen emotionalen Bedürfnissen auf sie zukommt. Nur 25,7 % sind der Ansicht, daß Zärtlichkeitsaustausch grundsätzlich zu bejahen ist und der Erzieher daher von sich aus den Kindern zärtlich begegnen sollte. Introvertierten Kindern, die selbst auf zärtliche Annäherung warten, wird nur ein geringerer Anteil der befragten Erzieher gerecht.

f) Qualitative Bewertung der eigenen sexualpädagogischen Ausbildung/Bereitschaft zur Fortbildung

Um zu erfahren, ob die Erzieher meinen, über genügend Qualifikationen zu verfügen, um sexualerzieherisch tätig zu sein, wurde gefragt, wie sie ihre eigene sexualpädagogische Ausbildung einschätzen (Ratingskala: 1 = "völlig ausreichend", 5 = "keineswegs ausreichend").

Nur wenige Erzieher (11,8 %) halten ihre sexualpädagogische Ausbildung für ausreichend (Skalenwert 1, 2). 18,8 % nehmen eine indifferente Haltung ein, und 58,4 % empfinden die eigene Ausbildung als zu lückenhaft, um dem Kind eine angemessene Sexualerziehung zukommen zu lassen (Skalenwert 4, 5). Dementsprechend hoch ist die Anzahl derer, die sich dafür aussprechen, vermehrt sexualpädagogische Themen in die Ausbildung der Erzieher aufzunehmen (64,4 %). Etwa ein Fünftel der Befragten äußert sich auch hierzu unschlüssig (20,8 %), und nur 7,9 % sind dagegen, der sexualpädagogischen Ausbildung im Rahmen der gesamten Erzieherausbildung einen größeren Stellenwert als bislang einzuräumen.

Auch die Bereitschaft, an den eigenen Einstellungen, Fähigkeiten und Kenntnissen zu arbeiten, ist erfreulich groß. So geben 79,2 % an, daß sie die Möglichkeit, Fortbildungstagungen zum Thema "Sexualpädagogik im Kindergarten" zu besuchen, wahrnehmen würden. Als Gründe für dieses bekundete Interesse nennen 63 Erzieher

(62,4 %) eigenes Interesse, 57,4 % möchten sexualerzieherisch besser wirken können, und 46,5 % erhoffen sich von solchen Fortbildungstagungen mehr Sicherheit für die Elternarbeit. Unter sonstigen Angaben wird 5 mal der Wunsch geäußert, in der Teamarbeit fähiger zu werden. Eine Erzieherin hofft, durch Fortbildungskurse eigene Hemmungen abzubauen, und 3 mal wird dargelegt, daß man Fortbildungskurse dieser Art vor allem deshalb besuchen würde, um mit anderen Erziehern aus verschiedenen Institutionen Erfahrungen austauschen zu können und verschiedene Einstellungen zu sexualpädagogischen Fragen kennenzulernen.

g) Behinderung sexualpädagogischer Arbeit im Kindergarten

Erzieher, die sich im Kindergarten sexualerzieherisch engagieren wollen, müssen sich, wie bereits erwähnt, neben dem Problem der eigenen unzureichenden sexualpädagogischen Ausbildung auch mit anderen Schwierigkeiten auseinandersetzen. In der vorletzten Frage wurden die Erzieher dazu aufgefordert, durch Einkreisen eines entsprechenden Skalenwertes (von 1-5) anzugeben, durch welche Faktoren sie sich in ihrer sexualpädagogischen Arbeit im Kindergarten beeinträchtigt fühlen, wobei 1 für "behindert mich stark" und 5 für "behindert mich nicht" steht.

Es zeigt sich, daß die eigene mangelhafte sexualpädagogische Ausbildung als wesentlichstes Hemmnis empfunden wird (AM = 2,77), wobei die Streubreite recht groß ist (s = 1,44). 30,7 % fühlen sich durch ihre fehlenden Kenntnisse sehr stark oder ziemlich stark beeinträchtigt (Skalenwerte 1, 2). Neben den 13,9 %, die den mittleren Skalenwert gewählt haben, meinen 22,8 %, daß die Güte ihrer sexualpädagogischen Ausbildung fast keine oder gar keine Beeinträchtigung (Skalenwerte 4, 5) der Erziehungsarbeit im Kindergarten verursacht.

Eine größere Anzahl der Erzieher fühlt sich auch von den Eltern beeinträchtigt (AM = 3,02); nur 21,8 % sehen sich von den Eltern fast oder gar nicht gestört (Skalenwerte 4, 5). Die Anzahl der fehlenden Werte (keine Angaben) ist bezüglich der Eltern geringer als bei allen anderen genannten Faktoren. Diese relative Sicherheit, mit der hier die meisten Erzieher Aussagen über den "Störfaktor Eltern" treffen, steht in auffallendem Widerspruch zu der Tatsache, daß nur 10,9 % der befragten Erzieher angeben, sich jemals mit den Eltern über Sexualerziehung verständigt zu haben.

Die anderen Faktoren werden in folgender Reihenfolge als "behindernd" empfunden: Gruppengröße (AM = 3,38), Öffentlichkeit (AM = 3,50), Fehlen von verbindlichen Richtlinien zur Sexualerziehung im Kindergarten (AM = 3,55), eigene Hemmungen (AM = 3,95), Trägerschaft (AM = 4,05), Kollegen (AM = 4,34) und räumliche Gegebenheiten (AM = 4,53). Die Anzahl der "Verweigerer" war bei diesem Themenkomplex auffallend hoch (28,7 - 42,6 %), was darauf schließen läßt, daß viele Erzieher noch nicht darüber nachgedacht haben, welche Gegebenheiten verhindern, daß sie den Kindern eine Sexualerziehung zukommen lassen, die der Erziehungsbedürftigkeit der kindlichen Sexualität gerecht wird.

Die hier aufgeführten Werte sagen nichts darüber aus, durch welche Gegebenheiten eine angemessene Sexualerziehung im Kindergarten tatsächlich behindert wird, sondern stehen lediglich für die persönliche Auffassung der Erzieher. Beispielsweise sind die räumlichen Voraussetzungen, die in der Rangfolge der "Beeinträchtigungen" ganz am Schluß stehen, in der Realität äußerst ungünstig für eine Erziehung zur "Liebesfähigkeit" (vgl. Elschenbroich 1978, 96). Die Tatsache, daß dies von den wenigsten Erziehern wahrgenommen wird, könnte bedeuten, daß nur einigen die Bedeutsamkeit der frühkindlichen Sexualerziehung und die Unzulänglichkeiten der gegenwärtig in den Kindergärten praktizierten Sexualerziehung bewußt sind.

h) Unterschiede zwischen den Erziehern im Kindergarten

Hinsichtlich der Varianzanalyse, durch die festgestellt werden sollte, welchen Einfluß die Trägerzugehörigkeit, das Alter, die Berufserfahrung und die Position auf die Einstellungen der Kindergarten-Erzieher haben, bleibt hier festzustellen, daß kein in sich stimmiges Bild ermittelt werden konnte, welche dieser Prädiktor-Variablen am ehesten dazu geeignet ist, Einstellungsunterschiede zu erklären; d.h. multivariat, also bezogen auf größere Zusammenhänge, ergaben sich keine signifikanten Beziehungen.

7. Schlußbemerkung

Wie aus den vorangegangenen Ausführungen ersichtlich wurde, findet in den an der Untersuchung beteiligten Kindergärten noch immer primär eine Sexualerziehung statt, die der Erziehungsbedürftigkeit kindlicher Sexualität nur unzureichend gerecht wird. Wenngleich bei den meisten Kindergarten-Erziehern offensichtlich repressive Erziehungsmaßnahmen, wie z.B. Appelle an das Schamgefühl oder Bestrafung der Masturbation verpönt sind, und die Mehrzahl eine ausgesprochen sexualfreundliche Einstellung verbalisiert, kann nicht davon ausgegangen werden, daß für die Kinder im Kindergarten eine durchweg positive, d.h. unterstützende Sexualerziehung gewährleistet sei. Zu häufig noch wird versucht, die kindliche "Unschuld" durch subtile Praktiken, wie z.B. Ablenken von sexuellen Spielen oder Vorenthalten wichtiger sexueller Informationen, zu "bewahren". Alte Tabus und Hemmungen sind auch gegenwärtig noch nicht ganz überwunden.

Die Mehrheit der befragten Erzieher besitzt sowohl ein Bewußtsein für verschiedene, die Sexualerziehung im Kindergarten hemmende Faktoren als auch für die Unzulänglichkeit der eigenen sexualpädagogischen Qualifikation. Darüber hinaus besteht bei vielen das Bedürfnis und die Bereitschaft zur sexualpädagogischen Fortbildung. Um der Vernachlässigung der Sexualerziehung im Kindergartenbereich entgegenzuwirken, wäre es wichtig, auf diese Bereitschaft einzugehen, indem man den Kindergarten-Erziehern ansprechende Fortbildungsmöglichkeiten anbietet und ihnen hierdurch ein umfassenderes Wissen über kindliche Sexualität und die Relevanz einer sexualfreundlichen Erziehung vermittelt.

Aufgrund der Bedeutsamkeit einer intensiven Zusammenarbeit aller am Erziehungsprozeß Beteiligten, sollten die Erzieher auch vermehrt zur Elternarbeit und zur Kooperation im Erzieher-Team befähigt werden. Darüber hinaus benötigen die im Kindergarten tätigen Erzieher auch Anregungen und Hilfestellungen, um sich mit ihrer eigenen Sexualität auseinanderzusetzen, Hemmungen abzubauen und offener miteinander und mit den Kindern umgehen zu können.

Literatur:

Arbeitsgruppe Vorschulerziehung: Sexualerziehung. In: Anregungen 1: Zur pädagogischen Arbeit im Kindergarten, München 1975, 109-112

Borneman, E.: Die Umwelt des Kindes im Spiegel seiner "verbotenen" Lieder, Reime, Verse und Rätsel, Olten 1974

Borneman, E.: "Verbotene" Kinderreime und das Geschlechtsleben des Kindes. In: Betrifft: Erziehung 3 (1976), 38-42

Borneman, E.: Elternrecht und Kindersexualität. In: Pacharzina/Albrecht-Desirat (Hrsg): Konfliktfeld Kindersexualität, Frankfurt 1978

Bortz, J.: Lehrbuch der empirischen Forschung für Sozialwissenschaftler, Berlin 1984

Broderick, C.B.: Kinder- und Jugendsexualität, Hamburg 1977

Burkert, H.-N.: Doktorspiele. In: Zeitmagazin 40 (1973), 10-18

Deutsches Jugendinstitut: Didaktische Einheit "Geburt und Zärtlichkeit", München 1976a

Deutsches Jugendinstitut: Didaktische Einheit "Junge und Mädchen", München 1976b

Elschenbroich, D.: Sexualerziehung im Kindergarten: Einstellungen und Gegebenheiten. In: Furian, M. (Hrsg.): Sexualerziehung kontrovers, Fellbach-Oeffingen 1978, 91-101

Ford, C.S./Beach, F.A.: Das Sexualverhalten von Mensch und Tier, Berlin 1960

Forster, U./Götte, R.: Sexualerziehung im Kindergarten - ein Erfahrungsbericht. In: Kluge, N. (Hrsg.): Handbuch der Sexualpädagogik, Bd. 2, Düsseldorf 1984, 215-225

Fried, L./Oberfrank, D.: Empirische Studien zur Sexualerziehung im Kindergarten. In: Kluge, N. (Hrsg.): Aufgabenbereiche und Probleme sexualpädagogischer Forschung heute, Frankfurt 1986, 99-113

Friebel, L.: Sexualerziehung im Kindergarten aus der Sicht der Träger und Erzieherinnen, unveröffentlichte Diplomarbeit, Landau 1979

Friebel, L./Fried, L.: Sexualerziehung im Kindergarten aus der Sicht der Erzieherinnen und Eltern. In: Kluge, N. (Hrsg.): Sexualpädagogische Forschung, Paderborn 1981, 37-57

Glück, G./Schliewert, H.-J.: Forschungsmethoden der Sexualpädagogik. In: Kluge, N. (Hrsg.): Handbuch der Sexualpädagogik, Bd. 1, Düsseldorf 1984, 47-80

Grüttner, T.: Zwischen Angst und Lust - Umgang mit der Sexualität der Kinder, Hamburg 1982

Hammond, B./Ladner, J.A.: Socialisation into sexual behavior in a negroe slum ghetto. In: Broderick, C.B./Bernard, J. (Hrsg.): The individual, sex and society, Baltimore 1969

Heinrichs, H. (Hrsg.): Sexualerziehung und Aufklärung in Elternhaus, Kindergarten und Schule, Kevelaer 1971

Holtzmeyer, G.J.: Ist der zehnjährige Streit um die Sexualerziehung nun zu Ende? In: Sexualpädagogik 2 (1978), 3-10

Huppertz, M./Huppertz, N.: Geliebte Kinder - liebende Kinder. Eltern führen ihre Kinder zur Liebesfähigkeit, Freiburg 1981

Huppertz, N.: Sexualerziehung im Kindergarten. In: Kluge, N. (Hrsg.): Handbuch der Sexualpädagogik, Bd. 2, Düsseldorf 1984, 33-43

Huppertz, N./Schinzler, E.: Sexualerziehung in Familie und Kindergarten. In: Huppertz, N. (Hrsg): Grundfragen der Pädagogik, München 1983, 241-266

Kentler, H.: Wenn doch der Bauch ein Fenster hätte... In: Zeitmagazin 42 (1976), 5-14

Kentler, H.: Ist das nun niedlich oder eklig? In: Zeitmagazin 43 (1976), 22-31

Kinsey, A.C. u.a.: Das sexuelle Verhalten des Mannes, Berlin, Frankfurt/M. 1955

Kinsey, A.C. u.a.: Das sexuelle Verhalten der Frau, Berlin, Frankfurt/M. 1966

Kluge, N.: Einführung in die Sexualpädagogik, Darmstadt 1978

Kluge, N. (Hrsg.): Sexualpädagogische Forschung, Paderborn 1981

Kluge, N.: Sexuelle Grunderfahrungen im Spiel. In: Kreuzer, K.J. (Hrsg.): Handbuch der Spielpädagogik, Bd. 2, Düsseldorf 1983, 145-156

Kluge, N. (Hrsg.): Aufgabenbereiche und Probleme sexualpädagogischer Forschung, Frankfurt/M. 1986

Koch, W.: Die "heimliche" Kinderzeichnung. In: Sexualpädagogik 4 (1980), 4-7

Kreitler, H./Kreitler, S.: Die kognitive Orientierung des Kindes, München, Basel 1967

Löwe, B./Storr, D.: Zum sexualkundlichen Vorwissen von Eingangsstufenschülern der Primarstufe. In: Sachunterricht und Mathematik in der Grundschule 3 (1977), 120-130

Malinowski, B.: Das Geschlechtsleben der Wilden in Nordwest-Melanesien, Leipzig, Zürich 1929

Mietzel, G.: Pädagogische Psychologie, Göttingen 1975

Ministerium für Soziales, Gesundheit und Sport: Vorläufige Empfehlungen für die Bildungs- und Erziehungsarbeit im Kindergarten, Mainz 1977

Mummendey, H.D. (Hrsg.): Einstellung und Verhalten, Stuttgart 1979

Oestereich, H.: Geschlechtserziehung im ersten Lebensjahrzehnt, Neuburgweier 1974

Ott, K.: Der Beitrag der antiautoritären Erziehungsbewegung zu einer neuen Sicht frühkindlicher Sexualerziehung. In: Kluge, N. (Hrsg.): Sexualpädagogische Forschung, Paderborn 1981, 13-36

Röchner, M.: Curriculare Konzepte und Erziehungseinstellungen von Erzieherinnen in Kindergärten, unveröffentlichte Diplomarbeit, Landau 1981

Scarbath, H.: Geschlechtserziehung - Motive, Aufgaben und Wege, Heidelberg 1969

Scarbath, H.: Dialogische Sexualerziehung - zwischen Realität und Begründung. In: Scarbath, H./Tewes, B.: Sexualerziehung und Persönlichkeitsentfaltung, München 1982, 117-127

Seelmann, K.: Kind, Sexualität und Erziehung, München 1979

Scheuch, E.K.: Das Interview in der Sozialforschung. In: König, R. (Hrsg.): Handbuch der empirischen Sozialforschung, Bd. 2, Stuttgart 1973, 66-190

Schmitt-Wenkebach, B.: Zusammenarbeit von Elternhaus und Kindergarten. In: Mörsberger, H. u.a. (Hrsg.): Der Kindergarten, Bd. 1, Freiburg 1978, 242-252

Schorsch, E./Schmidt, G.: Ergebnisse zur Sexualforschung, Köln 1975

Schuh-Gademann, L.: Erziehung zur Liebesfähigkeit - Materialien und Konzepte für eine frühkindliche Sexualerziehung, Heidelberg 1972

Ussel, J.: Sexualunterdrückung. Geschichte der Sexualfeindschaft, Reinbek 1970

Wolffheim, N.: Psychoanalyse und Kindergarten und andere Arbeiten zur Kinderpsychologie, München 1966

Zitelmann, A./Carl, Th.: Didaktik der Sexualerziehung, Weinheim 1976

PERSPEKTIVE

"SPIELEN"

Norbert Kluge

DIE WIEDERENTDECKUNG DES KINDLICHEN SPIELS
IN DER NEUEREN SPIELPÄDAGOGIK

In den jüngsten Epochen der Geschichte der Pädagogik finden sich genügend Hinweise, die erkennen lassen, daß zwar Zweckfreiheit als ein Wesensmerkmal des Spiels angesehen wurde, aber man zugleich alles unternahm, die Zweckdienlichkeit spielerischen Tuns zu begründen. Spielen als eine vom Kinde bevorzugte Ausdrucksform hatte sich in erziehungstheoretischen und -praktischen Zusammenhängen stets durch zweckrationale Motive zu legitimieren. Die Eigenständigkeit des Spiels und die Ansprüche des spielenden Subjekts traten trotz einiger reformpädagogischer Ansätze immer wieder in den Hintergrund. Im Vordergrund standen demgegenüber persönliche, institutionelle, politische und wissenschaftliche Interessen, die das Spielvorhaben der Spieler durch den Fremdzweckcharakter gefährdeten.

So bleiben spielpädagogische Grundeinsichten außer Betracht, wenn Eltern in Laissez-faire-Manier ihre Kinder nur deshalb zum Spiel anregen, damit sie selbst ihren eigenen Wünschen nachgehen können. Arbeitsschulpädagogen sehen im Lernspiel nichts anderes als eine brauchbare Motivationshilfe für intendierte Arbeitsaufgaben. Aus ideologischen und politischen Gründen werden gelenkte Rollenspiele - insbesondere in totalitär regierten Ländern - in ihren Gestaltungsmöglichkeiten durch rigide Vorschriften und Kontrollen derart eingeschränkt, daß die geplanten Aktivitäten kaum noch den Namen "Spiel" verdienen. Schließlich können Spielvorgänge auch von der Wissenschaft mißverstanden und unangemessen interpretiert werden, wenn beispielsweise die Lernleistung im Mittelpunkt des Forschungsinteresses steht. Inwieweit Spiel tatsächlich stattfindet und nach welchen Kriterien es abläuft bzw. beobachtet wird, bleibt in der Regel außerhalb der Versuchspläne. Ob dem Spieler das Spiel Spaß macht, ob dem Kind bei der Bewältigung konkreter Spielaufgaben originelle Lösungen einfallen, ob der einzelne sein Spiel frei wählen kann, das sind Fragen, die von den Spielforschern wenig ernstgenommen worden sind. Nicht selten stufen Wissenschaftler divergentes Denken und originäre Problemlösungsstrategien von spielenden Versuchspersonen sogar als äußerst nachteilig, ja negativ ein.

Solche Mißverständnisse und Unachtsamkeiten im Spielalltag oder in der Spielforschung fordern freilich zur kritischen Reflexion heraus. Sie führen zu der häufig gestellten Frage nach den entscheidenden Spielkriterien, nicht zuletzt bei den einzelnen Spielformen.

Im Anschluß an die Betrachtung spieltheoretischer Grundaussagen ist im folgenden zu klären, wie künftig Spielpraxis und Spielforschung den Spielmerkmalen - besser als bisher - entsprechen können.

I. Spielmerkmale als Orientierungsrahmen

1. Der Spielkriterienkatalog

Als Ausgangspunkt für spielpädagogische Grundüberlegungen in Theorie und Praxis wurde ein Kriterienkatalog als Grobraster entwickelt (Kluge 1984). Mit Hilfe der "semantischen Exploration", einem breitgefächerten sprach- bzw. bedeutungsanalytischen Verfahren, konnten insgesamt 20 für das Spielphänomen bedeutsame Merkmale eruiert werden. Von diesen wurden jeweils fünf den Hauptkategorien: Spieler/Mitspieler, Spielgegenstand, Spielvollzug und Spieleffekt/-ergebnis zugeordnet. Aus dem Blickwinkel unterschiedlicher Erkenntnisquellen - sowohl methodologischer als auch fachwissenschaftlicher Art - entstand ein Kriterienkatalog, der die in der Fachliteratur am meisten genannten Wesensmerkmale des Spiels berücksichtigt.

Ein solcher Grobraster bietet eine Orientierungshilfe, indem er Hinweise für die allgemeine und vorläufige Bestimmung des Spielphänomens, die Definition einzelner Spielformen und die Analyse spezifischer Spielsituationen enthält. Er bleibt grundsätzlich offen für weitere Merkmale und deren begrifflicher Präzisierung. Dieses Kategoriensystem vermag dreierlei zu leisten: Das Spielphänomen erscheint als höchste Abstraktion in seiner Komplexität wenigstens umrißhaft darstellbar, wenn auch eine endgültige Definition (Realdefinition) angesichts der bekannten Schwierigkeiten nicht angeboten werden kann. Auf der mittleren (Spielformen) oder unteren Abstraktionsebene (Spielsituation) sind zufriedenstellende Arbeitsdefinitionen durchaus möglich und erstrebenswert.

Der Kriterienkatalog umfaßt folgende Spielmerkmale:

1. Spieler/Mitspieler
1.1 Spielfähigkeit
1.2 Freiwilligkeit
1.3 Zweckunbewußtheit
1.4 Kommunikation
1.5 Probehandeln

2. Spielgegenstand
2.1 Zielstruktur
2.2 Gestaltungsaspekt
2.3 Identifikation
2.4 Abbildrealität
2.5 Bedeutungsvariabilität

3. Spielvollzug
3.1 Spannungssuche
3.2 Prozeßbedeutsamkeit
3.3 Situationszusammenhang
3.4 Spieldauer
3.5 Mühelosigkeit

4. Spieleffekt
4.1 Erlebnisqualitäten
4.2 Ergebnisprüfung
4.3 Erfolg/Mißerfolg
4.4 Wiederholungstendenz
4.5 Transfer

Die einzelnen Spielkriterien sind an anderer Stelle (vgl. Kluge 1984, 392 ff.) in einem ersten Versuch und sicherlich noch zu globalen Verständnis beschrieben worden. Einige aus der Fachliteratur bekannte Spielmomente (z.B. Spielalter, Spielfreiheit) blieben aus der Sicht neuerer Erkenntnisse unberücksichtigt. Da das Alter eines Spielers nicht allein über die Wahl und Häufigkeit einer gewählten Spielform entscheidet, wurde der Begriff der Spielfähigkeit bevorzugt, weil er nun mehrere Einflußfaktoren berücksichtigt. Anstelle der mehrdeutigen Bezeichnung "Spielfreiheit" werden im Kategorienschema die Begriffe "Zweckunbewußtheit", "Gestaltungsaspekt" und "Bedeutungsvariabilität" verwendet.

Die angemessene Gewichtung des Spielvollzugs und die Betonung der Erlebnisqualitäten sind weitere Akzente im Sinne eines modernen Spielverständnisses. Da die im Kriterienkatalog vorgefundenen Spielmomente niemals alle zusammen bei den zu beobachtenden Spielen auftreten, ist von Spielform zu Spielform, ja von Spiel zu Spiel im einzelnen festzustellen, welche Spielmerkmale eine besondere oder gewisse Bedeutung haben. Am Beispiel dreier Spielformen wird ein solches Vorgehen verdeutlicht.

2. Aspekte für einzelne Spielformen

Aus der Vielzahl der Spielformen werden drei ausgewählt: das Funktionsspiel, das Lernspiel und das soziale Rollenspiel. Während Funktionsspiele zu den ersten Spielen des Menschen gehören, aus denen sich im Verlauf der Entwicklung die anderen Spielformen entfalten, werden das Lernspiel und soziale Rollenspiel behandelt, weil sie uns in den späteren Kapiteln noch beschäftigen werden.

a) Funktionsspiel

Unter Funktionsspiel versteht man solche Spiele, bei denen die Lust an der Bewegung und die Freude am Tun im Mittelpunkt des Interesses und des Erlebens stehen. Es ist das vom Menschen zuerst gespielte Spiel, das im ersten und zweiten Lebensjahr am häufigsten vorgefunden wird und wegen seines experimentellen Charakters auch noch auf späteren Entwicklungsstufen zu beobachten ist. Objekt des ersten Kinderspiels sind anfangs Finger, Hand und andere Glieder des eigenen Körpers bis hin zu Gegenständen (Spielzeug) aus der unmittelbaren Umwelt des Kindes. Die einzelnen Spielgegenstände werden zunächst noch nicht in ihrer materiellen Eigenart und Funktion erkannt, sondern dienen insbesondere als Anreiz und Mittel lustvoll erlebter Bewegungsabläufe. Erst danach treten sie dem Kind etwa im 2. Lebensjahr als Objekt in ihrer je eigenen Materialität gegenüber, das aufgrund von Einzelbeobachtungen verändert und umgestaltet werden kann.

Obgleich Karl Groos den Begriff des Funktionsspiels geprägt und ihn allerdings in einem allgemeinen Sinne gebraucht hat, war es Charlotte Bühler, die im Anschluß an Karl Bühler den Terminus in die psychologische Fachliteratur eingeführt hat. Demgegenüber verwendet Jean Piaget die Bezeichnung "Übungsspiel", ohne sich von dem Bühlerschen Begriff allzuweit zu entfernen. Schließlich beruft sich Lotte Schenk-Danzinger auf Piagets Erkenntnisse, ohne jedoch seinen Ausdruck zu übernehmen. Sie spricht weiter vom Funktionsspiel (Groos 1899; Bühler 1928; Piaget 1969; Schenk-Danzinger 1983).

Vergleicht man die definitorischen Aussagen mit den Spielmerkmalen des Kriterienkatalogs, so sind außer den unter der Hauptkategorie "Spieler/Mitspieler" genannten Momenten die "Spannungssuche", "Prozeßbedeutsamkeit", "Erlebnisqualitäten" und "Wiederholungstendenz" die hervorstechenden Wesensmerkmale dieser Spielform, wobei im jeweiligen Spielvollzug freilich festzustellen wäre, ob nicht noch andere

Spielkriterien von gewisser Bedeutung sind.

Das Merkmal der Spannungssuche ist insofern zuerst hervorzuheben, als es als Grundbedingung eines jeden Spielvorgangs anzusehen ist. So ist auch beim Funktionsspiel davon auszugehen, daß es aufgrund innerer und äußerer Reize zustande kommt, wobei vor allem die inneren Reize dominieren. Reize sind also der Auslöser und zugleich Motor der Spielhandlung. Sie verhelfen dem Säugling und Kleinkind zu einer altersgemäßen Motorik. Ein schneller Ablauf von Spannungserwartung und Spannungslösung, von Heckhausen "Aktivierungszirkel" genannt, garantiert lustvolles Erleben und unterstreicht die Erlebnisqualitäten bei dieser Spielform. Die Akzentuierung der Funktionslust unterstreicht das Merkmal der Prozeßbedeutsamkeit der Funktionsspiele.

Lustvolles Erleben hat zunächst kein anderes Ziel, als den angenehm erfahrenen Augenblick im Spiel zu verlängern, solange es möglich ist. Lust, Spaß, Genuß und Freude während der Spielsequenzen streben nach Verlängerung, ja nach Unendlichkeit des Augenblicks. Sie sind zugleich die beste Motivation für neue Spielaktivitäten. Damit hängt zusammen, daß positiv erlebte Handlungen nach Wiederholung drängen. Dahinter verbirgt sich das menschliche Urverlangen nach Lustgewinn und Glückserleben.

b) Lernspiel

Da Lernspiele stets materialgebunden sind, gehören sie der Gruppe der Spielmittel an. Bei den Spielmitteln handelt es sich um Material, von dem in der Regel angenommen wird, daß es den Spielinteressierten zur Spieltätigkeit anregt. Ein Spielmittel ist demgemäß selbst noch kein Spiel, sondern hat erst die Aufgabe, den spielenden Umgang mit dem angebotenen Material zu ermöglichen. So bleibt die Spielsituation weitgehend von den Gegebenheiten des Materials abhängig. Hier liegen infolgedessen die Möglichkeiten und Grenzen dieser Spielform. Als Spielmittel sind u.a. zu betrachten: Spielzeug, Spielmaterialien (Wasser, Sand, Bauklötze u.v.m.), Spielgeräte.

Lernspiele unterscheiden sich von anderen Spielmitteln dadurch, daß von den außerhalb des Spielgeschehens Stehenden (Eltern, Erzieher(innen), Lehrer(innen)) erwartet wird, daß sich die im Spielmaterial verankerten Lehr-/Lernziele im spielenden Tun um so besser realisieren lassen. Lernspiele sind daher im eigentlichen Sinne als betonte Spielmittel zu definieren, die primär Spielaktivitäten hervorrufen möchten und sekundär die Verfolgung spezieller Lehr-/Lernziele vorsehen.

Zu den typischen Lernspielformen zählen: Kartenspiele, Lotto, Domino, Würfel, Puzzel u.a. Häufig wird die Spielstruktur (Spielregel) der bekannten Gesellschaftsspiele übernommen und mit einer Lernkomponente ausgestattet, die sich auf formale und/oder inhaltliche Lernaufgaben bezieht. Meistens handelt es sich um Beziehungen und Kenntnisse, die überprüft oder eingeübt werden sollen, um Zuordnungs- und Kombinationsleistungen, die auch über den Entwicklungsstand der Kinder Aufschluß geben.

Nicht selten ist bei Kindern und Jugendlichen eine negative Einstellung gegenüber den sogenannten "didaktischen Spielmaterialien" zu beobachten, eben dann, wenn sie des öfteren in Kindergarten oder Schule erfahren mußten, daß von den Erwachsenen nicht Spiel, sondern der intendierte Lerneffekt das eigentliche Hauptziel des spielenden Lernens gewesen war.

Läßt man einmal die ersten fünf Spielkategorien (1.1.-1.5) unseres Schemas außer Betracht, die für jede Spielform bedeutsam sind, dann treten beim Lernspiel darüber hinaus folgende Merkmale in den Blick: Zielstruktur, Abbildrealität, Spannungssuche, Ergebnisprüfung, Erfolg/Mißerfolg, Transfer.

Durch das bereits oben erwähnte Grundelement der Materialität des Spielgegenstandes ist die Zielstruktur stets (meistens in der Spielregel) vorgegeben und verlangt von den Spielern die konsequente Anwendung. Ob die bloße Anwendung einer Spielregel dem einzelnen tatsächlich die Chance eröffnet, ins Spiel zu kommen, kann nach spielpädagogischen Gesichtspunkten erst im Einzelfall geklärt werden.

Dadurch, daß ein Lernspiel nie die Realität selbst zum Gegenstand hat, bildet es diese auf unterschiedliche Weise ab: Die abgebildete Realität stellt sich dar in Zeichen, Symbolen und Motiven, die wiederum einen direkten Bezug zur Wirklichkeit herstellen. Inwieweit auch fiktive Elemente eine Sonderstellung erfahren, darüber gibt das einzelne Spiel Auskunft.

Die Dynamik des Spannung-Lösung-Verhältnisses ergibt sich aus der Spielregel, die bei den meisten Lernspielen - wie schon festgestellt - mit der der äußerlich ähnlichen Gesellschaftsspiele übereinstimmt. Die vielfältigen Spielaufgaben verlangen nach eindeutigen und im Wettkampf auch nach raschen Lösungen, so daß alle Teilergebnisse immer wieder auf das Endergebnis hinweisen. Erst wenn dies erreicht ist, ist ein Lernspiel laut Spielregel beendet, und es wird darüber entschieden, ob der Spieler Erfolg hatte oder nicht.

Im allgemeinen fällt es nicht schwer, das Lernspielergebnis festzustellen. Die Spielregel setzt hier die eigentlichen Maßstäbe. Ob man als Spieler/Mitspieler gewonnen oder verloren hat, wird schnell sichtbar. Eine andere Frage ist, wie der Spieler mit dem Erfolg oder mit der Niederlage fertig wird.

Durch die jeweils abgebildete und zugleich reduzierte Wirklichkeit angesichts der Lernspiele scheint der Verlust an unmittelbaren Bezügen zur Lebenswirklichkeit beklagt werden zu müssen. Die intensive Beschäftigung mit Abstraktionen wie eindeutigen Symbolen und angedeuteten Motiven - wie sie von den Lernaufgaben gefordert wird - läßt sich jedoch, wenn sie keine Überforderung darstellt, vom Prinzip der Lebensnähe her verantworten. So kann der junge Mensch aufgrund des spielenden Umgangs mit lernbetonten Spielmitteln Erfahrungen sammeln, die als Transfer für die Bewältigung von Ernstsituationen von Bedeutung sind.

c) Soziales Rollenspiel

Unter einem sozialen Rollenspiel soll in unserem Zusammenhang eine relativ offene Spielform verstanden werden, die in Anlehnung an bewährte Verhaltensweisen verschiedenartige Problemaspekte zum Gegenstand hat und durch möglichst angstfreies Probehandeln zur Bewältigung von Ernstsituationen beitragen möchte.

Solche Spiele sind daher weder rein augenblicksorientiert noch ausschließlich individuell ausgerichtet; sie sind notwendig vorbereitet, gelenkt, problembezogen und spieldidaktischen Prinzipien verpflichtet. Die Spieler sind vornehmlich Träger einer Rolle, die sie freiwillig übernehmen sowie kommunikativ mit anderen Spielrollenträgern und dem Spielleiter außerhalb eines repressiven Handlungsfeldes gestalten sollen. Die direkte oder indirekte Lenkung hat stets von der Spielfähigkeit der Rollenspieler auszugehen und muß bestrebt sein, dem einzelnen Freiräume für sein Handeln zu eröffnen. Daß bei aller Problemorientierung die Erlebnisqualitäten wie Spaß, Freude, Glücksempfinden nicht zu kurz kommen, versteht sich von selbst. In der handwerklichen Auseinandersetzung mit den vorgegebenen Alltagsproblemen geraten sie nur allzuoft in Vergessenheit. Die mehr oder weniger offene Spielstruktur trägt mit dazu bei, daß problemorientierte Rollenspiele nicht nur ideologieanfällig, sondern auch als Instrumente politisch-ideologischer Zielsetzungen mißbraucht werden.

Aufgrund bisheriger Aussagen ist auf folgende Merkmale des sozialen Rollenspiels hinzuweisen: Gestaltungsaspekt, Identifikation, Abbildrealität, Spannungssuche, Situationszusammenhang, Erlebnisqualitäten, Ergebnisprüfung, Transfer.

Der primär ideelle Gegenstand eines sozialen Rollenspiels fordert den Spieler zur handelnden Auseinandersetzung mit einem problemgeladenen Zusammenhang und dessen spielerischer Bewältigung auf. Einmal sind Problemsituationen zu erkennen und die Rollen von daher fiktiv nachzugestalten, zum anderen ergeben sich genügend Anlässe, eigene Vorstellungen zu entwickeln, neue Akzente zu setzen und die Handlungsaufgaben produktiv zu gestalten. Dabei wird es wohl zweckmäßig sein, ein gemeinsames Handlungskonzept nach rollenspezifischen Gesichtspunkten zu erarbeiten, das die typischen Spielmomente zumindest in den einzelnen Spielvorgängen wirksam werden läßt.

Da der Spielrollenträger in der Regel eine Fremdrolle übernimmt, besteht die erste Aufgabe darin, sich mit der ihm zugestandenen Rolle zu identifizieren. Dies setzt voraus, daß sich der Spieler mit seiner Rolle vertraut macht. Eine Aussprache über Erlebnisse, Erfahrungen und Darstellungsmöglichkeiten in der Spielgruppe ist unabdingbar und wird im allgemeinen auch begrüßt. Je besser solche Rollenaufgaben dem Einfühlungsvermögen und Erfahrungshorizont des Spielers entsprechen, desto eher kann er den spielimmanenten Forderungen gerecht werden.

Das fiktive Moment der Spielsituation stellt den Spielenden außerhalb der Alltagswirklichkeit mit ihren unausweichbaren Zwängen. So wird im sozialen Rollenspiel die eigentliche Problemsituation jenseits des sogenannten Lebensernstes unter imaginären Bedingungen ins Bild gesetzt und spielerisch zu vergegenwärtigen versucht. Der Als-ob-Charakter der problemorientierten Handlungen bedeutet eine nicht zu unterschätzende Chance, sich sozialer Probleme handelnd bewußt zu werden und sie in einem relativ sanktionsfreien Umfeld interaktiv lösen zu können, was freilich nicht bedeuten kann, daß ähnliche Probleme in der Realität des Lebens ebenso gemeistert werden müßten.

Die Spannungssuche im sozialen Rollenspiel steht und fällt mit der Attraktivität des zu improvisierenden Problembereichs. Daß die Motivation zum Spielen sich nicht von selbst einstellt, wird deutlich, wenn man sich klarmacht, daß der Mensch eher dazu neigt, erkannte Probleme zu verdrängen, als über Strategien ihrer Lösung nachzudenken und sie zielstrebig anzugehen. So setzt der spielende Umgang mit handfesten Konflikten gewisse Kompetenzen bei Spielern und Spielleitern voraus und macht zudem besondere Anstrengungen bei der Gestaltung der Motivationsstufe erforderlich. Eine eigentümliche Dynamik des Spiels ergibt sich vor dem Hintergrund des vorgegebenen Konflikt-Lösung-Zusammenhangs aufgrund der jeweiligen Problemskizze.

Rollenspielaufgaben werden nicht nur im situativen Kontext wahrgenommen. Die Probleme müssen in ihrem je besonderen Situationszusammenhang erkannt und spielerisch umgesetzt werden. Daher gilt es, Rahmenbedingungen zu klären und die die Problem- und Spielsituation bestimmenden Faktoren zu diskutieren. Gerade die nüchtern-realistische Betrachtungsweise der Sachverhalte ist eine gute Voraussetzung, später in der Spielhandlung die Erlebnisqualitäten zu betonen.

Inwieweit das Ergebnis eines sozialen Rollenspiels meßbar ist, welche Kriterien für die Beurteilung eines Spiels herangezogen werden, das dürfte nicht leicht zu entscheiden sein. Hier zeigt sich ein gravierender Unterschied zu anderen Spielformen (z.B. Regelspielen, materialgebundenen Spielen). Dennoch lassen sich in der Rollenspielliteratur einige Orientierungspunkte auffinden, nach denen soziale Rollenspiele angemessen beurteilt werden können. Es verbietet sich von selbst, bei einem Rollenspiel von Siegern und Besiegten zu sprechen.

Obgleich von nicht wenigen Spielpädagogen als selbstverständlich angenommen wird, daß die im Spiel gefundene(n) Problemlösung(en) sich ohne weiteres auf die Ernstsituation übertragen läßt (lassen), ist wissenschaftlich noch nicht geklärt, ob ein solcher Transfer wirklich stattfindet bzw. stattfinden kann. Skeptiker bezweifeln nämlich, daß die unter fiktiven Bedingungen erworbenen Handlungsstrategien auf die Situation des Alltags überhaupt anwendbar sei. Zumindest darf hier nicht von einer Automatik zwischen dem im Spiel gezeigten und dem im Konfliktfall gewünschten Verhalten ausgegangen werden. Sicherlich können junge Menschen für soziale Probleme sensibilisiert und auf der Spielebene zu Entscheidungen gezwungen werden. Dies sind Aufgaben, die in der Sozialwerdung des jungen Menschen nicht zu unterschätzen sind.

II. Spielforschung und Spielkriterien

1. Erste Ansätze

In den letzten Jahren mehren sich die Anzeichen, daß im Bereich der Spielforschung die das Spiel kennzeichnenden und stützenden Merkmale ernstgenommen werden. Zwar sind diese Bemühungen noch keineswegs als zufriedenstellend zu bezeichnen. Von ihnen allen könnten jedoch langfristig Impulse ausgehen, die endlich dazu führen, daß dem Spielvorgang bei Forschungsprojekten eine ebensolche Bedeutung beigemessen wird wie beispielsweise Fragen der Voraussetzungen, Effektivität oder Methodologie.

Erste Ansätze zu einer spielvollzugsorientierten Forschungspraxis zeichnen sich seit kurzem in der Bundesrepublik Deutschland ab, denen allerdings bei kritischer Betrachtung anzumerken ist, daß sie der Weiterführung bedürfen. Bei den im folgenden ausgewählten Untersuchungen wurden das soziale bzw. problembezogene Rollenspiel oder unterschiedliche Lernspiele eingesetzt.

a) Die Veränderung kindlicher Einstellungen durch das problemorientierte Rollenspiel

Rudolf Schmitt konnte in seiner Habilitationsschrift, die 1979 unter dem Titel "Kinder und Ausländer" erschien, den empirisch abgesicherten Nachweis erbringen, daß problembezogene Rollenspiele durchaus in der Lage sind - wenn spielrelevante Prinzipien beachtet werden - Einstellungen Fünf- bis Sechsjähriger gegenüber anderen Völkern kurz- und langfristig zu verbessern. Dieser Befund, so bedeutsam er für die Vorschulpädagogik auch sein mag, soll uns hier nicht weiter interessieren. Vielmehr wird die Frage untersucht, welchen Stellenwert das Rollenspiel im Rahmen der methodisch breitangelegten und mehrjährigen Studie (81 Vpn) eingenommen hat.

Der Einsatz des problemorientierten Rollenspiels war nach dem Versuchsplan die entscheidende Variante (unabhängige Variable), wonach sich "Rollenspiel-" und "Verbalgruppe" als Experimentalgruppen unterschieden. Sie sollten zudem mit einer Kontrollgruppe verglichen werden, bei der keine Einstellungsänderung gegenüber Ausländern und folglich keine entsprechenden Unterrichtsmittel vorgesehen waren.

Schmitt begreift das soziale Rollenspiel als ein Simulationsspiel, bei dem nicht so sehr das Spielverhalten verbessert werden, sondern die soziale Einstellung gegenüber fremdartig erscheinenden Gruppen überprüft und gegebenenfalls verändert werden soll. Es wird explizit davon ausgegangen, daß Kinder im Vorschulalter einfache Nachahmungsspiele spielen können und eine gewisse Kompetenz als Rollenspieler in einzelnen Übungen bereits erworben haben. Solange diese Voraussetzungen nicht gegeben sind, stehen Spielübungen im Vorfeld des eigentlichen Rollenspiels, z.B. Wahrnehmung und Differenzierung der kindlichen Mimik und Gestik, Feststellung von Konzentration und Ausdauer, Verbalisieren von Empfindungen und Entscheidungen.

In Schmitts Forschungsbericht finden sich vereinzelt Hinweise, daß das Spielverhalten der Kinder beobachtet und - wenn nötig - korrigiert worden ist. Pauschal wird beispielsweise mitgeteilt: "Das Spielverhalten der einzelnen Kinder wurde ... von uns während der Experimentalphase nach jeder Spielstunde sorgfältig registriert und zur Diagnose und Verbesserung der aktuellen Situation verwendet. Spielunlust, Ängstlichkeit mancher Kinder, übertriebene Zurückhaltung beim Gespräch, Mängel beim Simulieren konnten rechtzeitig entdeckt und nach Möglichkeit noch während der Experimentalphase beseitigt oder verringert werden (Schmitt 1979, 76).

Dem Versuchsleiter kommt es insbesondere auf das Simulieren von fremden Situationen und zugleich auf deren simulative Veränderung beim Spielverhalten an. Der simulative Aspekt ist also das entscheidende und unterscheidende Moment des im Experiment eingeplanten Rollenspiels.

Da es sich bei den Rollenspielern um Vorschulkinder handelt, modifiziert Schmitt das von Shaftel/Shaftel (1973) erprobte und mittlerweile auch bei uns anerkannte neunstufige Verlaufsschema für soziale Rollenspiele. Er präferiert und praktiziert ein auf drei Stufen eingegrenztes Handlungskonzept:

1. Aufwärmen und Einstimmung durch erste Informationsphasen (Begegnungen, Gespräche), Herausstellung des Problems, Hinführung zu einem Lösungsversuch.

2. Spielarrangement mit Verteilung der Rollen und Besprechung der Szenenfolge, Eingehen auf Einzelszenen unter Berücksichtigung des Dialogs, der Mimik und Gestik.

3. Inszenierung des eigentlichen Rollenspiels unter Berücksichtigung der gemeinsam erarbeiteten Lösungsvorschläge, abschließendes Gespräch über den im Spiel dargestellten Versuch der Konfliktlösung, evtl. Neuplanung eines Rollenspiels.

Während beim problemorientierten Rollenspiel meistens auf Requisiten und anderes bühnenmäßiges Beiwerk verzichtet werden kann, hält Schmitt nicht nur im Hinblick auf seine Untersuchung, sondern generell viel von einer Hinführung zur Fähigkeit des Rollenspielers, spontan Rollenaufgaben zu übernehmen und sie gleichzeitig situationsangemessen zu gestalten. So lernen die Kinder vor der eigentlichen Rollenspielpraxis, sich in Simulationsübungen mimisch und anhand von Gesten auszudrücken, in kleinen Pantomimen ihre Gesten zu verfeinern und aufeinander einzugehen. In Nachahmungsspielen werden Rollen verbal und manchmal auch nonverbal eingeübt. Schließlich müssen Handlungsabschnitte in eine Szenenabfolge mit den Mitteln des Spiels umgesetzt werden. Rollenspiele setzen also bei den Darstellern stets eine eigene Kompetenz voraus, die gerade bei jungen Kindern nicht als selbstverständlich angenommen werden darf. Auf die vom Rollenspieler erwarteten Fähigkeiten muß frühzeitig vorbereitet werden.

Die Erwartungshaltung eines Spielleiters gegenüber den Akteuren ist keineswegs gering, wie Schmitt andeutet: "Sowohl beim eigentlichen Rollenspiel wie auch beim Problemgespräch muß die Gruppe aus Kindern bestehen, die sich gegenseitig anregen und ergänzen. Es müssen Kinder da sein, die sich beim Sprechen leicht tun, andere, die Ideen haben, und solche, die bei der Sache bleiben können; die Störer, die Unkonzentrierten und die Gehemmten dürfen jedenfalls nicht überwiegen. Problembezogenes Rollenspiel und/oder Diskussion sind eben keine Einzelleistungen, sondern Aktivitäten, die in ihrer Qualität vom Zusammenspiel aller Gruppenmitglieder abhängen" (Schmitt 1979, 89).

Die Skizzierung des von Schmitt in seinem Untersuchungsprogramm eingesetzten Rollenspiels unterstreicht zum einen die Bedeutung der von uns obengenannten typischen Merkmale dieser Spielform; zum anderen wird durch den unmittelbaren Praxisbezug das Allgemeine am Konkreten veranschaulicht und differenzierend weitergeführt, so daß auch dadurch die Diskussion über die Bedeutsamkeit jeweiliger Spielkriterien weitere Impulse erhält.

Bei Schmitts Evaluationsprogramm vermißt man allerdings, daß die Überprüfung des Rollenspielvorgangs und die spielerische Bewältigung der Rollenaufgaben vor dem Hintergrund des Problemzusammenhangs näher untersucht wird. Die Planung von Spielen hat jedoch nicht unmittelbar zur Folge, daß sie auch ebenso stattfinden.

b) Die Vorrangstellung von Lernmotivation und Lerneffizienz unter Vernachlässigung des Spielvorgangs im Bereich der Lernspiel-Forschung

Seit Lernspiele von der Arbeitsschulbewegung des 20. Jahrhunderts neu entdeckt und als "Arbeitsmittel" (!) betrachtet wurden, hat man ihnen - wie schon in früheren Jahrhunderten - wieder die Chance eingeräumt, von der Schule als Unterrichtsmittel mit der Zwecksetzung der Motivationshilfe anerkannt zu werden (Kluge 1980, 77 ff.).

Zu Beginn der fünfziger Jahre begann eine Lernspiel-Kontroverse, in deren Mittelpunkt vor allem terminologische Fragen, aber auch konkrete Vorwürfe gegen diese Spielform (derartige Spiele würden den Lehrstoff nur einpauken, tarnen, den Schüler nur überlisten, sie seien überhaupt keine Spiele) standen. Inzwischen ist die vorwiegend ideologische Betrachtungsweise von dem empirisch-analytischen Forschungsinteresse abgelöst worden. So sind in den vergangenen Jahren einige beachtenswerte Untersuchungen erschienen, die mit unterschiedlichem Instrumentarium gewichtige Fragestellungen zu klären versucht haben.

Die Effektivität von Unterrichtsmaterialien mit Spiel- und Trainingscharakter untersuchten Burkhard Roeder und Fritz Masendorf (1979) bei leistungsschwachen Zweitkläßlern. Es zeigte sich, daß bei zwei Experimentalgruppen weder durch Spiel noch durch gezielte Übung eine Leistungssteigerung im Vergleich mit den Kontrollgruppen, bei denen die Fördermaterialien (diverse Lernspiele, Material mit Übungscharakter) nicht eingesetzt wurden, konstatiert wurde. Signifikant ($p < .05$) unterschieden sich die beiden Experimentalgruppen lediglich bei dem Merkmal "selektiver" und "genereller" Leistungsausfall. Die Verfasser der Studie (672 Vpn) fassen ihr auffälligstes Ergebnis zusammen: "Bei den Schülern mit eher generellem Leistungsausfall (LA > 1) wirkte eher das spielerische Fördermaterial leistungssteigernd als das übende." Schüler mit geringem Leistungsausfall (LA = 1) sprachen eher auf das rein übende Fördermaterial an (Roeder/Masendorf 1979, 25 u. 24).

Noch weniger als bei Schmitts Untersuchung erfährt der Leser von Roeder/Masendorf über konkrete Spielmöglichkeiten und die Kriterien der beobachteten Spielverläufe. Außerdem fehlen Hinweise, nach welchen Gesichtspunkten die von den Versuchsleitern befragten Experten die Fördermaterialien als "spielerisch" oder "übend" eingestuft haben.

Demgegenüber lassen andere Untersuchungen erkennen, daß Spielkriterien oder Spielvollzug ebenfalls zu beachten sind. Dieser fördernde Aspekt ist jedoch in der Spiel-/Lernforschung nur rudimentär entwickelt.

Jürgen Floer und Wilhelm Schipper (1975) haben die Lernbedeutsamkeit von Lernspielen im Mathematikunterricht der Grundschule (Erstkläßler, 63 Vpn) und im vorschulischen Bereich (Vorschulkinder, 77 Vpn) untersucht und hierbei besonderen Wert auf spielspezifische und -fördernde Maßnahmen gelegt. Beim Einsatz der Lernspiele (Domino-, Würfelspiele u.a.) hielt sich der Lehrer weitgehend zurück oder wurde zum Spielpartner. So wurden vor allem die Kinder initiativ, besprachen die Spielregeln miteinander und trafen selbst einzelne Entscheidungen. Der Handlungsspielraum war groß genug, der auch gegenseitige Hilfestellungen mit einbezog.

Sowohl im Vorschul- als auch im Primarbereich konnte signifikant nachgewiesen werden, daß der Einsatz der Lernspiele zu einem beachtlichen Fortschritt und zu einer Intensivierung des Lernens geführt hat. Bei der Vorschulgruppe wurde - ebenfalls statistisch abgesichert - festgestellt: "Die spielerische Beschäftigung mit Zahlen führt zu nachweisbar besseren Ergebnissen als der Unterricht" (Floer/Schipper 1975, 251). Die Autoren sehen in den zahlreichen Aktivitäten, die von den Lernzielen im Spiel, nicht vom Lehrer ausgingen, ein entscheidendes Indiz für das bessere Abschneiden der Spielgruppe gegenüber der Kontrollgruppe, bei der selbstverständlich die Lernspiele nicht eingesetzt wurden und die Kinder die Aufgaben vom Lehrer zugewiesen bekamen.

Wolfgang Einsiedler und Gerhard Treinies (1985) wollten in ihrer Pilotstudie dezidiert die Effektivität von Lernspielen und Trainingsmaterialien herausfinden. Bei dieser Untersuchung im Erstleseunterricht (1. Schuljahr, 78 Vpn) standen ebenfalls spielunterstützende Maßnahmen im Mittelpunkt des Experiments: freie Wahl der Lernspiele (Leselotto, Lesetelefon u.a.) und der Spielgruppe. Das Ergebnis fiel positiv aus, was die Wirksamkeit der im Versuch eingesetzten Lernspiele betrifft: "Im kovarianzanalytisch kontrollierten Gesamtnachtest zeigte sich nach einer dreiwöchigen Untersuchungsphase ein signifikanter Unterschied. Ebenso wie im Gesamtnachtest unterschieden sich die Klassen mit zugeteilten Lesespielen und freier Spielauswahl auch im Untertest Lesefertigkeit bedeutsam von der Kontrollgruppe" (Einsiedler/Treinies 1985, 21).

Die Verfasser führen die Lernsteigerung durch Lernspiele wie Roeder/Masendorf (1979) auf die bessere Motivation durch das spielende Lernen zurück. Wenn Lernspiele spielbedeutsam eingesetzt werden, so sind sie Trainingsprogrammen im Kindesalter überlegen. Eine positive Einflußnahme auf das kindliche Motivationsverhalten im schulischen und außerschulischen Lernprozeß ist angesichts der Untersuchungsergebnisse nicht zu übersehen.

Trotz der für die Spielpädagogik erhellenden Untersuchungsbefunde ist eins kritisch anzumerken. Alle genannten Studien haben gemeinsam, daß Spielbegriff und Spielvorgang kaum reflektiert oder gar operationalisiert werden. Denn von Spiel(tätigkeit) im Forschungszusammenhang sprechen bedeutet in der Regel, daß es/sie als solche(s) abläuft. Es wird unreflektiert unterstellt, daß lernbetonte Spiele genauso verlaufen, wie Spielregel und Planung es vorschreiben. Daß eine solche Annahme sich schnell als Trugschluß erweisen kann, müßte eigentlich jeder Spielleiter wissen.

Daher bedarf die spielpädagogisch zentrale Fragestellung, ob Spielgeschehen und Trainingsverfahren methodisch miteinander konkurrieren oder zwei unvereinbare Tätigkeitsformen darstellen, der weiteren Klärung. Spielverhalten kann erst wirklich beobachtet und überzeugend nachgewiesen werden, wenn die Forscher die Kriterien offenlegen, nach denen sie dies beurteilen. Wie Spielvorgang und Spieleffekt spielpädagogisch angemessen in den Blick gebracht werden können, soll am Beispiel zweier Pilotstudien skizziert werden.

2. Pilotstudien als Wegweiser für eine spielzentrierte Spielforschung

Die beiden Erkundungsstudien, über die kurz berichtet werden soll, unterscheiden sich von allen bisher genannten Untersuchungen dadurch, daß dem Spielgeschehen bereits in der Versuchsplanung besondere Beachtung geschenkt wird. Außer den Lerneffekten, insbesondere dem Lernzuwachs, werden die Spieleffekte innerhalb des Spielvorgangs kontrolliert.

Die Untersuchungen wurden jeweils in einem Schulkindergarten mit sechs bzw. zehn ausgewählten Lernspielen durchgeführt. Da insonderheit die optische Wahrnehmungsförderung bei Kindern im Schulkindergarten festgestellt werden sollte, wurden solche lernbetonten Spielmittel ausgewählt, von denen anzunehmen war, daß sie die kindlichen Fähigkeiten oder Fertigkeiten der optischen Wahrnehmung positiv beeinflussen würden. Mit Bedacht wurden die Versuchspersonen unter dem Gesichtspunkt ausgesucht, daß sich bei ihnen eher ein Defizit als die souveräne Beherrschung der zu fördernden Verhaltenweisen nachweisen lasse. Bekanntlich haben Kinder, die einen Schulkindergarten besuchen, zwar das Alter, in die Grundschule aufgenommen zu werden; sie sind jedoch vom Schulbesuch zurückgestellt worden, da sie in sozialer, emotionaler und/oder kognitiver Hinsicht noch nicht schulfähig waren. Somit gehört es zu den entscheidenden Aufgaben des Schulkindergartens, die Kinder auf den späteren Eintritt in die erste Grundschulklasse vorzubereiten.

Daher ist leicht einzusehen: Auf dieser Altersstufe kommt dem Einsatz von Lernspielen besondere Bedeutung zu. Beiden Projekten, bei denen die Wirksamkeit von Lernspielen untersucht wurde, lag die Erkenntnis zugrunde, daß die Spielmittel vor allem dann den Lernprozeß der optischen Wahrnehmung bedeutsam zu beeinflussen vermögen, wenn während des Spielgeschehens möglichst viele Spielmerkmale registriert werden konnten.

So wurde diesem Grundgedanken in jedem der beiden Projekte dadurch Rechnung getragen, daß die einzelnen Spielsituationen beobachtet, protokolliert und insgesamt beschrieben wurden. Die näher bezeichneten Spieleffekte wurden den vorgegebenen Lerneffekten eines jeden Lernspiels gegenübergestellt. Während die generelle Lernbedeutsamkeit in Verbindung mit einzelnen Lernfortschritten durch Testverfahren (Test, Retest) bestimmt werden konnte, wurden die Spieleffekte aufgrund der präzisierten Kriterien ermittelt. Es wurde konstatiert, ob die für den Versuch vorgesehenen Lernspiele den Spielmerkmalen entsprachen, z.T. entsprachen oder nicht entsprachen.

Da beide Untersuchungen bei der Formulierung einzelner Spielkritierien voneinander abweichen und eine Arbeit einige der obengenannten Spielmerkmale berücksichtigt, sollen beide Projekte im Blick auf ihre spielbedeutsame Komponente nacheinander vorgestellt werden.

a) Optische Wahrnehmungsförderung durch Lernspiele (Anselmann)

Brigitte Anselmann hat 1983 in einer Gruppe von vorwiegend kulturell benachteiligten Kindern in einem Schulkindergarten ein Vierteljahr lang Lernspiele eingesetzt, hierbei die Spielsituationen beobachtet sowie die Spiel- und Lerneffekte festzustellen versucht.

Der Lerneffekt wurde nach drei Hauptkriterien bestimmt:
- Kognitive Zielsetzung mit 10 Unterkategorien (z.B. Form-, Farbwahrnehmung, perspektivisches Sehen, Erfassung von Einzelheiten)
- soziale Zielsetzungen (Förderung sozialer, kommunikativer Verhaltensweisen)
- Motivationale Zielsetzungen (Förderung von Konzentration und Ausdauer)

Der Spieleffekt sollte nach acht Kriterien beurteilt werden:
- Aufforderungscharakter nach (a) Spielidee (-aufgabe) und (b) Spielmaterial
- Interesse und Freude am Spielgeschehen
- Verständnis der Spielregel
- Selbständiges Vorgehen
- Spieloffenheit durch mehrere Spielmöglichkeiten
- Förderung der Spielideen beim Spieler
- Wettkampfcharakter
- Zufallskomponente

Den Beurteilungskriterien stehen also drei Haupt- und zehn Unterkategorien beim Lerneffekt sowie acht Haupt- und zwei Unterkategorien gegenüber. Das Spiel, das im Rahmen der Untersuchung die positivste Bewertung erfuhr, wird nun aus der Sicht des teilnehmenden Beobachters - in seiner aktiven und passiven Rolle - beschrieben, wobei auf das Material und die beobachtete Spielsituation eingegangen wird.

Das Lernspiel "Sechsermeister"

Dieses Spiel der Fa. Dusyma setzt sich aus einem Holzbrett, auf dem sechs Masten herausragen, 36 geometrischen Figuren, die sich nach Form und Farbe unterscheiden, und 20 Aufgabenkarten zusammen. Die Aufgabenkarten (-leisten) enthalten unterschiedliche, nach Schwierigkeitsgraden abgestufte Aufforderungen an den Spieler. Hinzu kommen noch 3 Würfel als Punkte-, Formen- und Farbwürfel. Die Spielaufgabe besteht darin, die einzelnen geometrischen Figuren nach Farbe,

Form oder Menge den Masten zuzuordnen. Laut Spielregel können die einzelnen Spielvorschläge auch mehrere der genannten Funktionen enthalten. Spielregeln sind für das "Mastenklettern" und das "Anlegespiel" vorhanden. Das Lernspiel ist für 2 bis 6 Kinder vorgesehen.

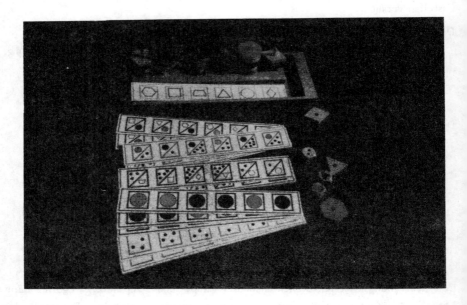

Abb. 1: Lernspiel "Sechsermeister" Foto: B. Anselmann

Die beobachtete Spielsituation (Zusammenfassung)

"Eine Spielvariante von 'Sechsermeister' zur optischen Wahrnehmungsförderung ist 'Mastenklettern' (Spiel für zwei, drei oder sechs Kinder), die wie folgt durchgeführt wird:
Zuerst bekommt jedes Kind einen Mast zugewiesen. Bei diesem Spiel werden nur die einfachen Farb- oder Formaufgabenstreifen verwendet, welche die Farbe oder geometrische Form der Figuren, die auf die Masten gesteckt werden müssen, bestimmen. Wird ein Farbaufgabenstreifen gewählt, so muß mit dem Punkte- und Farbwürfel gespielt werden. Entsprechend muß bei Formaufgabenstreifen der Punkte- und Formenwürfel genommen werden.

Die Kinder dürfen nur dann eine Figur auf ihren Mast stecken, wenn sie die von ihnen vorher gewählte Farbe oder geometrische Form erwürfelt haben. Das Kind, das zuerst alle Figuren seiner Farbe oder Form auf dem Mast hat, hat gewonnen. Das Spiel kann auch umgekehrt gespielt werden, wobei sich alle Figuren derselben Farbe oder Form auf den Masten befinden. Es geht nun darum, seinen Mast so schnell wie möglich 'leer' zu würfeln.

Am 'Mastenklettern' nahmen vorwiegend Spielgruppen mit je drei Spielern teil, wobei jedes Kind zwei Masten zugewiesen bekam. Diese Spielvariante bereitete den Kindern keine Schwierigkeiten, und es wurde auch mit großem Interesse gespielt. Die zufälligen Momente (Einsatz des Zahlen- und Farb- oder Formenwürfels) riefen vielfach Spannung und Unterhaltsamkeit hervor. Während der ersten Spieldurchgänge verwechselten die Mitspieler manchmal 'Trapez' und 'Raute' sowie 'Kreis' und 'Sechseck'. Sie konnten ihre Fehler jedoch immer selbst berichtigen. Auf dem Formenwürfel sind die Formen auch relativ groß dargestellt, so daß die Kinder meistens sofort die richtigen Figuren fanden. Der Nachteil bei dieser Spielform liegt allerdings darin, daß sich das Spiel manchmal sehr lange hinzieht und die Konzentration in der Endphase nachläßt.

Von den Kindern kamen auch Vorschläge für andere Spielmöglichkeiten, die ausprobiert wurden. Bei einer Variante wurden zunächst alle 36 geometrischen Figuren unter den mitspielenden Kindern verteilt. Die Farb- oder Formaufgabenstreifen bestimmten die Figuren, die auf die Masten gesteckt werden mußten. Gespielt wurde je nach dem verwendeten Streifen mit dem Farb- oder Formenwürfel. Die Spieler würfelten reihum und suchten aus ihren Figuren jeweils die passenden Farben bzw. Formen heraus und steckten sie auf die Masten. Besaßen sie keine ihrem Würfelwurf entsprechende Figur, so mußten sie einmal aussetzen. Das Kind, das zuerst keine Figuren mehr hatte, war Sieger" (Anselmann/Kluge 1985, 61 f.).

Das Lernspiel "Sechsermeister" war das einzige Spielmittel, bei dem während der Untersuchung alle Spieleffekte beobachtet wurden, während bei den fünf anderen Lernspielen die einzelnen Kriterien entweder gar nicht oder nur zum Teil erfüllt wurden. Als Lerneffekte wurden beim Sechsermeister-Spiel folgende registriert: Form- und Farbwahrnehmung, Wahrnehmung von Mengen, Förderung sozialer Verhaltensweisen sowie von Konzentration und Ausdauer.

b) Optische Wahrnehmungsförderung durch Lernspiele (Barthel)

Im Anschluß an die Versuchsplanung und die Befunde von B. Anselmann hat Jutta Barthel eine weitere Untersuchung mit Lernspielen, von denen anzunehmen war, daß sie die optische Wahrnehmung des Kindes im Spiel fördern würden, in einem anderen Schulkindergarten durchgeführt. Die ausgewählten Spiele wurden von Dezember 1984 bis März 1985 als unabhängige Variable eingesetzt und kontrolliert. Die Experimentalgruppe hatte diesmal 21 Kinder (13 Jungen, 8 Mädchen), die zum großen Teil kulturell benachteiligten Familien angehörten. Im Rahmen dieses Feldexperiments war es möglich, eine Kontrollgruppe zu bilden. Der Umfang der eingesetzten Lernspiele wurde um vier, also auf insgesamt 10 Spiele erweitert. Die einzelnen Untersuchungsergebnisse wurden statistisch abgesichert. Das Hauptaugenmerk galt - wie bei der ersten Untersuchung - neben der Berücksichtigung des Lerneffekts insbesondere der Darstellung des Spieleffekts sowie der Spielsituation.

Während die vier Hauptkategorien zur Bestimmung des Lerneffekts wie in der Untersuchung von B. Anselmann beibehalten wurden, hat J. Barthel bei den acht Kriterien zur Beurteilung des Spieleffekts einige Änderungen vorgenommen. So wurde der Begriff "Erlebnisqualitäten" bei der zweiten Kategorie bevorzugt und dadurch auf Lust, Spaß, Spannung, Vergnügen und Genuß erweitert. Neu eingeführt als eigene Kategorie wurden "Wiederholungstendenz" und "Ergebnisprüfung".

Zur Beschreibung der Spielsituation wird nun das Spielmittel herangezogen, das nach den Untersuchungsergebnissen bei der Beurteilung des Spieleffekts am schlechtesten abgeschnitten hat. Es wird zunächst auf das Spielmaterial Bezug genommen.

Das Lernspiel "Kindergarten-Spiel"

Zu den Spielmaterialien gehören ein "Zapfentablett" als Arbeitsplatte, vier doppelseitige Einlegeblätter und 49 Kunststoffplättchen mit verschiedenen Abbildungen (schwarzweiß) auf beiden Seiten. Die Spielaufgabe dieses lernbetonten Spielmittels, das seit 1976 vom Verlag Otto Heinevetter verkauft wird, besteht darin, die auf den Plättchen abgebildeten Motive den entsprechenden Abbildungen auf dem Einlegeblatt zuzuordnen. Die Abbildungen entstammen größtenteils aus dem Erlebnisbereich der Kinder. Die Kunststoffplättchen und Einlegeblätter sind alle mit

Symbolen versehen, die dem Erwachsenen Aufschluß über den Schwierigkeitsgrad der Zuordnungsaufgabe geben sollen. So gibt es Einlegeblätter mit Punkten und Sternen. Die Selbstkontrolle über die jeweilige Handlung ist dadurch gegeben, daß nur richtig zugeordnete Plättchen sich mühelos einfügen lassen, da die oberen und unteren Ränder eines Plättchens unterschiedlich gezackt sind.

Abb. 2: Lernspiel "Kindergarten-Spiel" Foto: J. Barthel

Die beobachtete Spielsituation (Zusammenfassung)

"Um das Spiel einzuführen, wurde gemeinsam in der Spielgruppe das Einlegeblatt mit einem Punkt betrachtet und darüber gesprochen. Die Kinder benannten die abgebildeten Gegenstände, wobei sie nur bei der Gruppe der Werkzeuge Schwierigkeiten hatten. Bezeichnungen wie Schraubenschlüssel, Beißzange und Nagelbohrer waren ihnen unbekannt. Anschließend ordneten sie die Plättchen entsprechend den Abbildungen in das Zapfentablett ein. Hierbei wurde, wie in der Anleitung vorgeschlagen, jede Spalte nacheinander von oben nach unten vervollständigt. Durch diese Vorgehensweise erkannten die Kinder sehr schnell die automatische Richtigkeitskontrolle anhand der wellenförmig profilierten Längskanten der einzelnen Plättchen.

Nachdem die Kinder hinreichend mit dem Material vertraut waren, konnte das Kindergarten-Spiel als Einzelspiel durchgeführt werden. Sie waren in der Lage, die Spieltätigkeit selbständig zu gestalten, auch wenn das Zapfentablett nicht nach der Reihenfolge belegt wurde. Das Einlegeblatt mit zwei Punkten beinhaltet einen höheren Schwierigkeitsgrad, da die Gegenstände nur noch unvollständig abgebildet sind. Die einzelnen Farbkombinationen, die zum Teil Hilfestellungen geben, bleiben jedoch gleich.

Die Kinder sollten die Objekte zuerst erkennen und benennen, bevor sie die Plättchen einlegten. Die Spielaufgabe wurde anfangs häufig nach dem Prinzip 'Versuch-Irrtum' durchgeführt. Durch den Vergleich mit den Plättchen, auf denen die Gegenstände vollständig abgebildet sind, waren die Kinder nach einigen Spieldurchführungen in der Lage, die Teilbilder sofort dem Gesamtmotiv zuzuordnen.

Bei jeder neu hinzutretenden Anforderung (Erhöhung der Punktzahl auf den Einlegeblättern) ging dem Spiel eine Gesprächsrunde voraus.

Der steigende Schwierigkeitsgrad soll an dem Beispiel 'Kuh' verdeutlicht werden: Einlegeblatt mit einem Punkt: Das Bild zeigt eine graue Kuh mit schwarzen Flecken und hellbraunem Euter. Einlegeblatt mit zwei Punkten: Dieses Teilbild stellt nur den hellbraunen Euter und graue Umrisse dar. Einlegeblatt mit drei Punkten: Das 'Aktionsbild' zeigt eine Frau, die die Kuh melkt. Einlegeblatt mit vier Punkten: In diesem 'sinnentstellten' Bild sitzt die Kuh in einem Sessel und liest.

Während die Spielaufgaben mit einem oder zwei Punkten hauptsächlich als Einzelspiel durchgeführt wurden, bevorzugten die Kinder bei den Einlegeblättern mit drei und vier Punkten Partnerspiele, wobei sie sich vor allem sehr über die sinnentstellten Szenen der Vorlage mit vier Punkten amüsierten. Durch die Richtigkeitskontrolle der Plättchen konnten die Kinder die Spielhandlungen größtenteils selbständig durchführen.

Die Spielaufgaben mit dem Symbol 'Stern' waren bei den Kindern weniger beliebt. Es werden in einzelnen Reihen sieben Motive in unterschiedlichen Variationen dargestellt. Der Schwierigkeitsgrad ist wesentlich höher. Die überwiegenden Schwarz-Weiß-Bilder übten keinen so großen Spielanreiz wie die Motive der Punkte-Einlegeblätter aus. Die Kinder konnten die Spielaufgaben mit mehr oder weniger Hilfestellungen von seiten des Erziehers lösen, eine selbständige Spielhandlung wurde jedoch selten erreicht. Daneben erforderte die Durchführung dieser Spielaufgaben relativ viel Zeit. Aus diesen Gründen lehnten die Kinder die Unterscheidungsübungen (Einlegeblätter mit Sternen) weitgehend ab, während sie Erkenntnisübungen (Einlegeblätter mit Punkten) mit großem Vergnügen durchführten.

Ein wesentlicher Spielanreiz ging bereits von dem Klemm-Magazin aus, in dem die Plättchen übersichtlich aufbewahrt werden können" (Barthel 1985, 177-179).

Im Vergleich mit anderen Lernspielen fiel beim Kindergarten-Spiel - insbesondere bei den Unterscheidungsübungen - auf, daß manches Kriterium des Spieleffekts nicht erfüllt wurde. Zwar schien die Zuordnungsaufgabe anfangs die Kinder zum spielenden Tun zu animieren. Hinsichtlich des Spielmaterials konnte jedoch beobachtet werden, daß die Spielmotivation bei den Schwarz-Weiß-Bildern nicht allzulang andauerte. Das spielende Zuordnen bei den Erkundungsübungen machte den Jungen und Mädchen mehr Spaß als bei den Unterscheidungsübungen. Die Unterscheidungsübungen machten ohnedies die Hilfestellung eines Erziehers erforderlich. Das Material ließ es nicht zu, dem Spiel eine Wettkampfkomponente zu geben. Da von der Spielintention nur Zuordnungsaufgaben vorgesehen sind, ergaben sich keine direkten Spielmöglichkeiten. Die beobachteten Kinder neigten dazu, die Erkennungsübungen spontan zu wiederholen, während sie bei den Unterscheidungsübungen stets zum spielenden Tun animiert werden mußten.

Die Begrenzung des Spiels auf die Zuordnungsfunktion hat jedoch den Vorteil, daß das Ergebnis dieses Tuns sichtbar und eindeutig in Erscheinung tritt. Aber wem nützt dieser Vorteil, wenn das Spielen auf der Strecke bleibt? So muß man Bedenken haben, die Tätigkeit, die vom Spielinteressierten erwartet und vom Spielforscher beobachtet wird, in jedem Fall "Spiel" zu nennen. Gerade im Blick auf die intendierten Unterscheidungsübungen müßte nach zusätzlichen Möglichkeiten Ausschau gehalten werden, die zum Spielgeschehen hinführen und es unterstützen. Ansonsten sollte man doch besser von einer zuordnenden Beschäftigung sprechen.

Betrachtet man den Lerneffekt dieses Lernspiels, so wurden die Lernziele aus den vier Hauptkategorien durchaus erreicht. Bei den kognitiven Zielsetzungen scheinen folgende Aspekte visueller Wahrnehmung gefördert zu werden: das Erkennen von Bildern und Gestalten sowie die Erfassung von Einzelheiten. Die Frage bleibt offen, ob bei einer Intensivierung der Spieltätigkeit die Lernleistungen (z.B. Langzeiteffekt) nicht noch verbessert werden könnten.

Insgesamt gesehen haben die zehn Lernspiele zu einer Steigerung der optischen Wahrnehmung der Kinder in der Versuchsgruppe geführt. "Im Vergleich zu den Ergebnissen der Kontrollgruppe ließ sich feststellen, daß sich die visuelle Wahrnehmungsleistung der Kinder der Experimentalgruppe vor allem in den Bereichen Figur-Grund-Unterscheidung und Formkonstanz-Beachtung signifikant verbessert hat" (Barthel 1985, 276).

Alle bisherigen Untersuchungen stützen die Hypothese, daß zwischen Lern- und Spieleffekt ein Zusammenhang besteht. Aufgrund der festgestellten Teilergebnisse lassen sich die Befunde aus methodischen Gründen nicht verallgemeinern. Hier liegt ein Aufgabengebiet künftiger Spielforschung. Vor allem müssen die grundlegenden Fragen von größeren Forschungsprojekten in Angriff genommen werden. Auf der Grundlage von Einzelerkenntnissen kann auf spezifische Handlungskomponenten hingewiesen werden, die freilich so lange Vorläufigkeitscharakter besitzen, bis die letzten Fragen der Lernspielforschung zufriedenstellend geklärt sind.

III. Spielkriterien und Spielpraxis

1. Grundprinzipien für spielpädagogisches Handeln

Die an Spielkriterien orientierte Spielforschung hat zu Grundeinsichten geführt, die für spielpädagogisches Handeln in der Praxis bedenkenswert sind. Es wird zwischen solchen Grundsätzen unterschieden, die für alle Spielformen bedeutsam sind, und solchen, die vornehmlich eine einzelne Spielform im Blick haben.

Als allgemeine Prinzipien spielpädagogischen Handelns seien hier folgende herausgestellt:

- Spielendes Tun ist in der Regel von der Spielfähigkeit eines Spielers abhängig. Die Spielfähigkeit wird von einer Vielzahl von Faktoren bestimmt, von denen nur einige genannt werden: Alter, Spielerfahrungen, Geschlecht, Sozialverhalten, emotionale und imaginative Bereitschaften, Motorik, Intelligenz. Je nach Spielfähigkeit vermag der Mensch allein oder mit seinen Mitspielern die Spielaufgaben zu lösen. Die unterschiedlichen Voraussetzungen machen deutlich, daß die Spielfähigkeit bei jedem Menschen in verschiedener Ausprägung vorhanden und individuellen Lernprozessen unterworfen ist.

- Spielvorgang und Lernprozeß schließen sich nicht aus; auf nahezu allen Lernstufen können Spiele erfolgreich eingesetzt werden. Sollen Spiele spielpädagogisch effektiv sein, so muß der Spielcharakter während des ganzen Spielvorgangs aufrechterhalten werden. Daher ist das Spielkonzept im Anschluß an einschlägige Spielkriterien vor, während und nach der Spieltätigkeit zu prüfen und gegebenenfalls zu korrigieren.

- Im Spiel erweist sich der Mensch als Souverän seines Tuns. Dies bedeutet für den Spielleiter, dem Spieler Rechte zuzugestehen, die bei keiner anderen Aktivitätsform insgesamt einklagbar wären: Freiwilligkeit, Zweckunbewußtheit, Bedeutungsvariabilität, Probehandeln. Diese zentralen Spielmomente sind jedoch nicht nur zu tolerieren; sie sind überdies im Spielvollzug gezielt zu unterstützen.

- Der Aspekt der Freiwilligkeit besagt, daß beispielsweise kein Kind von Spielleitern zum Spiel gezwungen werden darf. Ob jemand an einem Spiel teilnimmt, hängt letzten Endes von der Entscheidung eines Spielers ab. So kann der Spielpädagoge zu einer Spieltätigkeit immer nur anregen, die Entscheidung für sie vorbereiten helfen. Zweckunbewußtheit bedeutet, daß Spieler zwar spielimmanenten Zielsetzungen nachgehen, aber das spielende Tun nicht als Mittel für einen Zweck, der außerhalb des Spielgeschehens liegt, einsetzen. Der Spieler spielt um des Spiels willen.

- Die Freiheit eines Spielers geht so weit, daß er den Spielgegenständen willkürlich bzw. in Absprache mit seinen Mitspielern eigene Bedeutungen zusprechen kann. So wird ein Bauklotz Bedeutungsträger für ein Haus, ein Auto, ein Tier oder einen

Mitmenschen. Aber auch schon eindeutig festgelegte Spielzeuge können momentan mit Hilfe der Phantasie des Spielenden zu neuen Bezeichnungen und Aufgaben umfunktioniert werden. Da Spielen sich von der Lebenswirklichkeit und ihren Zwängen augenfällig abgrenzt, finden Spielhandlungen in einem gewissen Schonraum statt. Dies gibt dem Spieler die Möglichkeit, Fähigkeiten und Fertigkeiten für spätere Ernstsituationen einzuüben, ohne zugleich unter Erfolgszwang und Leistungsdruck zu stehen oder für sein Fehlverhalten folgenschwer sanktioniert zu werden.

- Lerneffekte im Spiel sind um so eher erreichbar, wenn sie im Zusammenhang mit Spieleffekten stehen. Spieleffekte bedürfen der Absicherung und Unterstützung durch den Spielleiter. Sie unterscheiden sich nach Umfang und Intensität von Spielform zu Spielform, von Spiel zu Spiel.

2. Erste Konsequenzen für einzelne Spielformen

a) Problemorientiertes Rollenspiel

- Problembezogene Rollenspiele stehen nicht am Anfang, sondern am Ende einer kommunikativen Auseinandersetzung mit einer konfliktgeladenen Situation. Ihnen voraus geht notwenig die Diskussion über den Problemzusammenhang und die Möglichkeit einer angemessenen Umsetzung. Einfache Spielübungen wie kurze Imitations- und Stegreifspiele führen zum eigentlichen Rollenspiel hin.

- Der Einsatz des problemorientierten Rollenspiels im Vorschulbereich weicht von dem auf späteren Altersstufen ab. So kommt der Motivationsstufe, dem Gespräch über Konflikt-Lösung-Strategien, der Planung einzelner Szenen, der Auswahl der Rollenspieler besondere Bedeutung zu. Diese Maßnahmen nehmen bei Kleinkindern - wie die Erfahrung zeigt - mehr Zeit in Anspruch als bei Jugendlichen und Erwachsenen. Auch wird man sich weniger der abstrakten Mittel (z.B. allein der anspruchsvollen Terminologie) für eine Konfliktlösung bedienen.

- Beim problemorientierten Rollenspiel ist jeder zu einem aktiven Beitrag aufgefordert: entweder als Träger einer Rolle oder als teilnehmender Beobachter. Da bisweilen mehrere Lösungen eines Problems denkbar sind, kommen u.U. mehrere Spiele in Frage oder es wird zu Anfang eine Spielversion favorisiert. Grundsätzlich ist die Rolle auf mehrere Spieler übertragbar.

- Der Spielleiter hat zu überblicken, ob die von einem Kind zu übernehmende Rolle spielerisch bewältigt werden kann. Dem Spieler sollte es - gleichsam als Mindestforderung - möglich sein, sich mit ihr zu identifizieren. Negativ besetzte Rollen wie Hexe, Bösewicht u.a. stoßen bei Vorschulkindern häufig auf Ablehnung. Daher müssen eventuelle Angst vor der Rollenübernahme und Schwierigkeiten bei den Gestaltungsaufgaben früh erkannt und möglichst abgebaut werden. Kein Kind sollte mit einem Problem allein gelassen werden. Rollenspielaufgaben sollten stets zu einer akzeptablen Lösung und zu einer abschließenden Aussprache führen.

b) Lernspiel

- Spielpädagogisch akzeptable Lernspiele schließen an das Spielbedürfnis und die Spielfähigkeit des Kindes an. Die Spielmöglichkeiten sollten am besten vorgegeben sein und während des Umgangs mit dem Material weiterhin durch Impulse gestützt werden. Lernziele haben eine sekundäre Funktion. Sie sind u.a. im emotionalen, sozialen, motivationalen, motorischen und kognitiven Bereich zu finden. Spieleffekte vermitteln erst die Lerneffekte vor dem Hintergrund der Erlebnisqualitäten.

- Hauptziel eines Lernspiels ist es, die Erlebnisqualitäten des Kindes (Freude, Spaß, Vergnügen, Spannung) anzusprechen. Der Spielspaß wird dadurch gefördert, daß Spieler regelgerecht und selbständig - ohne unnötige Spieleingriffe anderer - ihr Programm durchführen. Spielregeln und Spielinhalte dürfen die Vorschulkinder nicht überfordern. Eindeutige und verständliche Spielregeln, Wettkampf und Zufall erhöhen die Spielbereitschaft.

- Lernspiele sollten nach spielpädagogisch anerkannten Beurteilungskriterien ausgewählt werden. So sollten Spielidee, -regel und -material Aufforderungscharakter haben, die Spielmöglichkeiten nicht zu starr eingegrenzt sein, u.U. mehrere Lösungen zulassen, das Material den Spielanforderungen genügen.

- Spielvorgang und Spielergebnis bleiben aufeinander bezogen. Spielergebnis und Lernfortschritt fallen nicht unbedingt zusammen. In der Selbstkontrolle kann der Spieler sein Ergebnis allein überprüfen. Sie fördert die Selbständigkeit des Kindes. Aber auch die Fremdkontrolle durch Spielkameraden oder den Spielleiter verschafft endgültige Klarheit über den Spielausgang. Bei Mißerfolgen braucht der

Spieler das Negativerlebnis nicht so tragisch zu nehmen; denn sein Tun war ja "nur" ein Spiel.

Literatur

Anselmann, B.: Der Einsatz ausgewählter Lernspiele zur optischen Wahrnehmungsförderung im Schulkindergarten. Unveröffentl. Diplomarbeit, Landau 1983

Anselmann, B./Kluge, N.: Lernspiele als Spiel- und Lernmittel. Zum Einsatz lernbetonter Spielmittel unter dem Aspekt der optischen Wahrnehmungsförderung. In: Spielmittel Nr. 5/1985, 59-64

Barthel, J.: Visuelle Wahrnehmungsförderung im Schulkindergarten durch den Einsatz ausgewählter Lernspiele. Unveröffentl. Diplomarbeit, Landau 1985

Bühler, Ch.: Kindheit und Jugend, Leipzig 1928

Einsiedler, W. (Hrsg.): Aspekte des Kinderspiels. Pädagogisch-psychologische Spielforschung, Weinheim 1985

Einsiedler, W./Treinies, G.: Zur Wirksamkeit von Lernspielen und Trainingsmaterialien im Erstleseunterricht. In: Psychologie in Erziehung und Unterricht 32 (1985), 21-27

Floer, J./Schipper, W.: Kann man spielend lernen? Eine Untersuchung mit Vor- und Grundschulkindern zur Entwicklung des Zahlverständnisses. In: Sachunterricht und Mathematik in der Grundschule 3 (1975), 241-252

Groos, K.: Die Spiele der Menschen, Jena 1899

Kluge, N. (Hrsg.): Spielpädagogik. Neuere Beiträge zur Spielforschung und Spielerziehung, Bad Heilbrunn 1980

Kluge, N.: Spielen und Erfahren. Der Zusammenhang von Spielerlebnis und Lernprozeß, Bad Heilbrunn 1981

Kluge, N.: Entwicklung eines Kriterienkatalogs für spielzentriertes Erzieherverhalten (Eltern, Kindergärtnerinnen, Lehrer) und dessen Anwendung auf ausgewählte Spielformen und Spielsituationen. Aus: Meyer, E. (Hrsg.), Spiel und Medien in Familie, Kindergarten und Schule, Wassenberg 1984, 384-401

Kluge, N.: Spielkriterien als Ausgangspunkt spielpädagogischen Handelns. In: Erziehungswissenschaft-Erziehungspraxis 1 (1985), H. 3, 19-23

Kreuzer, K.J. (Hrsg.): Handbuch der Spielpädagogik, 4 Bde., Düsseldorf 1983/84

Piaget, J.: Nachahmung, Spiel und Traum, Stuttgart 1969

Roeder, B./Masendorf, F.: Differentielle Wirksamkeit von spielerischen versus übenden Lernmaterialien bei leistungsschwachen Kindern im zweiten Schuljahr. In: Psychologie in Erziehung und Unterricht 26 (1979), 22-26

Schenk-Danzinger, L.: Zur entwicklungspsychologischen Bedeutung des Spiels. Aus: Kreuzer, K.J. (Hrsg.): Handbuch der Spielpädagogik, Bd. 1, Düsseldorf 1983, 369-384

Schmitt, R.: Kinder und Ausländer. Einstellungsänderung durch Rollenspiel - eine empirische Untersuchung, Braunschweig 1979

Christoph Beck

DIE DARSTELLUNG DES SPIELS IN ZEITGENÖSSISCHEN ELTERNBÜCHERN DER BUNDESREPUBLIK DEUTSCHLAND

In der folgenden Arbeit sollen die Ergebnisse einer inhaltsanalytischen Untersuchung von Elternbüchern vorgestellt werden.

Das Gebiet der schriftlichen Informationen für Eltern, als eine Form der Elternbildung, ist in seiner Gesamtheit bisher noch nicht dargestellt worden.

Dies soll in Ansätzen geleistet werden, ebenso wie die Darstellung des derzeitigen Forschungsstandes in Bezug auf Elternbücher.

Die Inhaltsanalyse, deren Ergebnisse daran anschließend referiert werden, hatte die Darstellung des Spiels in zeitgenössischen Elternbüchern zum Thema.

1. Elternbücher, ihre Stellung im Rahmen schriftlicher Informationen für Eltern

Der 2. Familienbericht bietet für Elternbildung folgende Definition an: "Elternbildung will pädagogisch Einfluß nehmen auf die erzieherischen Einstellungen, Kenntnisse und Verhaltensweisen von Eltern gegenüber Kindern" (2. Familienbericht 1975, 107).

Elternbildung vollzieht sich in drei Erscheinungsformen:
1. Publikumsveranstaltungen
2. Schriftliche Informationen für Eltern
3. Sendungen in Rundfunk und Fernsehen

Publikumsveranstaltungen zur Elternbildung, also Vorträge, Elternseminare, -kurse, finden in mannigfaltiger Trägerschaft und in vielen Institutionen statt (Volkshochschule, Familienbildungsstätten u.ä.). Ausführliche Untersuchungen haben die Nützlichkeit und Effektivität dieser Veranstaltungen dokumentiert (Troschke 1977; Heiliger 1978; Behren 1976).

Sendungen in Rundfunk und Fernsehen als Medium der Elternbildung sind vor allem anläßlich des Projekts "Elternbildung im Medienverbund" (z.B. Burkhardt/Unterseher 1978) untersucht worden. Behren geht in ihrer "Aachen-Studie" auch auf Elternsendungen ein. 45,8 % ihrer Stichprobe (N = 728) haben Elternsendungen gehört oder gesehen. Im Rundfunk werden Informationen für Eltern meist in der Zeit zwischen 9.00 bis 11.00 Uhr im Rahmen von Hausfrauensendungen in Form von fünfminütigen Spots angeboten. Das Fernsehen bietet längere Sendungen, z.B. das Elternmagazin "Kinder, Kinder" an.

1. Schriftliche Informationen für Eltern

Schriftliche Informationen für Eltern gibt es in einer unübersehbaren Menge und in vielen verschiedenen Erscheinungsformen. Der Rat eines "Briefkastenonkels" in einer Fernsehzeitschrift auf eine Anfrage von Eltern, wie man sich verhalten solle, wenn das Kind trotzt, gehört ebenso dazu wie die Broschüre "Unser Baby", die die Schwangere von ihrem Gynäkologen ausgehändigt bekommt.

Die verschiedenen Erscheinungsformen und die quantitativ starke Ausprägung dieser Form der Elternbildung machen eine Systematik unerläßlich. Eine brauchbare Systematik hat der Autor im Rahmen seiner Diplomarbeit entwickelt. Die Systematik umfaßt folgende Kategorien:

Schriftliche Informationen für Eltern
1. Zeitschriften
1.1 Elternzeitschriften
1.2 Zeitschriften von Eltern- und Familienverbänden
1.3 Kundenzeitschriften
1.4 Zeitschriften mit wesentlichen Anteilen
1.5 Illustrierte und Zeitungen
2. Elternbriefserien
2.1 Peter Pelikan Briefe, München
2.2 "Du und wir" Elternbriefe, Köln
2.3 Elternbriefe des Arbeitskreises "Neue Erziehung", Berlin
2.4 "Briefe an junge Eltern", Bielefeld
2.5 "Elternbriefe", Pro Juventute, Zürich
2.6 Elternbriefe einzelner Kindergärten, Schulen u.ä.

3. Broschüren
3.1 Broschüren offizieller Stellen
3.2 Broschüren von Elternvereinigungen u.ä.
3.3 Broschüren von Firmen
4. Elternbücher
4.1 Elternbücher allgemeiner Art
4.2 Elternbücher zu speziellen Themen
4.3 Elternbücher, die Verhaltensauffälligkeiten und Schwierigkeiten in der Erziehung zum Thema haben
4.4 Elternbücher, die eine bestimmte wissenschaftliche Schule vertreten
4.5 Elternbücher, die eine bestimmte Altersstufe behandeln (Beck 1984, 29 ff).

a) Zeitschriften

Die Kategorie "Zeitschriften" enthält als erste Unterkategorie die Elternzeitschriften. Die beiden am weitesten verbreiteten Elternzeitschriften, "Eltern" und "Leben und Erziehen" wurden von Tullius inhaltsanalytisch untersucht. Sie kommt zu dem Ergebnis, daß beide Zeitschriften versuchen, grundlegendes pädagogisches Wissen zu vermitteln (Tullius 1976, 387).

Die Zeitschriften von Eltern- und Familienverbänden erscheinen meist als interne Mitgliedszeitschriften. Dies macht eine wissenschaftliche Analyse sehr schwierig. Pöggeler ist aber der Ansicht, daß diese Form der schriftlichen Elterninformation sehr weit verbreitet ist und ihr Einfluß nicht unterschätzt werden darf (Pöggeler 1976, 271).

Die Kundenzeitschriften dienen in erster Linie der Werbung, sind in der Regel 10 bis 20 Seiten stark, und mindestens 50 % des Inhalts sind Anzeigen. Sie bieten im redaktionellen Teil eine breite Palette von Themen aus dem Bereich der frühkindlichen Entwicklung und Pädagogik an. Der Zusammenhang zwischen redaktionellem Teil und Werbung ist evident. Diese Zeitschriften werden in Apotheken, Drogerien und Kindergeschäften kostenlos verteilt.

Bei den Zeitschriften mit wesentlichen Anteilen sind zuallererst die Frauenzeitschriften zu nennen, z.B. "Brigitte" oder "Für Sie". Sowohl im redaktionellen als auch im Ratgeberteil werden regelmäßig Fragen der Kindererziehung thematisiert und viele Ratschläge und Anregungen gegeben. Der Anteil dieser Themen ist in diesen Zeitschriften signifikant höher als in den übrigen Zeitschriften und Illustrierten.

In den übrigen Illustrierten werden Fragen der Kindererziehung meist nur in den Spalten der "Briefkastenonkel" behandelt. Die Tageszeitungen bringen Aufsätze oder Informationen zu Erziehungsfragen in den Wochenendbeilagen. In den kirchlichen Zeitungen werden Erziehungsfragen oft thematisiert.

b) Elternbriefserien

Elternbriefserien sind nicht so bekannt wie die Elternzeitschriften (Behren 1976, 176; Troschke 1977). Die Idee der Elternbriefserien entstand 1946 in Amerika. Sie erschienen 1960 in Berlin zum ersten Mal im deutschsprachigen Raum. Inzwischen existieren 6 verschiedene Elternbriefserien. Sie sind so aufgebaut, daß spezielle Erziehungsfragen dann behandelt werden, wenn sie für Eltern und Kinder wichtig sind oder werden. Ziel dieser "Brieflichen Elternschulen" ist es, den Eltern Wissen und Hilfen zu vermitteln, ihr gerade geborenes Kind in adäquater Weise zu versorgen und zu erziehen. Das inhaltliche Konzept basiert auf den Erkenntnissen der modernen Entwicklungspsychologie, der Tiefenpsychologie und der Sozialwissenschaften. Sie wollen die Eltern zur Reflexion anregen, Partnerschaftlichkeit zwischen Eltern und Kindern vermitteln und Modelle für Handlungsstrategien anbieten. Bei allen Elternbriefserien werden im ersten Lebensjahr des Kindes die Briefe monatlich verschickt. So sollen die Eltern für die Bedeutung der frühen Kindheit sensibilisiert werden.

Die Elternbriefserien haben von der sozialwissenschaftlichen Forschung die nötige Aufmerksamkeit erfahren und waren Objekte zahlreicher Untersuchungen (Lange 1975; Schmitt-Wenkebach 1977; Giehler/Ugarte 1978; Lüscher/Koebbel/Fisch 1982). Bei einer Untersuchung wurde eine Rezeptionsanalyse durchgeführt. Im Vergleich mit anderen Informationsquellen erfahren die Elternbriefe von den Adressaten eine hohe Wertschätzung. Oft lösen die Briefe ein Gespräch über Erziehungsfragen aus. Folgende Themen wurden von den Rezipienten als wichtig erachtet: Trotzalter (92 %), Ängste bei Kindern (86 %), Kontakt mit anderen Kindern (84 %), Rolle des Vaters (83 %), Spiel (74 %), Sprachentwicklung (74 %), Eifersucht (71 %), Vorsorgeuntersuchungen (65 %), Sauberkeitserziehung (57 %). Die Texte werden von den Rezipienten als hoch interessant und ziemlich leicht lesbar bezeichnet (Lüscher/ Koebbel/Fisch 1982, 40 ff).

c) Broschüren

Die dritte Hauptkategorie der schriftlichen Informationen für Eltern sind die Broschüren. Die Broschüren von offiziellen Stellen werden meist von der "Bundeszentrale fürgesundheitliche Aufklärung" im Auftrag des Bundesgesundheitsministeriums herausgegeben, so z.B. "Das Baby - ein Leitfaden für junge Eltern", und liegen bei Behörden und Ärzten sowie in Krankenhäusern auf.

Die Broschüren von Elternvereinigungen und ähnlichen Institutionen haben häufig nicht die normale Entwicklung oder allgemeine Ratschläge zur Kindererziehung zum Inhalt, sondern kümmern sich um spezielle Probleme und Gruppen.

Viele Broschüren gibt es inzwischen zu dem Thema "Früherkennung und Frühförderung behinderter Kinder". Sie werden u.a. von der "Bundesvereinigung Lebenshilfe", "Spastikerverein", "Aktion Sorgenkind" und der "Deutschen Gesellschaft für Kinderheilkunde" herausgegeben.

Neben diesen Broschüren von offiziellen und halboffiziellen Institutionen gibt es inzwischen eine ganze Reihe von Firmen, die Kinder- bzw. Babyartikel herstellen und Broschüren herausgeben, in denen sie ihre Produkte zusammen mit Ratschlägen zu Erziehungsfragen anbieten (s.o. "Kundenzeitschriften"). Diese Broschüren sind eine Mischung aus Produkt- und Sachinformation. Sie sind sehr professionell aufgemacht, fast immer mit vielen Fotos und in Vier-Farben-Druck, und bei der Sachinformation orientieren sie sich an dem aktuellen Stand der wissenschaftlichen Forschung. Man erhält sie, wenn man ein Paket Baby-Brei oder eine Großpackung Windeln kauft.

2. Elternbücher

Es existiert ein fast unübersehbares Angebot an Elternbüchern. Für eine Diplomarbeit wurden 373 Elternbücher bibliographiert (Beck 1984).

Elternbücher sind jedoch nicht eine Erfindung des 20. Jahrhunderts. Abgesehen von den Anweisungen zur Erziehung der Kinder in der Bibel, sind schon in der Renaissance spezielle Elternbücher erschienen, wie z.B. 1473 das Buch "Regiment der jungen Kinder" von August Bartholomeus Metlinger, das Eltern berät, "wie sie ihre Kinder an gesunden und kranken Tagen zu halten haben". In der Folge schrieben Luther, Comenius, Struwe, Salzmann, Pestalozzi und Makarenko Anweisungen oder Bücher für Eltern. Nach dem zweiten Weltkrieg haben vor allem Praktikerinnen der "Mütterschulbewegung" (Mütterschulen sind die Vorgänger von Familienbildungsstätten) ihre Erfahrungen schriftlich fixiert und als Elternbücher herausgegeben (Plattner 1958; Fischle-Carl 1961; Knehr 1965).

Ein Buch löste auf dem Markt der populär-wissenschaftlichen Erziehungsliteratur und der Elternbücher einen wahren Boom aus, der Erfahrungsbericht aus einer englischen Privatschule: Summerhill. Das Buch erschien 1965 in einer Hard-cover-Ausgabe und erreichte in vier Jahren eine Auflage von knapp 8.000 Exemplaren. 1969 erschien es, gerade zum Höhepunkt der "Studentenrevolte" und der Diskussion um die antiautoritäre Erziehung als Taschenbuch unter dem Titel "theorie und praxis der antiautoritären erziehung" und wurde innerhalb von zwei Jahren eine Million mal verkauft. Dieses Buch ist jedoch nicht der Bestseller unter der populär-wissenschaftlichen Erziehungsliteratur/Elternbücher. Die "Säuglings- und Kinderpflege" des amerikanischen Arztes Benjamin Spock erreichte weltweit eine Auflage von ca. 20 Millionen Exemplaren und dürfte das erfolgreichste Elternbuch aller Zeiten sein (Spock 1969).

Beide Beispiele sind geeignet, die Dimensionen der Kategorie "Elternbücher" zu verdeutlichen. Aber nicht nur die Auflagenhöhe einzelner Elternbücher erreicht astronomische Ausmaße, auch das Angebot selbst ist von der Zahl der Veröffentlichungen her immens. Elternbücher erscheinen heute meist in Taschenbuchform. Einige Taschenbuchverlage gaben oder geben eigene Reihen heraus - der Herder-Verlag: "Rund um die Familie" und "Elternziele"; der Otto Maier Verlag: "Ravensburger Elternbücher"; der Deutsche Taschenbuch-Verlag: "dtv für Eltern" - bei den anderen Verlagen findet man sie unter der Rubrik "Sachbuch" oder "Ratgeber".

Ob es sich bei einem Buch um ein Elternbuch handelt, kann man manchmal schon am Titel erkennen, z.B. "Elternführerschein" (Spahn 1976) oder "Die Elternschule" (Winiewicz/Spiel 1973). Auch Untertitel ermöglichen häufig die Identifizierung eines Buches als Elternbuch, z.B. "- ein Handbuch von Eltern für Eltern" (Boston Women's Health Book Collective 1981) oder "Ein Ratgeber für Eltern" (Church 1977). Weitere Hinweise darauf, daß es sich um ein Elternbuch handelt, kann man in Klappentexten, Verlagsinformationen, -prospekten, Buchbesprechungen und Fußnoten finden. Nicht jedes Buch, das von Verlegern als Elternbuch auf dem Markt angeboten wird, ist ein Elternbuch. Die Taschenbuchserie "dtv für Eltern" sollte laut

Verlagsinformation Eltern eine "sachliche und praxisorientierte Hilfe für eine moderne Erziehung" geben, "grundsätzlich Verständnis für die Entwicklung der kindlichen Persönlichkeit wecken" und "praktische Anleitung und konkrete Hilfe im Umgang mit dem Kind geben" (zit. in Beck 1984, 52). Etwa 50 % der Bücher dieser Reihe sind wissenschaftliche Werke, wie z.b. die interkulturelle Studie "Erziehungssysteme" (Bronfenbrenner 1973) oder Lehrbücher für Sozialpädagogen (Kietz 1974). Man kann sich des Verdachts nicht erwehren, daß der Verlag versucht hat, mit aller Macht am Geschäft mit der Elternratgeberliteratur/Elternbücher zu partizipieren. Die Reihe "dtv für Eltern" ist schon seit einiger Zeit eingestellt worden. Vereinzelt erscheinen Elternbücher im Deutschen-Taschenbuch-Verlag jetzt noch, allerdings unter der Rubrik "Sachbuch", so z.b. "Baby wird selbständig" - das Kind im 2. und 3. Lebensjahr" (Brazelton 1983). Dieses Phänomen ist nicht einmalig. Viele Verlage, die Anfang und Mitte der siebziger Jahre massiv in das Geschäft mit den Elternbüchern eingestiegen waren, veröffentlichen heute keine Elternbücher mehr, so z.B. der renommierte Klett-Verlag, der seine Reihe "Klett-extra für Eltern" eingestellt hat. Hefft, auf deren Monographie "Elternbücher - eine pädagogische Analyse" später noch ausführlich eingegangen wird, zieht daraus folgenden Schluß: "Mitte der siebziger Jahre kam dann die allgemeine Begeisterung für Erziehungsfragen zum Erliegen. Das Interesse wendet sich heute wieder mehr speziellen Fragen zu, die Veröffentlichungen richten sich wieder vorrangig an Wissenschaftler und professionelle Erzieher, während die Produktion populär-wissenschaftlicher Erziehungsliteratur deutlich zurückgegangen ist" (Hefft 1978, 8). Diese Einschätzung ist nur teilweise richtig. Gewiß gibt es nicht mehr diese Flut an Elternbüchern wie in den siebziger Jahren, aber große Verlage haben zu Beginn der achtziger Jahre neue Elternbuchserien gestartet (Kösel-Verlag: "Kösel für Eltern"; Econ/Schroedel-Verlag: "Econ-Schroedel - Ratgeber für Eltern"; Herder Verlag: "Rund um die Familie" und "Elternziele"; Rowohlt-Verlag: "rororo-Elternrat" und "Mit Kindern leben"). Heute werden weniger Elternbücher allgemeiner Art produziert. Der Trend geht eindeutig in Richtung Veröffentlichungen zu speziellen Themen. Als Autoren sind nicht mehr so sehr die Fachleute und Wissenschaftler gefragt, sondern Praktiker und Betroffene. Folgende Funktionen sollten gute Elternbücher aus erziehungswissenschaftlicher Sicht haben: Angebot einer Vielfalt von Verhaltensmöglichkeiten zur Erweiterung des Verhaltensrepertoirs, Vermittlung eines besseren Verständnisses für die kindliche Entwicklung und Sensibilisierung für die Bedürfnisse der Kinder, Vermittlung von Qualitäten wie Geduld, Konsequenz, Sicherheit, positive Erziehungsversuche können unterstützt werden, und durch Veränderung auf der rationalen Ebene soll eine Veränderung des praktischen Erziehungsverhaltens von Eltern erreicht werden (nach Hefft 1976, 159).

a) Klassifikation der Elternbücher

Das Angebot an Elternbüchern ist umfangreich sowie unübersichtlich, und manches, was als Elternbuch verkauft wird, ist häufig keines (s.o.). Auch existieren verschiedene Formen von Elternbüchern, wie z.B. Elternbücher allgemeiner Art, Lexika, Elternbücher zu speziellen Themen. Dies macht eine systematische Klassifikation des unübersichtlichen Angebots notwendig. Als eine Möglichkeit der Klassifikation bietet Hefft die Kategorien "Ratgeber" und "Aufklärer" an (Hefft 1978, 69). Ratgeber können dadurch charakterisiert werden, daß sie ein bestimmtes Verhalten empfehlen. Aufklärer wollen Informationen vermitteln. Den Eltern bleibt es dabei überlassen, ob sie aus den Informationen Konsequenzen ziehen wollen oder nicht. Da gute "Ratgeber" meist auf Aufklärung beruhen, also die eine Kategorie in der anderen enthalten sein kann, ist diese Systematik wissenschaftlich nicht brauchbar. In Anlehnung und Weiterentwicklung von Ansätzen bei Kallmeyer und Hefft (Kallmeyer 1973; Hefft 1978) wurde folgende Systematik entwickelt:

1. Elternbücher allgemeiner Art
   Diese Bücher erheben den Anspruch auf vollständige Information ihrer Adressaten, z.B. "dieses Buch möchte Ihnen helfen, alle Aufgaben und Fragen, die in der frühen Kindheit auf sie zukommen, gut zu lösen" (Haarer 1976).
2. Elternbücher zu speziellen Themen
   Diese Bücher konzentrieren sich auf die Behandlung eines speziellen Themas oder Themenbereichs, z.B. "Umgang mit dem kindlichen Trotz", oder "Sexualerziehung in der Familie" (Eberlein 1979; Hunger 1967; Klinke 1981).
3. Elternbücher, die auf verhaltensauffällige, problematische oder behinderte Kinder eingehen (Cunningham/Sloper 1980; Trappmann/Liebetrau/Rotthaus 1981; Kloehn 1977; Häussler 1979).
4. Elternbücher, die eine bestimmte wissenschaftliche Schule vertreten, oder eine bestimmte Methode des Umgangs propagieren (Meves 1983; Gordon 1972; Dreikurs/Gould/Corsini 1977).

5. Elternbücher, die die Behandlung einer bestimmten Altersstufe zum Inhalt haben (Brazleton 1975; Church 1977; Haarer 1965).

Diese Systematik bietet Kategorien an, zu denen sich die einzelnen Elternbücher eindeutig zuordnen lassen. Sie hat sich als brauchbares Hilfsmittel erwiesen, das weite und unübersichtliche Feld der Elternbücher zu ordnen und so einer wissenschaftlichen Analyse zugänglich zu machen.

b) Untersuchungen von Elternbüchern

Bisher existieren nur sehr wenige erziehungswissenschaftliche Untersuchungen zu dem Thema "Elternbücher". Die frühen Untersuchungen in diesem Bereich standen alle unter der Fragestellung, welche Elternbücher unter erziehungswissenschaftlichen Gesichtspunkten geeignet wären, welche man empfehlen könne und wie sie in der Elternbildung sinn- und wirkungsvoll eingesetzt werden könnten.

Die Untersuchung von Matzat stammt aus dem Jahre 1968 (Matzat 1968). Die Fragestellung dieser Untersuchung ist die Eignung von Elternbüchern für den Einsatz in Elternbildungsveranstaltungen, wo sie in zweifacher Hinsicht eingesetzt werden können: einmal zum Selbststudium der Eltern und zweitens zum Einsatz in Elternkursen und zur Unterstützung von Vorträgen. Der zweite Aspekt dominiert in den weiteren Ausführungen. Elternbücher sollen leicht lesbar und verständlich sein, aber auch wissenschaftlichen Ansprüchen genügen können. Es werden Elternbücher aus 5 Bereichen vorgestellt und bewertet. Die meisten dieser Bücher sind inzwischen vom Markt verschwunden, das Verdienst der Arbeit von Matzat liegt aber darin, daß er schon recht früh die Elternbücher als eine Möglichkeit der Elternbildung erkannt und beschrieben hat. Die Bewertung dieser Bücher und der Versuch der systematischen Darstellung sind weitere Vorzüge der Arbeit.

Auch bei der zweiten Untersuchung, dem Literaturbericht von Kallmeyer, geht es um die Bewertung von Elternbüchern (Kallmeyer 1973). Für die Beurteilung der Bücher werden folgende Kriterien herangezogen: die behandelten Themen, die wissenschaftliche Fundierung, die Einstellung des Autors und die Brauchbarkeit für bestimmte Adressaten. Die Wirksamkeit von Elternbüchern in bezug auf Veränderung des elterlichen Erziehungsverhaltens, wird stark in Zweifel gezogen. 30 empfehlenswerte Bücher wurden in das Papier aufgenommen. Diese 30 Bücher wurden 6 Kategorien zugeordnet. Die ersten 3 Kategorien entsprechen in etwa den ersten 3 Kategorien der hier vorgeschlagenen Systematik. Die restlichen Kategorien sind: Bücher, die Eltern ohne den direkten Bezug auf die Erziehung ihres Kindes ansprechen, Bücher, die neue Tendenzen in der Familienerziehung aufzeigen, und Bücher, die die Relevanz von Familienerziehung in größerem Zusammenhang darstellen. Die letzten 3 Kategorien sprengen eindeutig den Rahmen der Kategorie Elternratgeber/Elternbücher. Sie sind der Kategorie Fach- bzw. Sachbücher zuzuordnen. Bücher wie "Spiele der Erwachsenen" (Berne 1970), "Patient Familie" (Richter 1970), "Kranke Kinder" (Freud/Bergmann 1972) oder "Das Elend der alten Leute" (Schenda 1972) sind durch ihre Fachsprache und die Implikation von fachlichem Wissen als Elternbücher nicht geeignet, denn sie erfüllen weder das Kriterium der leichten Lesbarkeit noch das Kriterium der leichten Verständlichkeit. Nichts desto trotz ist diese Arbeit ein wertvoller Beitrag zur Erforschung des Bereichs "Elternbücher". Die Autorin bleibt nicht bei der ausführlichen Besprechung der Bücher stehen, beschränkt sich nicht nur auf Inhaltsangaben, sondern arbeitet auch die impliziten Intentionen der einzelnen Autoren heraus und hinterfragt kritisch die wissenschaftliche Fundierung der Bücher.

Wolff geht in ihrer Arbeit "Elternratgeber - kritisch gesehen" einen anderen Weg (Wolff 1973). Sie entwickelt pädagogische Kriterien zur Einschätzung der schriftlichen Informationen für Eltern. Diese Kriterien sollen so klar und eindeutig sein, daß ein Transfer auf andere Elternratgeber möglich ist. Exemplarisch stellt sie dieses Verfahren anhand eines Elternbuches vor. Der Nutzen von Elternbüchern wird nicht so sehr im Selbststudium, als vielmehr im Einsatz bei Elternbildungsveranstaltungen gesehen. Das ausgewählte Buch von Hadfield wird anhand folgender Kategorien untersucht: wissenschaftliche Fundierung des Autors, Geschlechtsrollenproblematik, Sexualität, Anlage-Umwelt-Problematik, Rollen und Aufgaben der Eltern und Gesellschaftsbild (Hadfield 1971). Die Untersuchung kommt zu den Ergebnissen, daß die wissenschaftliche Fundierung des Autors überholt ist, die Verhaltensweisen und Fähigkeiten des Menschen angeboren sind, ein autokratisches-patriarchalisches Erziehungskonzept vermittelt wird und das vertretene Gesellschaftsbild starr und reaktionär ist. Die Autorin hätte sich die ganze Analyse sparen können, wenn sie rechtzeitig das Impressum des Buches gelesen hätte. Dann wäre ihr wahrscheinlich eingefallen, daß die eigentliche Fragestellung bei der Analyse des Buches hätte lauten müssen: Was bewegt einen Verlag dazu, ein Buch, das 1962 geschrieben wurde, 1971 als aktuellen Elternratgeber herauszugeben? Auch die

Kategorien, die auf die Beurteilung anderer Elternbücher übertragbar sein sollen, erweisen sich als unzulänglich. Es sind alles Begriffe aus der aktuellen Diskussion innerhalb der kritischen Erziehungswissenschaft der frühen siebziger Jahre.

Die Ratgeberei in Erziehungsfragen ist durch Verwissenschaftlichung und Individualisierung gekennzeichnet, stellt Herkenrath fest (Herkenrath 1978). Als Kriterium für die Beurteilung eines Elternbuchs/-ratgebers läßt sie nur ihre eigene Reaktion auf den Text gelten. Autoren von Ratgeberliteratur gehen selten von Erziehungssituationen und -problemen aus, sondern werden durch wissenschaftliche und weltanschauliche Perspektiven geleitet. Diese typischen Ratgeberperspektiven sind: die Entwicklungsperspektive, die Perspektive des Lernens, die weltanschauliche Perspektive und die metatheoretische Perspektive. Zur Beurteilung der ex- und impliziten Ziele der Ratgeberliteratur werden Kriterien angeboten: Läßt der Autor erkennen, ob er sich gehorsame Leser wünscht? Wie geht er mit der Phantasie seiner Leser um? Wie arrogant oder vorsichtig vertritt er seine fachlichen Ansprüche? Knüpft er an Alltagserfahrungen an? Ermutigt er den Leser oder spricht er vorwiegend von Fehlern und Symptomen? Wie geht er mit Leserängsten um? Wird die Rolle der Mutter realistisch dargestellt? Werden die sozio-ökonomischen Verhältnisse berücksichtigt? Welche Rolle wird dem Vater im Erziehungsprozeß zugedacht? Die Arbeit von Herkenrath zeichnet sich durch effektive Hilfen und gute Kriterien zur Beurteilung von Elternbüchern aus. Die Elternbücher/Ratgeberliteratur werden sehr kritisch gesehen, und es wird bezweifelt, ob Elternbücher die erzieherischen Qualitäten ihrer Leser verbessern können.

Die bisher umfangreichste und wissenschaftlich exakteste Analyse von Elternbüchern ist die Dissertation von Hefft (Hefft 1978). Der Bezugsrahmen und Maßstab der Inhalte der Elternbücher ist ein Erziehungskonzept, das sich am interaktionistischen Sozialisationsmodell orientiert. Die Erziehungsziele sind: Ich-Stärke, Empathie, Realismus, Leistungsfähigkeit, Rollendistanz, Solidarität und Ambiguitätstoleranz. Diese Ziele können durch ein Erziehungsverhalten gefördert werden, das durch Liebe, Kommunikation, Sensibilität, Kindzentriertheit, Erwartungen, Anregungen, Unterstützung, Induktion, Kontakte, Interaktion und Vorbild gekennzeichnet ist. Die geschlechtsspezifische Erziehung und die Rolle des Vaters ergänzen die Analysekategorien, deren letzte die Vermittlung des Inhalts ist. Es wurden 20 Elternratgeber untersucht. Sie mußten von einem einzelnen Autor verfaßt, allgemeiner Art und 1974 noch im Buchhandel erhältlich sein. Die Methode war eine Kombination aus quantitativer und qualitativer Inhaltsanalyse. Bezogen auf die einzelnen Kategorien lauten die Ergebnisse:

Allgemeiner Eindruck: Erziehung wird nicht isoliert vom sozialen Umfeld beschrieben; hohes sprachliches Niveau; Lesebereitschaft wird vorausgesetzt, nicht geweckt.

Erziehungsziel: individuelle Stabilität, Leistung und Anpassung sind die propagierten Ziele.

Erziehungsverhalten: alle Empfehlungen gehen in Richtung "over-protection".

Geschlechtsrollenidentität: Unterschiede zwischen den Geschlechtern werden als angeboren bezeichnet; Sexualerziehung geschieht biologistisch-kognitiv.

Rolle des Vaters: die geringe Beteiligung des Vaters am Erziehungsprozeß wird kritisiert; Alternativvorschläge betreffen alle das Rollensegment des Vaters als Freizeitkamerad.

Vermittlung: zwischen unverbindlichen Betrachtungen und konkretistischen Ratschlägen schwanken alle untersuchten Bücher; Anregungen zu Entscheidungsfindungen werden nicht gegeben.

Zusammenfassend kommt Hefft zu dem Ergebnis, daß man mit pauschalen Werturteilen keinem der untersuchten Elternratgeber gerecht werden kann. Deshalb werden auch keine Empfehlungen ausgesprochen.

II. Die Darstellung des Spiels in Elternbüchern

Das Kinderspiel ist das eigentliche Medium und der Hauptinhalt der Kleinkindererziehung. Auf dieser These baut Flitner sein Buch "Spielen-Lernen" auf (Flitner 1972, 10). Die Kleinkindererziehung spielt sich überwiegend in der ersten Sozialisationsinstanz, der Familie, ab. Die meisten Familien sind heute, durch die "allgemeine Verunsicherung in Erziehungsfragen" (3. Jugendbericht 1972, 24) und durch die stark gewachsenen Ansprüche an die Erziehung auf Rat und Hilfe angewiesen. Dieser Rat wird häufig in Elternbüchern gesucht (s.o.). Die These, die der Untersuchung zugrunde liegt lautet:

Das Spiel ist Hauptinhalt der Kleinkindererziehung. Elternbücher wollen Eltern in Fragen der Erziehung anleiten und beraten. Wenn die Elternbuchautoren sich der obigen These anschließen, müßte in ihren Werken die Bedeutung des Spiels rein quantitativ nachgewiesen werden können. Diese Fragestellung soll im ersten, quantitativen Teil der Untersuchung bearbeitet werden.

Es bringt den Eltern aber wenig Hilfe, wenn auf vielen Seiten überholte und falsche Aussagen zum Spiel breitgetreten werden. Deshalb ist als Ergänzung eine Untersuchung der inhaltlichen Aussagen zum Spiel nötig. Dies soll der zweite Teil, die qualitative Untersuchung leisten.

1. Die Methode

Das der Untersuchung zugrunde liegende Material besteht aus schriftlichen Äußerungen. Als Methode bietet sich deshalb die Inhaltsanalyse an. Ausgehend von der "biographischen Methode", die ihre Wurzeln in der Soziologie hat, wurde die Inhaltsanalyse als Methode der sozialwissenschaftlichen Forschung weiterentwickelt. Heute finden im wesentlichen zwei Formen Anwendung: die qualitative und die quantitative Inhaltsanalyse. Die qualitative oder klassische Inhaltsanalyse stellt eine intensive Auseinandersetzung des Forschers mit dem Text dar. Ziel ist es, die manifesten und latenten Inhalte des Textes zu erfassen und zu analysieren. Die entscheidende und einzige Variable bei dieser Untersuchungsform ist die Persönlichkeit und wissenschaftliche Qualifikation des Forschers. Die Ergebnisse sind nicht intersubjektiv überprüfbar, Arbeitsteilung und Computerauswertung sind nicht möglich. Positiv ist der große Freiraum, den der Forscher bei der Arbeit hat.

Die quantitative oder systematische Inhaltsanalyse ist eine Weiterentwicklung der klassischen Inhaltsanalyse. Sie ist durch vier Merkmale gekennzeichnet: Objektivität (exakte Analysekategorien), systematisches Vorgehen (genau festgelegte Kriterien), Quantifizierung (Umsetzung des Untersuchungsgutes in meßbare Größen) und manifeste Inhalte (nur offensichtliche Inhalte können erfaßt und untersucht werden). Der erste Schritt bei der systematischen Inhaltsanalyse ist die genaue Abgrenzung des Materials (z.B. alle oder nur bestimmte Bücher zu einem Thema; Grundgesamtheit oder Stichprobe; das ganze Dokument oder nur einzelne Kapitel). Danach erfolgt die Festlegung der Hauptkategorien. Ist dies erfolgt, so wird die Untersuchungseinheit bestimmt. Untersuchungseinheiten können sein: Wörter, Sätze, Abschnitte,

Seiten, Titel, Anschläge und Flächen. Die Aufteilung des Dokuments in vergleichbare Untersuchungseinheiten ist das wesentliche Merkmal der quantitativen Inhaltsanalyse. Die Zuordnung des Dokuments zu den Kategorien schließt die Untersuchung ab.

Für die vorliegende Untersuchung werden modifizierte Formen beider Methoden angewandt. Im ersten Teil wird eine reduzierte Form der systematischen Inhaltsanalyse benutzt, im zweiten Teil eine Abänderung der klassischen Inhaltsanalyse. Auf die Modifikation der Methoden wird näher bei der Darstellung der Ergebnisse eingegangen.

2. Grundgesamtheit und Stichprobe

Die Erhebung der Grundgesamtheit stellt den ersten Schritt in der Untersuchung dar. Die erhobene Grundgesamtheit soll möglichst vollständig sein, um so die Unübersehbarkeit des Angebots an Elternbüchern zu dokumentieren.

a) Die Grundgesamtheit

Die der Untersuchung zugrunde gelegte Literatur wurde durch ein erstes Kriterium begrenzt: die Bücher mußten zwischen 1972 und 1982 in der Bundesrepublik Deutschland erschienen sein. Dabei war es gleichgültig, ob es sich um Neuerscheinungen, Neuauflagen oder um Taschenbuchausgaben älterer Werke handelte. Ebenfalls fanden Übersetzungen ausländischer Elternbücher Berücksichtigung, sofern sie im Erfassungszeitraum in der Bundesrepublik erschienen waren. Wesentliche Merkmale zur Identifizierung eines Elternbuches wurden oben schon beschrieben. Die so gewonnene Liste wurde durch die Präsenzbestände und Kataloge mehrerer Bibliotheken ergänzt. Eine Bibliographie von Elternbüchern existiert nicht, aber durch das Studium des "Pädagogischen Jahresberichts" (Stichworte: Eltern, Elternpädagogik, Familie, Familienerziehung, Kindererziehung) konnten weitere Elternbücher gefunden werden. Als letzte Quelle wurden noch die eingängigen Fachzeitschriften, wie "Spielen und Lernen", "Eltern", "Psychologie heute", "Kindheit", "Zeitschrift für Pädagogik" und "Sozialmagazin" durchforstet. Auf diese Weise kam die Grundgesamtheit von 373 Elternbüchern zustande (ausführliche Darstellung in Beck 1984, 188-267). Die Liste erhebt keinen Anspruch auf Vollständigkeit, aber es kann davon ausgegangen werden, daß ca. 75 % der Elternbücher, die zwischen 1972-1982 erschienen sind, erfaßt wurden.

b) Die Stichprobe

Die Stichprobe kann nicht als Zufallsstichprobe gezogen werden, denn die Fragestellung verlangt folgende Kriterien:

1. Die Bücher müssen im Erfassungszeitraum in der Bundesrepublik Deutschland erschienen sein. Keine Rolle spielt es, ob es sich um Neuerscheinungen, Neuauflagen oder Übersetzungen handelt.
2. Pro Autor wird nur ein Werk berücksichtigt, wobei mehrbändige Veröffentlichungen als ein Werk zählen und behandelt werden.
3. Es müssen Elternbücher allgemeiner Art sein. Der Untersuchungsansatz erfordert den Vergleich der quantitativen Ausprägung verschiedener Themen mit dem Thema "Spiel".
4. Bei den Autoren müssen verschiedene Berufsgruppen vertreten sein. Es wird angenommen, daß die Berufsgruppenzugehörigkeit Einfluß auf die Intensität der Behandlung bestimmter Themen hat.
5. Die Elternbücher müssen weit verbreitet sein, d.h. eine hohe Auflage haben.

Bei dieser Stichprobe findet das "Prinzip der bewußten Auswahl" Anwendung (Atteslander 1971, 210-212). Verallgemeinernde Schlüsse und statistische Überprüfung von Hypothesen sind hier nicht möglich. Dies ist aber auch nicht nötig, denn durch die Untersuchungseinheit (s.u.) werden die unterschiedlichen Werke parallelisiert, so daß durch einen direkten Vergleich eine Überprüfung der Annahmen möglich ist.

c) Beschreibung der Stichprobe

Es wurden Werke von 7 Autoren ausgewählt. Insgesamt waren es 19 Bücher.

1. Abeln, R.: Die Welt unserer Kinder, 6 Bände, 1975-79
   Der Autor ist Diplom-Psychologe, arbeitet als Journalist in der katholischen Kirchenpresse und in der Erwachsenenbildung. Die Bücher erscheinen mit kirchlicher Druckerlaubnis, d.h. sie können nicht nur im Buchhandel verkauft werden, sondern liegen auch auf den Büchertischen in katholischen Kirchen auf. Dies und die Tatsache, daß alle Bände in zweiter Auflage erschienen sind, läßt den Schluß zu, daß es sich um weitverbreitete Elternbücher handelt. In den 6 Bänden versucht der Autor alle wichtigen Fragen und Probleme anzusprechen, die Eltern

von der Geburt bis zur Pubertät ihrer Kinder haben. Der Schwerpunkt der Darstellung liegt auf psychologischen Themen.

2. Dieckmeyer, U.: Das Elternbuch von 1-6, 6 Bände, 1976
Der Autor ist Diplom-Pädagoge und Psychologe. Er ist publizistisch tätig. Die Bücher erschienen 1973 als Hardcover-Ausgaben. In der Taschenbuchform erreichte jeder Band eine Auflage von über 50.000 Exemplaren. Neben der ausführlichen Darstellung der psychosozialen Entwicklung im jeweiligen Lebensalter enthalten die ersten drei Bände ein großes "Entwicklungs-Förderprogramm", die letzten drei ein ausführliches "Lern-Spiel-Programm". 43 % des Inhalts der Bücher sind Fotos, Tabellen, Überschriften und Leerraum. Der Schwerpunkt liegt eindeutig in der Darstellung pädagogischer Fragen.

3. Haarer, J.: Unsere kleinen Kinder, 1976
Die Autorin ist Ärztin. Das Buch erschien erstmalig 1951. 1976 erreichte die Gesamtauflage die Höhe von 272.000 Exemplaren. 15 % der 192 Seiten sind Fotos. Der Schwerpunkt liegt auf Fragen der Pflege, Ernährung, Gesundheit und Krankheit.

4. Spahn, C. (Hrsg.): Der Elternführerschein, 1976
Der Herausgeber ist Wissenschaftsredakteur beim WDR. Bei diesem Buch handelt es sich um den Begleittext zu der gleichnamigen Fernsehserie, also um Elternbildung im Medienverbund. Die Autoren der einzelnen Beiträge sind anerkannte Wissenschaftler, vor allem Pädagogen. Das Buch behandelt auf 239 Seiten, von denen 6 % Fotos und Tabellen sind, vor allem Fragen der psychosozialen Entwicklung. Am Rande werden auch medizinische Fragen gestreift. 1981 erschien das Buch in 4. Auflage mit 53.000 Exemplaren.

5. Spock, B.: Säuglings- und Kinderpflege, 3 Bände, 1969
Der Autor ist Kinderarzt. Das Werk dürfte das am weitesten verbreitete Elternbuch der Welt sein (Weltauflage: 20.000.000 Exemplare, s.o.). Die bearbeitete deutsche Taschenbuchfassung hatte 1982 eine Auflagenhöhe von ca. 200.000 Exemplaren pro Band. In diesem dreibändigen Elternbuch dominieren eindeutig die medizinischen Aussagen.

6. Tschirch, R.: Mit Kindern leben, 1979
Der Autor ist evangelischer Pfarrer und war jahrelang in der Erziehungs- und Familienberatung tätig. Das Buch erreichte 1979 in zweiter Auflage eine Höhe von 25.000 Exemplaren. Auf 142 Seiten, 20 % davon Überschriften und Leerraum, wird vor allem der soziale Aspekt der Erziehung dargestellt.

7. Wechselberg, K./Puyn, U.: Mutter und Kind, 1972
Der Autor ist Kinderarzt, die Autorin Kinderärztin und Psychologin. Die untersuchte Ausgabe ist eine Lizenzausgabe für die Buchgemeinschaften im deutschsprachigen Raum. Die Auflagenhöhe dürfte bei mindestens 100.000 Exemplaren liegen. Von den 422 Seiten sind 30 % Fotos, Tabellen, Leerraum und Überschriften. Schwerpunktmäßig werden medizinische und pflegerische Fragen behandelt. Fragen der psychosozialen Entwicklung spielen in diesem Buch eine untergeordnete Rolle.

3. Die quantitative Untersuchung

Wie oben schon dargelegt, werden bei dieser modifizierten Form der quantitativen Inhaltsanalyse keine Hypothesen statistisch überprüft. Es wird auch nicht der gesamte Text des Buches in die Untersuchung einbezogen, sondern nur ausgewählte Themenbereiche aus dem Gebiet der frühen Kindheit. Um einen Vergleich zu ermöglichen, wird zuerst der gesamte Text des Buches erfaßt, wobei Überschriften, Zwischenüberschriften, Illustrationen, Fotos, Bildunterschriften, Impressum, Inhaltsverzeichnis, Stichwortregister, Personenregister, Titelseite und Leerraum keine Berücksichtigung finden.

Die Umfangsberechnung und auch der Vergleich der verschiedenen Kategorien machen die Entwicklung einer Untersuchungseinheit notwendig, da die Bücher in Ausführung, Format, Druck und Umfang recht unterschiedlich sind. Als praktikabel hat sich bei dieser Vorgehensweise eine bestimmte Anzahl von Anschlägen, also Buchstaben, Satzzeichen und Wortzwischenräume erwiesen. Eine Untersuchungseinheit wird bei dieser Untersuchung mit ca. 500 Anschlägen festgelegt. Die quantitative Ausprägung einer Kategorie wird in Beziehung zum Gesamtumfang des Textes gesetzt. Die sich daraus ergebende Größe läßt einen direkten Vergleich der entsprechenden Kategorien der unterschiedlichen Elternbücher zu.

a) Die Kategorien

Die Darstellung des gesamten Bereichs der frühen Kindheit in den Elternbüchern läßt sich durch die 4 Hauptkategorien: Pflege, Erziehung, Entwicklung und Umwelt erfassen.

Aus jeder dieser 4 Hauptkategorien werden 2 Unterkategorien ausgewählt. Es wird angenommen, daß diese 8 Unterkategorien ähnlich wichtig sind, was aber nicht bedeuten soll, daß sie in den Elternbüchern eine gleichrangige Behandlung erfahren.

Die einzelnen Unterkategorien sind:

Pflege: Körperpflege, Ernährung
Erziehung: Spiel, Sexualerziehung
Entwicklung: Sprache, Trotzalter
Umwelt: Familie, Kindergarten

b) Die Ergebnisse

Die prozentualen Angaben hinter den Autorennamen geben immer den Anteil der Kategorie am Gesamtumfang des Textes an.

Für die Unterkategorien aus dem Bereich "Pflege" wird erwartet, daß die medizinisch vorgebildeten Autoren einen Schwerpunkt setzen. Das Ergebnis bestätigt die Vermutung, denn Haarer (5,4 %) und Wechselberg/Puyn (3,0 %) behandeln das Thema Körperpflege am ausführlichsten. Es fällt auf, daß der Pädagoge Dieckmeyer (1,6 %) dem Thema mehr Aufmerksamkeit schenkt als der Arzt Spock (1,3 %). Gering oder gar nicht wird das Thema bei den Pädagogen/Psychologen in Spahn (0,1 %) und bei dem Psychologen Abeln (0,0 %) behandelt. Das zweite Thema "Ernährung" findet erwartungsgemäß bei dem Arzt Spock (21,2 %), bei Haarer (15,3 %) und Wechselberg/Puyn (9,4 %) die größte Ausprägung. Auch hier zeigt Dieckmeyer (4,5 %) unter den anderen Berufsgruppen das größte Interesse. Die beiden Unterkategorien zusammengefaßt zeigen eindeutig die Dominanz der Ärzte in der Kategorie Pflege: Spock (22,5 %), Haarer (20,7 %) und Wechselberg/Puyn (12,4 %).

Bei den Unterkategorien der "Erziehung" wird ein Schwerpunkt bei den Pädagogen erwartet.

Diese Erwartung wird bei der ersten Unterkategorie "Spiel", die ja im Mittelpunkt der Untersuchung steht, enttäuscht. Zwar äußern sich die Pädagogen in Spahn (15,3 %) am häufigsten, aber der Pfarrer Tschirch (12,2 %) steht an 2. und die

Ärztin Haarer (9,9 %) an 3. Stelle. Erst dann kommt der Pädagoge Dieckmeyer (8,5 %). Die zweite Untersuchungskategorie "Sexualerziehung" läßt eine eindeutige Zuordnung nicht zu, denn neben den Pädagogen haben auch Mediziner und Psychologen die Wichtigkeit dieses Themas erkannt. Am ausführlichsten geht der Pfarrer Tschirch (15,2 %) auf das Thema ein. Die Pädagogen in Spahn (10,1 %), die Mediziner Haarer (5,1 %) und Spock (4,2 %) folgen. In der Hauptkategorie "Erziehung" macht der Pfarrer Tschirch (27,4 %) die meisten Aussagen. Mit seiner jahrelangen Tätigkeit in der Erziehungsberatung kann dies nur teilweise erklärt werden. Die Erwartungen werden durch die Pädagogen in Spahn (25,4 %), die an zweiter Stelle liegen, erfüllt. Die Ärztin Haarer (15,0 %) liegt noch vor dem Pädagogen Dieckmeyer (10,8 %).

Die Hauptkategorie "Entwicklung" läßt eine starke Beteiligung der Psychologen erwarten. Dies erfüllt sich bei der ersten Unterkategorie "Trotzalter" nur bedingt. Die Psychologen in Spahn (4,5 %) bearbeiten das Thema am häufigsten. Ihnen folgt der Pfarrer Tschirch (4,2 %) und die Ärztin Haarer (2,7 %). Die beiden anderen Psychologen, Wechselberg/Puyn (1,0 %) und Abeln (0,9 %), behandeln das Thema sehr knapp. Bei der 2. Unterkategorie "Sprache" dominieren, wie erwartet, die Psychologen in Spahn (6,4 %), dicht auf gefolgt von dem Pädagogen Dieckmeyer (6,2 %) und der Ärztin Haarer (2,5 %). Der Beitrag der anderen Psychologen ist nicht erwähnenswert. Die hohe Beteiligung der Psychologen in der Kategorie "Entwicklung" wird nur von den Psychologen in Spahn (10,9 %) bestätigt. An zweiter Stelle liegt der Pädagoge Dieckmeyer (8,2 %), gefolgt von der Ärztin Haarer (5,2 %). Die anderen Psychologen liegen noch hinter dem Pfarrer Tschirch (4,6 %).

Bei der Hauptkategorie "Umwelt" wird keine Präferierung durch eine Berufsgruppe erwartet. Die Unterkategorie "Familie" könnte sich an den Pfarrer und die Psychologen wenden, die Unterkategorie "Kindergarten" an die Pädagogen.
Die "Familie" wird am ausführlichsten von dem Pfarrer Tschirch (9,5 %) behandelt. Der Psychologe Abeln (6,2 %) und der Pädagoge Dieckmeyer (6,2 %) messen dem Thema gleich große Bedeutung zu. Die Erwartung, daß Pädagogen dem Thema "Kindergarten" große Bedeutung zumessen werden, bestätigt sich nur teilweise. Zwar liegen die Pädagogen in Spahn (8,0 %) eindeutig an erster Stelle, aber auf dem 2. Platz folgt die Ärztin Haarer (2,1 %), bevor mit Dieckmeyer (1,5 %) ein weiterer Pädagoge und der Psychologe Abeln (1,5 %) folgen. Die Pädagogen/Psycho-

logen in Spahn (12,5 %) behandeln die Kategorie "Umwelt" am ausführlichsten. Der Pfarrer Tschirch (9,5 %) folgt an zweiter Stelle, der Pädagoge Dieckmeyer (7,7 %) und der Psychologe Abeln (7,7 %) liegen gemeinsam an dritter Stelle.

c) Diskussion der Ergebnisse

Die Textbeiträge von 7 Elternbüchern wurden unter der Fragestellung untersucht, wie stark 8 verschiedene Themen aus dem Bereich der frühen Kindheit Berücksichtigung finden würden. Durch die Kategorien konnten maximal 51,5 % (Spahn) und minimal 15,7 % (Abeln) des Gesamttextes erfaßt werden (x = 35,1). Das am ausführlichsten behandelte Thema ist die "Ernährung" in Spock (21,2 %). Auch an zweiter Stelle steht das Thema "Ernährung" (Haarer, 15,2 %), aber genauso wichtig nehmen die Pädagogen in Spahn das Thema "Spiel" (15,2 %).
Diese absoluten Prozentangaben sagen alleine aber noch nichts aus, denn das "Spiel" bei Dieckmeyer (8,5 %) liegt in der absoluten Rangfolge an 10. Stelle, ist aber das Thema, das der Autor in seinem Elternbuch von den 8 Themen am ausführlichsten behandelt.

Um den Stellenwert des Spiels aufzeigen zu können, müssen die Rangplätze, die das Spiel in den einzelnen Elternbüchern hat, herangezogen werden. Wenn man diese Rangplätze [1] berechnet, ergibt sich folgendes Bild:

1. Spiel   6,7
2. Sexualerziehung 5,9
3. Familie   5,6
4. Ernährung   5,3
5. Sprache   3,6
6. Körperpflege   3,4
7. Trotz   3,0
8. Kindergarten   2,6

Diese Ergebnis zeigt, daß Elternbuchautoren das Spiel in früher Kindheit als ein sehr wichtiges Thema ansehen und es entsprechend ausführlich darstellen.

Die im Untersuchungsansatz geäußerte Vermutung, daß sich die Berufsgruppenzugehörigkeit des Autors in einer Präferenz für bestimmte Themen äußert, kann durch die Untersuchungsergebnisse weitgehend bestätigt werden. Die Berufsgruppenzugehörigkeit des Autors ist eine Variable, die die unterschiedlich starke Behandlung der Themen teilweise erklären kann.

Bei der Aufstellung und Auswahl der Kategorien wurde behauptet, daß die ausgewählten Kategorien von ihrer Bedeutung her als in etwa gleichwertig angesehen werden können. Ein Elternbuch allgemeiner Art erhebt den Anspruch, über alle wichtigen Themen der frühen Kindheit zu berichten. Ein Qualitätsmerkmal für ein "gutes Elternbuch" allgemeiner Art ist es, wenn gleichwertige Themen auch gleichwertig behandelt werden, d.h. daß keine zu großen Unterschiede in der Intensität der Darstellung der einzelnen Themen herrschen dürfen. Bei der Stichprobe trifft dies auf die Bücher von Dieckmeyer, Haarer und Wechselberg/Puyn zu. Damit ist jedoch keine Empfehlung verbunden, denn die Qualität eines Elternbuchs ist im wesentlichen von seinen inhaltlichen Aussagen abhängig. Inhaltliche Aussagen können rein quantitativ nicht erfaßt werden. Zu ihrer Erfassung bedarf es der qualitativen Inhaltsanalyse.

4. Die qualitative Untersuchung

Die inhaltlichen Aussagen zum Spiel bedürfen eines Maßstabs für ihre Qualität. Als Maßstab wird der aktuelle Stand der erziehungswissenschaftlichen und spielpädagogischen Forschung herangezogen (Flitner 1972, Flitner 1973, Kluge 1980, Kluge 1981, Nickel 1975, Retter 1979). Die Aussagen dieser Forscher werden auch bei der Aufstellung der Kategorien berücksichtigt.

a) Die Kategorien

Bei der qualitativen Analyse ist die wichtigste Forderung, daß die Kategorien auch das erfassen können, was dem Inhalt des Materials entspricht. Deshalb wurden die Passagen über das Spiel in der Stichprobe wiederholt gelesen, Stichworte und Oberbegriffe notiert und am Schluß dieses Material mit den Aussagen der Erziehungswissenschaftler verglichen. Durch dieses Verfahren wurden die Kategorien gewonnen. Eine eindeutige Zuordnung zu einer Kategorie und der Ausschluß der Kategorien untereinander kann bei diesem Thema nicht immer erreicht werden. Das "Rollenspiel" ist z.B. eine Spielform, eine Entwicklungsstufe und eine Spieltheorie. Folgendes Kategoriensystem wurde für die qualitative Analyse entwickelt:

1. Was ist das Spiel?
2. Darstellung der Spielentwicklung
3. Spielformen

4.	Äußere Bedingungen des Spiels
4.1	Spielzeit
4.2	Platz zum Spielen
4.2.1	Wohnung
4.2.2	Spielplätze
4.3	Spielzeug
4.3.1	Allgemeine Aussagen zum Spielzeug
4.3.2	Auswahlkriterien
4.3.3	Spiezeugempfehlungen
4.3.4	Spiel mit Naturmaterialien, wertlosem Material, u.ä.
4.3.5	Geschlechtsspezifisches Spielzeug
4.3.6	Kriegsspielzeug
5.	Der soziale Aspekt des Spiels
6.	Verhältnis des Spiels zu anderen Tätigkeiten
6.1	Spielen - Lernen
6.2	Spielen - Arbeiten
7.	Spielstörung - gestörtes Spiel
7.1	Spielstörung
7.2	Spielunterbrechung
7.3	Streit beim Spiel
8.	Spieltherapie - therapeutische Wirkung des Spiels
9.	Rat und Anweisungen fürs Spiel

b) Die Ergebnisse

Eine ausführliche Darstellung aller Ergebnisse ist im Rahmen dieser Arbeit nicht möglich. Die Darstellung beschränkt sich deshalb auf die wichtigsten Aspekte.

Auch im qualitativen Teil wird neben den Aussagen zum Inhalt eine Quantifizierung vorgenommen. Die Intensität der Darstellung der einzelnen Kategorien wird mit den Begriffen "sehr viel", "viel", "durchschnittlich", "wenig" und "kaum" bewertet.

1. Was ist das Spiel?: Die erste Kategorie stellt die Frage, welche Spieltheorie ex-, bzw. implizit der einzelne Autor vertritt. Die Kenntnis der gängigen Spieltheorien wird vorausgesetzt, die Darstellung baut auf der Systematik von Kluge (Kluge 1981, 12-32) auf. Nur Dieckmeyer macht sehr viele Äußerungen zu dem

Thema und vertritt eindeutig den "motivationspsychologischen Ansatz". Bei Spahn und Tschirch steht der "entwicklungspsychologische Ansatz" im Vordergrund. Die Aussagen der anderen Autoren lassen sich nicht eindeutig zuordnen.

2. Spielentwicklung: Hier handelt es sich um die Beschreibung des formalen Ablaufs der Entwicklung des Spiels. Die bekanntesten Modelle sind die von Bühler und Piaget. Lediglich bei 3 Autoren kann eine eindeutige Zuordnung vorgenommen werden. Wechselberg/Puyn und Abeln vertreten die Entwicklung nach Bühler, während die Psychologen in Spahn das Modell von Piaget vertreten. Die Kategorie wird insgesamt nicht so auführlich behandelt. Lediglich Spahn und Wechselberg/Puyn machen viele Aussagen.

3. Spielformen: Viele der hier verwendeten Begriffe sind schon von der Spielentwicklung her bekannt, denn die Spielentwicklung kann als Abfolge verschiedener Spielformen verstanden werden. Darüber hinaus haben viele Spielforscher eigene Klassifikationen entwickelt. In der Stichprobe wurden 5 verschiedene Klassifikationen gefunden: die nach Jünger, die zwei von Scheuerl, die sozialwissenschaftliche Betrachtungsweise und das Schema von Schmidtchen/Erb (Kluge 1981, 39-44). Überwiegend äußern sich die Autoren wenig oder kaum zu dem Thema. Dieckmeyer macht sehr viele und Spahn viele Äußerungen, aber bei beiden kann keine Zuordnung zu einer Klassifikation getroffen werden. Wechselberg/Puyn vertreten bei durchschnittlich vielen Äußerungen die sozialwissenschaftliche Betrachtungsweise.

4. Äußere Bedingungen des Spiels: Das Spiel nimmt, da es im Kleinkindalter die vorherrschende Tätigkeitsform ist, sehr viel Zeit in Anspruch. Zu dem Thema "Spiel in der Wohnung" haben sich die Spielforscher bisher noch nicht geäußert, während die Spielplätze in den letzten Jahren Gegenstand einiger pädagogischer Forschungen waren. Es wird betont, daß Kinder viel Zeit (Abeln, Haarer) oder Zeit (Spock) brauchen. Dieckmeyer gibt konkrete Zeitangaben, während sich bei Spahn die Forderung nach regelmäßigen Spielzeiten findet. Nur vier Autoren gehen auf das Thema "Spiel in der Wohnung" ein. Lediglich Dieckmeyer macht dazu viele, sehr konkrete Vorschläge. Ein ähnliches Bild zeigt sich bei der Behandlung der Subkategorie "Spielplatz". Dieckmeyer macht sehr viel, Haarer durchschnittlich viele Äußerungen. In beiden Darstellungen wird Kritik an den herkömmlichen Spielplätzen laut. Das Spielzeug, sein Einsatz und vor allem die

Spielzeugauswahl sind ein Gebiet, das schon relativ lange innerhalb der Forschung eine dominante Stellung einnimmt. Die Arbeiten von Hetzer (Arbeitsausschuß "Gutes Spielzeug") und Mieskes sollen hier nur beispielhaft erwähnt werden. Neben Kriterien zur Auswahl und Spielzeugempfehlungen werden noch Fragen des Spiels mit Naturmaterialien u.ä., geschlechtsspezifischem Spielzeug und Kriegsspielzeug in dieser Subkategorie behandelt. Mit Ausnahme von Dieckmeyer werden nur wenig allgemeine Äußerungen zum Spielzeug gemacht. Auch bei den Auswahlkriterien ist es Dieckmeyer, der sehr viele, Wechselberg/Puyn, die viele und Haarer, die durchschnittlich viele Äußerungen machen. Alle drei erwähnen das Zeichen "spiel gut". Bei den Spielzeugempfehlungen halten sich alle Autoren an die eigenen Kriterien. Sehr viele, konkrete Empfehlungen geben Dieckmeyer und Wechselberg/Puyn, Spahn gibt viele und Haarer durchschnittlich viele. Das Spiel mit Naturmaterialien, Haushaltsgegenständen und wertlosem Material wird wenig thematisiert. Durchschnittlich viele Äußerungen dazu machen Haarer und Spahn. Viele Beiträge zu diesem Thema finden sich bei Dieckmeyer. Ein ähnliches Bild zeigt sich bei den letzten beiden Subkategorien des Spielzeugs. Das geschlechtsspezifische Spielzeug und das Kriegsspielzeug werden kaum angesprochen - mit einer Ausnahme. Der Pfarrer Tschirch macht zum Thema Kriegsspielzeug sehr viele Äußerungen. Die anderen fünf Subkategorien des Spielzeugs werden von ihm nicht bearbeitet.

5. Der soziale Aspekt des Spiels: In dieser Kategorie wird der Frage nach der Bedeutung des Spiels für die Entwicklung sozialer Verhaltensweisen nachgegangen. Zwei Autoren äußern sich nicht zum Thema. Durchschnittlich viele Äußerungen machen Dieckmeyer, Haarer und Spock. Viele Äußerungen werden bei Abeln und Spahn gefunden.

6. Verhältnis des Spiels zu anderen Tätigkeiten: Diese Frage wird in den Elternbüchern kaum behandelt.

7. Spielstörung - gestörtes Spiel: Nur zwei Autoren gehen auf verschiedene Subkategorien dieses Themas ein. Dieckmeyer schildert viele Spielstörungen und deren Ursachen, und Tschirch gibt einige Anregungen, wie Eltern Spielunterbrechungen handhaben sollen.

8. Spieltherapie - therapeutische Wirkung des Spiels: Nur Dieckmeyer erwähnt die Spieltherapie als Möglichkeit der Behandlung kindlicher Störungen. Die therapeutische Wirkung des Spiels wird von vier Autoren beiläufig erwähnt.

9. Rat und Anweisungen fürs Spiel: Sehr viele Ratschläge gibt Dieckmeyer. Seine Ratschläge sind ausführlich, stellen hohe Anforderungen an die Eltern, überfordern sie teilweise und sind häufig nicht realisierbar. Hinter diesen Ratschlägen steht seine kognitive Betrachtungsweise des Spiels. Die vielen Ratschläge von Haarer sind sehr direktive Anweisungen an die Eltern. Sie sind zwar recht praxisorientiert, entsprechen aber in vielen Punkten nicht mehr unserem heutigen Wissen über das Spiel. Viele Ratschläge, die sehr praktikabel sind, unserem heutigen Wissensstand entsprechen und indirekt gegeben werden, findet man bei Spahn. Die restlichen Autoren erteilen weniger Ratschläge. Diese sind aber durchweg praktikabel, werden indirekt gegeben und entsprechen, mit Ausnahme von Spock, dem heutigen Stand der spielpädagogischen Forschung.

c) Diskussion der Ergebnisse

Die qualitative Analyse zeigt, daß, mit Ausnahme von Haarer und Spock, alle Autoren von Elternbüchern den aktuellen Stand der spielpädagogischen Forschung kennen und ihn zu vermitteln versuchen. Die beiden Ausnahmen sind Neuauflagen älterer Werke (Spock: 1. Aufl. 1946; Haarer: 1. Aufl. 1951).

Auffallend ist die unterschiedliche Gewichtung der einzelnen Kategorien durch die verschiedenen Autoren.

Das Buch von Tschirch weist, im Vergleich zu den anderen Büchern der Stichprobe, eine große Besonderheit auf. Das Spiel steht bei ihm quantitativ an 2. Stelle der untersuchten Themen. Die qualitative Analyse zeigt, daß 75 % seiner Äußerungen zum Spiel zwei Subkategorien gelten, die von den übrigen Autoren fast vollständig ignoriert werden: "Kriegsspielzeug" und "Streit beim Spiel".

Oben wurde geäußert, daß ein gutes Elternbuch allgemeiner Art alle Kategorien in etwa gleich behandeln sollte. Auf die qualitative Analyse bezogen bedeutet dies, daß nur das Werk von Dieckmeyer diesem Kriterium in etwa entsprechen kann. Das Buch von Spahn erfüllt diese Forderung am zweitbesten, und das Buch von Haarer genügt diesem Kriterium gerade noch.

III. Zusammenfassung

Es wurde das Medium Elternbücher als Möglichkeit der Elternbildung und seine Stellung im Rahmen der schriftlichen Informationen für Eltern systematisch dargestellt.

Die wenigen wissenschaftlichen Untersuchungen von Elternbüchern wurden referiert und kritisch hinterfragt.

Die inhaltsanalytische Untersuchung einer Stichprobe von Elternbüchern allgemeiner Art, unter der Fragestellung der Darstellung des Spiels, brachte als Ergebnis, daß die Autoren von Elternbüchern das Spiel sehr wichtig nehmen und es ausführlich darstellen. Die qualitative Untersuchung zeigte, daß die Autoren in der Regel versuchen, den aktuellen Stand der wissenschaftlichen Forschung im Bereich des Spiels zu vermitteln.

Sehr wichtig ist auch die Erkenntnis, daß eine rein quantitative Analyse in der pädagogischen Forschung keine validen Ergebnisse zeitigen kann, wie das Beispiel des Elternbuchs von Tschirch zeigt.

Was die Untersuchung nicht leisten kann, ist die Umsetzung der Ergebnisse in "empfehlenswerte" oder "nicht empfehlenswerte" Elternbücher.

Anmerkung

1) Zur Berechnung der Rangplätze:
Die quantitative Ausprägung der verschiedenen Kategorien wurde für jedes Elternbuch in einer Rangliste dargestellt. Die am häufigsten behandelte Kategorie bekam Rangplatz 1, die am geringsten behandelte Kategorie bekam Rangplatz 8 (= 8 Kategorien). Diese Rangplätze wurden bewertet. Für den ersten Platz wurden 8 Punkte gegeben, für den 2. 7, für den 3. 6 Punkte usw. Die Werte, die die einzelnen Kategorien in den verschiedenen Elternbüchern erreichten, wurden aufsummiert und von der Summe der Mittelwerte berechnet. Wäre das "Spiel" in allen Elternbüchern die am häufigsten behandelte Kateorie gewesen, so hätte es bei der Berechnung der Rangplätze den (Ideal-) Wert 8,0 erreicht.

Literatur

(O) = Bei diesem Buch handelt es sich um ein Elternbuch
(X) = Dieses Buch gehört zur Stichprobe der Untersuchung

Abeln, R.: Kinder entdecken ihre Umwelt. Die Welt unserer Kinder, Bd. 1, 2. Aufl., Leutesdorf 1975 (X)

Abeln, R.: Eltern stellen die Weichen. Die Welt unserer Kinder, Bd. 2, 2. Aufl., Leutesdorf 1975 (X)

Abeln, R.: Kleine Kinder - kleine Sorgen. Die Welt unserer Kinder, Bd. 3, 2. Aufl., Leutesdorf 1979 (X)

Abeln, R.: Gelernt ist gelernt. Die Welt unserer Kinder, Bd. 4, Leutesdorf 1975 (X)

Abeln, R.: Auch Eltern machen Fehler. Die Welt unserer Kinder, Bd. 5, Leutesdorf 1975 (X)

Abeln, R.: Das Problem der Reifejahre. Die Welt unserer Kinder, Bd. 6, 2. Aufl., Leutesdorf 1979 (X)

Atteslander, P.: Die Methoden der empirischen Sozialforschung, Berlin 1971

Beck, C.: Die Darstellung des Spiels in zeitgenössischen Elternbüchern der Bundesrepublik Deutschland, unveröffentl. Diplomarbeit, Landau 1984

Behren, H.: Aspekte der Elternbildung. In: Pöggeler, F. (Hrsg.): Wirklichkeit und Wirksamkeit von Elternbildung, München 1976

Berne, E.: Die Spiele der Erwachsenen, Reinbek 1970

Boston Women's Health Book Collektive (Hrsg.): unsere kinder unser leben, Reinbek 1981 (O)

Brazleton, T.: Babys erstes Lebensjahr, München 1975 (O)

Brazleton, T.: Baby wird selbständig, München 1983 (O)

Bronfenbrenner, U.: Erziehungssysteme, München 1973

Burkhardt, W./Unterseher, L.: Der Elternführerschein, Stuttgart 1978

Church, J.: Die ersten tausend Tage Leben, Frankfurt 1977 (O)

Cunningham, C./Sloper, P.: Hilfe für ihr behindertes Kind, Frankfurt 1980 (O)

Dieckmeyer, U.: Das Elternbuch 1, 5. Aufl., Reinbek 1979 (X)

Dieckmeyer, U.: Das Elternbuch 2, 3. Aufl., Reinbek 1977 (X)

Dieckmeyer, U.: Das Elternbuch 3, 4. Aufl., Reinbek 1979 (X)

Dieckmeyer, U.: Das Elternbuch 4, 2. Aufl., Reinbek 1978 (X)

Dieckmeyer, U.: Das Elternbuch 5, Reinbek 1976 (X)

Dieckmeyer, U.: Das Elternbuch 6, Reinbek 1976 (X)

Dreikurs, R./Gould, S./Corsini, R.: Familienrat, Stuttgart 1977 (O)

Eberlein, G.: Ängste gesunder Kinder, Düsseldorf 1979 (O)

Familienbericht 2., Bonn 1975

Fischle-Carl, H.: Erziehen mit Herz und Verstand, München 1961 (O)

Flitner, A.: Spielen-Lernen, München 1972

Flitner, A. (Hrsg.): Das Kinderspiel, München 1973

Freud, A./Bergmann, T.: Kranke Kinder, Frankfurt 1972

Giehler,W.: Gestaltung und Struktur von Elternbriefen, unveröffentl. Forschungsbericht, Konstanz 1978

Giehler, W./Ugarte, W.: Zielsetzung und Trägerschaft von Elternbriefserien, unveröffentl. Forschungsbericht, Konstanz 1978

Gordon, T.: Familienkonferenz, Hamburg 1972 (O)

Haarer, J.: Unsere kleinen Kinder, München 1976 (X)

Haarer, J.: Unsere Schulkinder, München 1965 (O)

Hadfield, J.A.: Liebe, Disziplin, Freiheit, Ravensburg 1971 (O)

Häussler, I.: Kein Kind zum Vorzeigen, Reinbek 1979 (O)

Hefft, G.: Erzieherische Möglichkeiten und Grenzen der Elternliteratur. In: Kerstiens, L. (Hrsg.): Elternbildung, Bad Heilbrunn 1976, 158-161

Hefft, G.: Elternbücher, München 1978

Heiliger, A.: Elternarbeit an Institutionen, München 1978

Herkenrath, L.: Zum Umgang mit Ratgeberliteratur. In: Sprey, T. (Hrsg.): Praxis der Elternbildung, München 1978, 94-103

Hunger, H.: Kinder fragen - Eltern antworten, Gütersloh 1967 (O)

Jugendbericht 3., Bonn 1975

Kallmeyer, G.: Erziehungsfragen in Büchern für Eltern, Frankfurt 1973

Kietz, G.: Das Bauen des Kindes, München 1974 (O)

Klinke, W.: Womit soll mein Kind spielen?, Frankfurt 1981 (O)

Kloehn, E.: Schwierige Kinder, Reinbek 1981 (O)

Kluge, N. (Hrsg.): Spielpädagogik, Bad Heilbrunn 1980

Kluge, N.: Spielen und Erfahren, Bad Heilbrunn 1981

Knehr, E.: Von Eltern für Eltern, Stuttgart 1965 (O)

Lange, E.: Elternbildung durch Elternbriefe. In: Neue Praxis 5 (1975), 105 ff

Lüscher, K./Koebbel, I./Fisch, R.: Elternbriefe als Elternbildung, unveröffentl. Forschungsbericht, Konstanz 1982

Matzat, H.L.: Anregungen aus Taschenbüchern. In: Groothoff, H.H. (Hrsg.): Erziehung im Gespräch, Braunschweig 1968

Meves, C.: Erziehen lernen aus tiefenpsychologischer Sicht, Freiburg 1983 (O)

Nickel, H.: Entwicklungspsychologie des Kindes- und Jugendalters, Bd. 1, 3. Aufl., Bern 1979

Plattner, E.: Die ersten Lebensjahre, Stuttgart 1958 (O)

Pöggeler, F. (Hrsg.): Wirklichkeit und Wirksamkeit von Elternbildung, München 1976

Retter, H.: Spielzeug, Weinheim 1979

Richter, H.E.: Patient Familie, Reinbek 1970

Schenda, R.: Das Elend der alten Leute, Düsseldorf 1972

Schmitt-Wenkebach, B.: Briefe für Eltern als Mittel der Elternbildung. In: Schmitt-Wenkebach, B. (Hrsg.): Elternbildung als sozialpädagogische Aufgabe, Neuwied 1977

Spahn, C. (Hrsg.): Der Elternführerschein, München 1976 (X)

Spock, B.: Säuglings- und Kinderpflege, Bd. 1, Berlin 1969 (X)

Spock, B.: Säuglings- und Kinderpflege, Bd. 2, Berlin 1969 (X)

Spock, B.: Säuglings- und Kinderpflege, Bd. 3, Berlin 1969 (X)

Trappmann, H./Liebetrau, G./Rotthaus, W.: Auffälliges Verhalten im Kindesalter, Frankfurt 1981 (O)

Troschke, G.v.: Veranstaltungen der Elternbildung 1, München 1977

Tschirch, R.: Mit Kindern leben, 2. Aufl., Gütersloh 1979 (X)

Tullius, G.: Rezipienten und Inhalte von Elternzeitschriften. In: Pöggeler, F. (Hrsg.): Wirklichkeit und Wirksamkeit von Elternbildung, München 1976

Wechselberg, K./Puyn, U.: Mutter und Kind, Gütersloh 1972 (X)

Winiewicz, L./Spiel, W.: Elternschule, Wien 1973 (O)

Wolff, V.: Elternratgeber - kritisch gesehen, Frankfurt 1973

Jürgen Frisch

ZIELSETZUNGEN UND TECHNIK DES ROLLENSPIELS IM VORSCHULALTER
EINE ANALYSE DER DIDAKTISCHEN FACHLITERATUR
FÜR ERZIEHER(INNEN)

Dem Rollenspiel kommt einer empirischen Untersuchung von van der Kooij (in Dollase 1978, 226 f.) zufolge, als vorrangiger Spielform des Vorschulalters, eine herausragende Bedeutung zu. Nach seinen Ergebnissen steigt das Imitations- bzw. Rollenspiel - im Vergleich mit den drei weiteren beobachteten Spielformen des Wiederholungs- bzw. Funktionsspiels, des Konstruktions- und des Gruppierungsspiels - von nahezu 30 % bei den dreijährigen Kindern bis zu einem vorläufigen Höhepunkt mit einem Anteil von ungefähr 45 % bei den Sechsjährigen an. Diese enorme Bedeutung des Rollenspiels spiegelt sich auch in der Literatur zum entsprechenden Themenbereich wider, die in den letzten zwanzig Jahren einen fast unüberschaubaren Umfang erreicht hat. Dabei scheint es geradezu zur Mode geworden zu sein, das Medium Rollenspiel über den bereits erwähnten Altersbereich hinaus, in Schulen, Institutionen der Erwachsenenbildung, Hochschulen, bis hin zu Ausbildungsstätten in Wirtschaft und Management in Zusammenhang mit der Betonung gruppendynamischer Vorgehensweisen als geeignetes Lernverfahren hervorzuheben.

Bei näherem Hinsehen zeigt sich jedoch, daß der Rollenspielbegriff allmählich zu einem Sammelbegriff für alle darstellenden Spielformen zu werden droht, und die verschiedenen Autoren mit Rollenspiel unterschiedliche Vorstellungen verknüpfen. So ist es meines Erachtens für eine bessere Verständigung nötig, den Begriff Rollenspiel im vorschulischen Bereich hier in seinem weitesten Sinn zu gebrauchen; etwa als Spiel, in dem das Kind die Rolle eines anderen übernimmt, und in dem es, möglichst mit anderen gemeinsam, innerhalb eines relativ offen organisierten Rahmens den Inhalt einer Handlung darstellt. Aufgrund dieser Begriffsbestimmung kann das Rollenspiel nun von anderen darstellenden Spielformen, etwa dem Psychodrama, dem Soziodrama, dem Simulations- und dem Planspiel, abgegrenzt werden, wobei diese ohnehin kaum im Vorschulalter zur Anwendung kommen. Dieser Altersstufe ist vielmehr das Rollenspiel im oben beschriebenen Sinne vorbehalten.

Seine Betonung, gerade in der Literatur zur Vorschulerziehung, gründet wohl auf einem Ende der sechziger Jahre neu erwachten Interesse an Bildungs- und Erziehungsfragen. Denn nach dem Scheitern der zuvor lauthals propagierten einseitig kognitiven Förderung in der ersten Vorschulbewegung, erfolgte in der vorschulischen Erziehung ein Richtungswechsel bzw. eine Rückbesinnung. Es rückten wieder Bereiche in den Vordergrund, die die altersgemäßen psycho-sozialen Bedürfnisse und Handlungstendenzen der Kinder berücksichtigten und sich nicht ausschließlich an schulischen Forderungen orientierten. Gerade im sozialen Spiel und besonders im Rollenspiel sah man nun den von Natur aus kindlichen Lebens- und Handlungsraum, der die gesamte Person, im Gegensatz zum fächerspezifischen schulischen System, zu fördern in der Lage ist, also sowohl kognitive als auch emotionale und soziale Entwicklungsbereiche mit einschließt.

Darüber hinaus hat das Interesse am Rollenspiel sicherlich auch mit der Entwicklung der "interaktionistisch-orientierten Rollentheorie" (vgl. Dahrendorf 1971) und dem daraus folgenden Streben nach Kompetenz und Autonomie des jungen Kindes stark zugenommen. Denn gerade in der Spielform des Rollenspiels wurde die Möglichkeit überhaupt gesehen, die in dieser revidierten Rollenkonzeption angestrebten identitätsfördernden Grundqualifikationen auf- und auszubauen, um die Kinder schließlich zur aktiven Teilnahme an den gesellschaftlichen Interaktions- bzw. Kommunikationsprozessen befähigen zu können.

Bei den Veröffentlichungen zum Rollenspiel wird heute allgemein zwischen der freien und spontanen Form, dem Nachahmungsspiel, einerseits, und dem "pädagogisch und didaktisch intendierten Lernspiel" (Kochan 1981, 17) andererseits unterschieden. Dabei steht letztere Form gegenwärtig im Zentrum der erziehungswissenschaftlichen Diskussion. Denn gerade sie scheint in besonderem Maße dazu geeignet, in geplanter, begleitender Anleitung durch den Erzieher, Verhaltensänderungen auf sozialer und sprachlicher Ebene zu erreichen. Desweiteren dient das angeleitete Rollenspiel nach Meinung der Vorschulpädagogen ebenso der Entwicklung und Förderung des Kindes im kognitiven und emotionalen Bereich, so daß mit dem Rollenspiel eine Methode vorhanden zu sein scheint, mit deren Hilfe alle Bereiche der Person zugleich angesprochen werden können.

Infolge dieser umfassenden Entwicklungs- und Förderungsmöglichkeit des Kindes im Rollenspiel ist in der Literatur, allein schon für diesen vorschulischen Bereich, ein unüberschaubarer Katalog an Zielen, die durch das Rollenspiel erreicht werden sollen, entstanden. Dieser Katalog soll, und dies ist trotz der Literaturschwemme zum Themenbereich Rollenspiel bisher noch nicht geschehen, in diesem Beitrag aufgefächert werden, um eine geordnete Zusammenfassung bzw. einen Überblick über die von den Rollenspielautoren angeführten Zielsetzungen geben zu können. Dabei wird zugleich der Technik, mit der diese Ziele im Rollenspiel zu erreichen versucht werden, in einem weiteren Kapitel Beachtung geschenkt.

Doch bevor auf die Zielsetzungen und im Anschluß daran auf die Technik des Rollenspiels eingegangen wird, möchte ich zunächst den von mir angewandten Untersuchungsansatz skizzieren und auch auf die Rollentheorien hinweisen, auf die sich die Autoren der zu analysierenden Literatur beziehen.

I. Untersuchungsansatz

1. Grundgesamtheit

Die für diese Analyse relevante Literatur wurde auf die zwischen 1970 und 1980 in der Bundesrepublik Deutschland veröffentlichten bzw. erhältlichen Titel zum Thema Rollenspiel begrenzt. Dabei spielte es keine Rolle, ob es sich um Ersterscheinungen oder um ältere Titel handelte, die nach 1970 neu aufgelegt wurden. Selbstverständlich wurden auch Übersetzungen ausländischer Veröffentlichungen berücksichtigt unter der Voraussetzung, daß sie in der Bundesrepublik im Erfassungszeitraum erschienen sind.

Der Zeitraum ab 1970 erschien angebracht, da man ungefähr auf diesen Zeitpunkt das, dem Beginn des Rollenspielbooms Ende der sechziger Jahre folgende, plötzliche Ansteigen der Veröffentlichungen zu diesem Themenbereich festlegen kann.

Sicherlich konnte nicht die volle Grundgesamtheit von Veröffentlichungen zum Rollenspiel im definierten Zeitraum erfaßt werden, doch dürfte die insgesamt 104 Titel umfassende Ausgangsbasis dieser Analyse die Grundgesamtheit im wesentlichen abdecken.

2. Stichprobe

Die Stichprobe aus dieser Basis wurde nach dem "Prinzip der bewußten Auswahl" gebildet (Atteslander 1971, 210 ff.). Dies ist gerechtfertigt, da lediglich ein erster Überblick über Zielsetzungen und Technik des Rollenspiels angestrebt wird.

Zuerst wurden die Texte im Hinblick auf den Veröffentlichungszeitpunkt ausgewählt, wobei lediglich solche Texte Berücksichtigung fanden, die sich wenigstens teilweise auf den gesamten vorschulischen Bereich bezogen. Aus der Gruppe der Titel, die dieses erste Auswahlkriterium erfüllten, wurden in einem zweiten Schritt jene ausgewählt, die in ihren Ausführungen auf Zielsetzungen und/oder Technik des Rollenspiels eingehen. So "überstanden" schließlich zwanzig Titel der Grundgesamtheit diese Selektionsvorgänge. Diesen zwanzig Titeln wurde jedoch die für das Bekanntwerden und die Anwendung des Rollenspiels auch in der Bundesrepublik grundlegenden Veröffentlichungen von Fanny R. und George Shaftel zugezählt, so daß die Stichprobe letztlich zweiundzwanzig Titel umfaßte. Diese Anzahl wurde schließlich dadurch reduziert, daß die Publikationen eines Autors bzw. einer Autorengruppe zu einer Einheit zusammengefaßt wurden. Auf diese Weise umfaßt die Stichprobe letztlich fünfzehn zu analysierende Einheiten (siehe Literaturverzeichnis der Stichprobe).

3. Untersuchungsmethode

Grundsätzlich bietet sich zur Untersuchung des vorhandenen Materials die Inhaltsanalyse an, deren Voraussetzung zur Anwendung als Methode der Sozialforschung in der Tatsache begründet liegt, daß Sprache, also Sprechen und Schreiben, eine Form sozialen Verhaltens darstellt. Allerdings konnte für diese Analyse der von den Autoren angegebenen Zielsetzungen und der Technik des Rollenspiels weder die "klassische" oder "qualitative" noch die "systematische" oder "quantitative" Inhaltsanalyse exakt angewandt werden.

So sprach gegen die qualitative Methode zum einen, daß hier nicht einige Bücher oder Artikel, die als charakteristisch für die gesamte Rollenspielliteratur angesehen werden können, also eine gewisse Repräsentativität in Anspruch nehmen, durch interpretative Erschließung ihres Sinngehaltes vollständig untersucht und dargestellt werden sollen. Vielmehr handelt es sich hier um eine bewußte Auswahl aus der verschiedenartigen Rollenspielliteratur, die nur zwei Aspekte des Rollenspiels umfassen soll. Zum anderen sprach sowohl die relativ große Anzahl von Titeln gegen eine ausführliche qualitative Analyse als auch die Tatsache, daß nicht einzelne Bücher bewertet, sondern allgemeintypische Aussagen über Ziele und Technik des Rollenspiels im Vorschulbereich ermöglicht werden sollen.

Gegen eine exakte Verwendung der quantitativen Inhaltsanalyse sprach, daß hier keine Hypothesen aufgestellt und überprüft werden sollen. Denn die Voraussetzung dafür, fruchtbare Hypothesen aufstellen zu können, besteht meines Erachtens darin, einen Überblick über das Gebiet der Arbeit zu besitzen, der normalerweise auf schon vorhandenen Untersuchungen basiert. Da derartige Untersuchungen bisher jedoch fehlen, soll ein Überblick mit diesem Beitrag erst geschaffen werden.

So besteht die hier angewandte modifizierte Methode der Inhaltsanalyse darin, daß Analysekategorien aufgestellt werden, mit deren Hilfe man die Angaben zu den Zielsetzungen und der Technik des Rollenspiels im vorschulischen Bereich in ihren verschiedenen Ausprägungen und Differenzierungen darstellen und einordnen kann. Die Häufungen in den einzelnen Kategorien sollten numerisch erfaßt und in Prozentwerten dargestellt werden. Eine daraus folgende Bewertung ergab sich von selbst.

II. Rollen-Theorien

Bevor ich auf den eigentlichen Kern dieser Arbeit eingehe, bleibt zunächst festzustellen, daß den Ausführungen der verschiedenen Autoren unterschiedliche Rollen-Theorien zugrunde liegen, an denen sich Zielsetzungen und Technik des Rollenspiels zwangsläufig orientieren müssen. Daher wurde in Kategorie 1 eine Zuordnung der Autoren bzw. der 15 Analyseeinheiten der Stichprobe gemäß der allgemeinen Zielsetzungen zu verschiedenen Rollenkonzepten vorgenommen. Sie ergab, daß sich alle Autoren der Stichprobenliteratur lediglich auf die "traditionelle" bzw. "konventionelle" (1 Einheit = 7 %) und die "revidierte" bzw. "interaktionistische" Rollen-Theorie (14 = 93 %) bezogen.

Anhand der durch diese Rollentheorien vorausgesetzten Bedingungen erfolgreichen Rollenhandelns lassen sich die Zielsetzungen der auf sie bezogenen Rollenspiel-Konzeptionen im voraus angeben. So bewegt sich der durch Shaftel/Shaftel (1973) vertretene Rollenspielansatz in der amerikanischen Tradition, der sich an der traditionellen Rollentheorie orientiert, in seiner Zielsetzung in Richtung "Anpassung" der Kinder an die gesellschaftlichen Erwartungen und Forderungen; d.h. die Kinder sollen im Rollenspiel durch das Nachahmen ihrer Bezugspersonen die für ihr Handeln wichtigen Gesten, Symbole und Normen unreflektiert in ihr kindliches Verhaltensrepertoire übernehmen.

Dagegen weisen die Zielsetzungen der "interaktionistisch orientierten" Rollenspiel-Konzeptionen eher in Richtung "Emanzipation" und "Autonomie" des Individuums; d.h. den Kindern soll es ermöglicht werden, auch in unklaren Interaktionssituationen handlungsfähig zu werden.

Nach der Auswertung der 1. Kategorie (siehe oben) bleibt also festzustellen, daß die bereits angedeutete Gewichtsverlagerung der letzten Jahre klar ersichtlich wird, die ganz eindeutig danach strebt, die Kinder nicht zu angepaßten, sondern zu autonom handelnden, mündigen Mitgliedern der Gesellschaft zu machen. Allerdings sollte eine Generalisierung dieser These aufgrund der fehlenden Repräsentativität der Stichprobe vermieden werden.

III. Zielsetzungen des Rollenspiels

Im folgenden Kapitel werden die in den einzelnen Büchern und Artikeln zum vorschulischen Rollenspiel genannten Ziele verschiedenen Kategorien zugeordnet. Dabei möchte ich jedoch die bei der Inhaltsanalyse möglichen Schwierigkeiten der Benennung und Zuordnung der einzelnen Ziele aufgrund subjektiver Interpretation durch den Verfasser nicht unerwähnt lassen, zumal z.T. recht komplexe, z.T. aber auch nicht explizit genannte Zielsetzungen anzutreffen waren.

1. Rollenlernen

Der erste Komplex von Zielsetzungen, "Rollenlernen", umfaßt die von den Autoren genannten Rollenspiel-Ziele, die ganz allgemein die Absicht verfolgen, die Kinder durch die Vermittlung von Erfahrungen im Rollenspiel mit verschiedenen Rollen vertraut zu machen. Unter einer Rolle werden dabei Verhaltenserwartungen verstanden, die auf die Rollenträger gerichtet sind. Die Kinder sollen aufgrund der Möglichkeit des wiederholten Einübens im Spiel ein großes Repertoire an Rollen kennenlernen, übernehmen und darstellen lernen. Als Mittel dazu soll einzig die Nachahmung dienen, d.h. die wahrgenommenen bzw. vermittelten Verhaltensformen sollen von den Kindern unreflektiert übernommen, imitiert und auf diese Weise spielerisch handelnd eingeübt werden.

Die dem Rollenlernen zugeordneten Zielsetzungen habe ich lediglich zu analytischen Zwecken in drei Bereiche unterteilt, die in engem Zusammenhang stehen. Mit der Aufteilung sollte jedoch der enorme Zielekatalog allein schon dieses ersten Komplexes von Zielsetzungen entwirrt und geordnet werden.

a) Selbstwahrnehmung

Zunächst wird durch die o.g. nachahmende Tätigkeit im Rollenspiel eine "Selbstwahrnehmung" (Freudenreich 1976, 24) oder "Icherfahrung" (Kossolapow 1974, 136) zu erreichen versucht, da den Kindern hier die Möglichkeit geboten wird, sich selbst zu beobachten und kennenzulernen und ihr Verhalten mit dem anderer zu vergleichen. Darüber hinaus wird auch auf den rein motorischen Aspekt, nämlich die Erschließung der eigenen körperlichen Fähigkeiten durch spielerisches Handeln, hingewiesen (Kuckartz 1973, 5).

b) Erweiterung des Erfahrungsbereichs

Ein zweiter Bereich umfaßt die Zielsetzung der Erweiterung des Erfahrungsbereichs ganz allgemein. So können die Kinder im sanktionsfreien Raum des Rollenspiels neue Erfahrungen sammeln und z.B. Verhaltensweisen in Situationen aus ihrer sozialen Umwelt einüben und diese durch die "handelnde Auseinandersetzung vielleicht begreifen lernen" (Günther 1972, 109). Denn im Rollenspiel wird nicht der Erfolg oder eine Leistung als Ergebnis angestrebt, sondern "die Erfahrung, wie etwas geschieht" (Freudenreich 1976, 24).

c) Kennenlernen von Erwachsenenrollen

Der zentrale Bereich des Rollenlernens zielt wie die vorhergegangene auf einen Erfahrungszuwachs, aber speziell bezogen auf Erwachsenenrollen. Hier soll es mit Hilfe des Rollenspiels Kindern ermöglicht werden, durch die Chance der "probehandelnden Vorwegnahme von Realität" (Haberkorn/Gerstacker 1978, 31), die verschiedensten Erwachsenenrollen kennenzulernen und einzuüben. Das Kind ahmt im

Spiel die unterschiedlichen Bezugspersonen aus seinem täglichen Leben handelnd nach und lernt dadurch eine große Anzahl vorgegebener Rollenmuster zu übernehmen. So kann es infolge dieser reinen Imitation von beobachtetem Verhalten dazu befähigt werden, das für diesen Bereich entscheidende Ziel der "Aneignung der Erwachsenenwelt" (Kuckartz 1974, 16) zu erreichen, das sich in der "Kompetenz in einer Vielzahl von Rollen" (Shaftel/Shaftel 1973, 23) ausdrückt.

d) Zusammenfassung

Erst wenn die Kinder gelernt haben, sich selbst wahrzunehmen, ihren Erfahrungshorizont zu erweitern und sie in der Lage sind, Erwachsenenrollen nach- und auszuspielen, wird es möglich sein, das an der traditionellen Rollentheorie orientierte Großziel dieses Komplexes, die "Vorbereitung des Kindes auf und für die Gesellschaft" (Stuckenhoff 1978, 23) zu erreichen.

Angesichts des für das Rollenspiel in Anspruch genommenen Beitrags zum Sozialisationsprozeß kann das Ergebnis dieses ersten Ziele-Komplexes nicht überraschen. So haben mit einer Ausnahme alle Autoren (93 %) das Rollenlernen in ihren Aussagen berücksichtigt, wobei fünf Autoren Ziele des Bereichs "Selbstwahrnehmung", vier Ziele des Bereichs "Erweiterung des Erfahrungsbereiches" und alle 14 Ziele des Bereichs "Kennenlernen von Erwachsenenrollen" aufgeführt haben.

2. Einüben sozialer Kompetenz

Dieser zweite Komplex von Zielsetzungen orientiert sich stark an dem revidierten Rollen-Konzept, in dem "soziale Kompetenz" als Voraussetzung für die Übernahme von Rollen anzusehen ist. Unter sozialer Kompetenz wird hier die Fähigkeit verstanden, gegebenenfalls in bestimmten sozialen Situationen selbständige Entscheidungen treffen zu können. Mit den hier einzuordnenden Zielen wird also die Emanzipation des Kindes, ein autonomes, d.h. relativ selbstbestimmtes Verhalten, angestrebt. Über den Aufbau einer Ich-Identität und die Bildung einer sozialen Persönlichkeit kann den Kindern eine "innere Sicherheit" (Shaftel/Shaftel 1973, 21) gegeben werden, die sie dann dazu befähigen soll, selbst Urteile zu fällen und Entscheidungen zu treffen. Doch um diese soziale Kompetenz erreichen zu können, müssen die Kinder zunächst verschiedene "identitätsfördernde Grundqualifikationen" erwerben (vgl. Krappmann 1971, 31 ff.; Krappmann 1973, 200; Gukenbiehl 1979, 80 ff.), die von den Autoren der Stichprobe in großer Zahl auch als Rollenspielziele genannt werden.

a) Empathie

Zunächst handelt es sich um die Grundqualifikation der "Empathie", auch "soziale Sensibilisierung" (Kerkhoff 1975, 98) genannt, womit die Fähigkeit bezeichnet wird, den jeweiligen Interaktionspartner wahrzunehmen, ihn verstehen und sich in ihn hineinversetzen zu können. Dieses "Einfühlungsvermögen" (Götte 1980, 68) ermöglicht es, Bedürfnisse, Erwartungen, Probleme, Absichten, Wünsche etc. des Gegenübers zu erfassen und dadurch auch verschiedene Situationen von dessen Standpunkt aus betrachten zu können. Die zunächst auf der Gefühls-, später aber auch auf der kognitiven Ebene ablaufende Erkenntnisleistung erlaubt es den Kindern, die Reaktion des anderen zu antizipieren und somit dessen Rolle übernehmen zu können. Durch diese als "role-taking" (Günther 1974, 120) bezeichnete Fähigkeit des Sichversetzens in die Sichtweise eines anderen und das Erkennen der Beweggründe seines Handelns sind auch die Ziele des "Verständnisses für die Interessen anderer" (Kerkhoff 1975, 101) und damit des Abbaus von Vorurteilen und der Intoleranz gegenüber individuellen Unterschieden zu erreichen. Es kann sogar zu solidarischem Verhalten mit Andersartigen, Diskriminierten oder Außenseitern kommen. Letztlich habe ich der Empathie auch noch die Entwicklung einer Sensibilität für die Wirkungen bestimmter Entscheidungen auf die Partner zugeordnet, die besonders von Shaftel/Shaftel (1973, 174) hervorgehoben wird.

b) Rollendistanz

Die zweite, durch das Rollenspiel zu erreichende Grundqualifikation der sozialen Kompetenz, die "Rollen-" oder "Reflexionsdistanz", bezieht sich auf die Art und Weise der Aneignung von Normen. Es wird hier also die Fähigkeit zu vermitteln versucht, sich gegenüber Normen, Rollen, Werten, aber auch Personen oder Situationen reflektierend verhalten zu können.

Die hierzu von den Autoren genannten Ziele laufen darauf hinaus, den Kindern im Rollenspiel zunächst das Wissen zu vermitteln, daß Normen, Rollen etc. durchaus veränderbar sind. Vor dem Hintergrund dieses Wissens um die Veränderbarkeit sollen die Kinder dazu gebracht werden, sich von Normen distanzieren, sie einer kritischen Beurteilung unterziehen und sie ändern zu können. Dadurch wird eine gewisse "Normenflexibilität" (AG Vorschulerziehung 1979, 20) bzw. ein "flexibles

Rollenverhalten" (Wiesenfeldt 1978, 219) erreicht, d.h. die Kinder werden in die Lage versetzt, den gegebenen Verhaltensspielraum auszunutzen, und sie können so zu Handlungsalternativen gelangen, die zuweilen von den allgemeinen Erwartungen, etwa Geschlechtsrollenklischees, abweichen (vgl. Huppertz/Huppertz 1975, 93).

c) Spannungstoleranz

Eine weitere angestrebte identitätsfördernde Grundqualifikation wird mit dem Begriff "Spannungstoleranz" überschrieben und bezeichnet die grundlegende Fähigkeit, Spannungen im menschlichen Zusammenleben etwa aufgrund unterschiedlicher Meinungen ertragen und dennoch die Interaktion aufrechterhalten zu können. Ihre drei Teilaspekte, "Ambiguitäts-", "Frustrations-" und "Ambivalenztoleranz", beziehen sich auf das Verhältnis von gegenseitigen Erwartungen, wechselseitiger Bedürfnisbefriedigung und interkulturell verschiedener Wertsetzungen. So soll das Kind im Rollenspiel lernen, die bei mehreren Spielpartnern zwangsläufig auftauchenden Unterschiede der Erwartungen etwa an bestimmte Rollen oder Situationen teilweise zu akzeptieren sowie die dadurch zuweilen aufkommende Unlust ertragen und sich ihr stellen zu können (vgl. Wiesenfeldt 1978, 219). Dann sollen die Kinder im Rollenspiel lernen, Verhaltensformen zu wählen, die den eigenen, aber auch den Bedürfnissen der Partner gerecht werden. Da aber in den meisten Situationen keine interpersonelle Übereinstimmung zu erwarten ist, sollen die Kinder in die Lage versetzt werden, ihre Wünsche und Ansprüche selbst zu reduzieren und auch einmal ertragen zu können, daß etwas anders verläuft, als sie es sich vorgestellt haben. Schließlich sollen die Kinder lernen, die den eigenen Handlungen zugrunde liegenden Wertkonzepte zu klären und zu relativieren, um sie mit fremden vergleichen zu können. Davon ausgehend sollen sie letztlich dahin gelangen, die Berechtigung unterschiedlicher Wertvorstellungen zu erkennen und sie neben den eigenen als gleichwertig akzeptieren zu können.

Mit Hilfe all dieser Teilaspekte der Spannungstoleranz bzw. den darin erworbenen Fähigkeiten, wird es möglich, ein weiteres, von mir diesem Komplex zugeordnetes Ziel zu erreichen. Das Kind kann nämlich, da es ja nun in der Lage ist, sich mit anderen zu verständigen, d.h. Kompromisse zu schließen, von dem entwicklungsbedingten egozentrischen Verhalten abgebracht und zu Kooperation und Zusammenspiel mit anderen angeleitet werden (vgl. Gebauer 1976, 21 f.).

d) Zusammenfassung

Infolge der fast einstimmigen Orientierung der Stichprobeneinheiten an der revidierten Rollentheorie ist es bezüglich des Ziele-Komplexes "soziale Kompetenz" verständlich, daß er bei allen Autoren Erwähnung findet. Darüber hinaus taucht auch bei allen die "Empathie" und "Rollendistanz" und bei immerhin 12 Einheiten (80 %) die "Spannungstoleranz" als mit Hilfe des Rollenspiels anzustrebende Grundqualifikation der sozialen Kompetenz auf.

3. Entwicklung kommunikativer Kompetenz

Diesen Ziele-Komplex, der eigentlich als vierte Grundqualifikation der sozialen Kompetenz anzusehen ist, möchte ich aufgrund seiner großen Bedeutung für das menschliche Zusammenleben besonders hervorheben. Das Rollenspielziel "kommunikative Kompetenz" bezeichnet die Fähigkeit einer Person, "mit sich selbst, vor allem aber mit anderen Menschen nach einem gegebenen und veränderbaren System von Deutungen und Regeln mit Hilfe von Gesten oder Symbolen (vor allem sprachlicher Art) Informationen über Objekte und Situationen auszutauschen" (Gukenbiehl 1979, 84). Um diese Fähigkeit erreichen zu können, müssen die Kinder zunächst einmal dazu gebracht werden, den Interaktionspartner in der Eigenständigkeit seiner Symbol-Welt zu verstehen, um dann auf ihn eingehen zu können. Diese interpersonale Wahrnehmung ist eine der Voraussetzungen dafür, überhaupt mit anderen kommunizieren zu können. Die Kinder sollen also im Rollenspiel vom reinen Agieren und Reagieren zum Interagieren gelangen, wobei nur in dieser Interaktion die Entwicklung der Kommunikationsfähigkeit möglich ist.

Ein weiterer wichtiger Aspekt der kommunikativen Kompetenz, die "Selbst-" oder "Identitätsdarstellung", besteht darin, die Kinder im Rollenspiel dazu zu befähigen, eigene Bedürfnisse, Intentionen, Vorstellungen und Gefühle im Verlaufe des Kommunikationsprozesses den Spielpartnern mitzuteilen, um sie im Spiel berücksichtigen zu können. Dabei sollen die Kinder letztlich dahin gelangen, den Versuch zu wagen, ihre Bedürfnisse argumentativ durchzusetzen und "ihre gewonnenen Einsichten auch autonom zu vertreten" (Schmitt 1980, 63).

Anhand der Stichprobenliteratur kann das Ziel "kommunikative Kompetenz" in grob gefaßt drei verschiedene Bereiche aufgeteilt werden. So dient das Rollenspiel, selbstverständlich bei unterschiedlicher Gewichtung durch die Autoren, zunächst einmal dem Training verbaler Kommunikation, dann dem Einüben nicht-verbaler Kommunikation und schließlich auf diesen basierend dem Versuch der verbalen Aufarbeitung, Darstellung und Bewältigung von Konfliktsituationen.

a) Training verbaler Kommunikation

Da die Sprache das primäre Medium des Austauschs und der Verständigung zwischen Menschen überhaupt ist, wird dem Rollenspiel als verbalem Kommunikationstraining eine große Bedeutung zugemessen. Die Kinder sollen beim spielerischen Handeln lernen, verbal "ihre Interessen artikulieren, Rollen übernehmen, Regeln für das Spiel aufstellen, das Fiktive des Spiels ausdrücken und so Kommunikation mit den Spielpartnern herstellen zu können" (Haberkorn/Gerstacker 1978, 57), um schließlich zu einem Konsens über Art, Inhalt und Aufbau des Rollenspiels zu gelangen. Diese kommunikative Förderung, die ja geradezu zwangsläufig erfolgt, da das Rollenspiel zu sprachlicher Kommunikation herausfordert, wird noch als "Gesprächsförderung" intensiviert, da dem Gespräch untereinander eine wesentliche Funktion für das Gelingen sozialer Beziehungen zugesprochen wird (vgl. AG Vorschulerziehung 1979, 50 und 55 f.). Aus all dem wird deutlich, daß es ganz gewiß nicht genügt, daß das Kind Sprache erlernt, also etwa zur Bildung von Sätzen in der Lage ist - darauf komme ich später noch zurück -, sondern daß es in entscheidendem Maße darauf ankommt, "die Sprache als das zentrale Medium menschlicher Kommunikation differenziert gebrauchen (z.B. stimmliche Veränderung, Tonfall etc.) zu lernen" (Stuckenhoff 1978, 38).

b) Einüben non-verbaler Kommunikation

Eng verknüpft mit dem dargestellten verbalen Bereich ist die Verwendung des Rollenspiels als "nichtverbales" Kommunikationstraining. Denn es ist, um mit einem Partner in einen Kommunikationsprozeß eintreten zu können, nicht ausreichend, seine Worte und deren Akzent bzw. Tonfall zu erfassen, sondern es kommt noch ein wesentliches Moment hinzu. Es handelt sich dabei um die Wahrnehmung der Mimik, Gestik und gesamtkörperlichen Motorik des Gegenübers, Ausdrucksformen also, die einem über das akustisch Vernommene hinaus klarmachen, ob er z.B. seine Aussage ernst meint oder nicht. Dem Kind wird also im Rollenspiel versucht, erfahrbar zu machen, daß wir uns nicht nur durch Sprache, sondern auch mit unserem Körper, mit Gebärden oder etwa Kleidung mitteilen. Folglich wird beabsichtigt, die Kinder in die Lage zu versetzen, neben stimmlicher Darbietung und Inhalt einer Aussage auch "den Gesichtsausdruck zu registrieren, die Gestik zu notieren und andere unausgesprochene Hinweise aus der Erscheinung des Gegenübers aufzunehmen" (Kossolapow 1974, 136). Offensichtlich wird dabei dem Augenkontakt mit den Handlungs- und Gesprächpartnern eine enorme Bedeutung im Kommunikationsprozeß beigemessen.

Um die Kinder jedoch zu dieser enormen Wahrnehmungsleistung zu bringen, wird im Rollenspiel zunächst einmal versucht, die eigene Körperbeherrschung der Kinder zu verfeinern und ihre Ausdrucksfähigkeit im Mimischen, Gestischen und in der Gesamtmotorik allmählich zu steigern, so daß sie schließlich dahin kommen, diese non-verbalen Kommunikationsformen sowohl verstehen als auch selbst anwenden zu können.

c) Konfliktdarstellung und -lösung

Den wohl bedeutendsten Bereich des Rollenspiel-Ziels "kommunikative Kompetenz" habe ich mit "Konfliktdarstellung" und "-lösung" überschrieben. Er wird von verschiedenen Autoren als "die höchste Stufe des Rollenspiels" (Götte 1977, 38) oder als "Kern des Rollenspiels" (Schmitt 1980, 62) bezeichnet. Es handelt sich hierbei um den Versuch, die Kinder mit Strategien der Problemlösung im Bereich des sozialen Verhaltens und der zwischenmenschlichen Beziehungen vertraut zu machen und ihnen die Fähigkeit der kommunikativen Konfliktlösung zu vermitteln. Das bedeutet zunächst, daß die Kinder Konfliktsituationen thematisieren lernen, und ihnen dadurch die Möglichkeit gegeben wird, Konflikte bewußt wahrzunehmen (vgl. Huppertz/Huppertz 1975, 94). Dabei sollen die Kinder anhand der Vielfalt möglicher Handlungsweisen, die bei den zunächst verbal behandelten, dann aber auch in Szene gesetzten und schließlich reflektierten Problemsituationen erkennbar werden, zu einem möglichst variablen Konfliktlösungsverhalten gelangen. Allerdings soll hier nicht der Eindruck entstehen, daß angestrebt wird, jedes problembezogene Rollenspiel auf jeden Fall bis zum Ende zu bringen, denn Rollenspielstunden können durchaus auch offen, d.h. ohne Lösung, enden. Das Rollenspiel hätte sich m.E. auch schon längst von der sozialen Realität verabschiedet, wenn für grundsätzlich jedes Problem eine Lösungsmöglichkeit unterstellt würde.

Abschließend zu diesem Bereich möchte ich noch darauf hinweisen, daß erstaunlicherweise nur ein Autor der Stichprobe auf die kaum von der Hand zu weisenden Gefahren aufmerksam macht, die durch die allgemein in der Stichprobenliteratur beschriebene Art der Konflikt- und Problemlösung im Rollenspiel entsteht (vgl. Freudenreich 1976, 27 f.). Ob überhaupt bereits im vorschulischen Bereich, mit dem sich dieser Beitrag ja auseinanderzusetzen hat, u.a. mit Hilfe des Rollenspiels als Medium eine Problem- bzw. Konfliktlösungsfähigkeit, basierend auf einer freien und persönlichen Entscheidung der Kinder, zu erreichen ist, möchte ich doch in Frage stellen.

d) Zusammenfassung

Letztlich bleibt festzustellen, daß der Zielsetzung "kommunikative Kompetenz" trotz der berechtigten Einwände und Gefahren insbesondere bezüglich des Konfliktlösungsaspektes aufgrund des realitätsfernen Charakters der Spielsituation ebenso wie der sozialen Kompetenz von allen 15 Autoren der Stichprobe entscheidende Bedeutung bei den Zielsetzungen des Rollenspiels zugestanden wird. Dabei werden von je 14 Autoren (93 %) als Ziele auch die "Förderung der verbalen Kommunikation" und der "Konfliktlösungsfähigkeit" und von immerhin 8 Autoren (53 %) die der "non-verbalen Kommunikation" als Teilbereiche angeführt.

4. Entwicklung und Förderung sprachlicher Kompetenz

Ein weiterer hervorzuhebender Ziele-Komplex umfaßt den Bereich der Sprachförderung, in dem angestrebt wird, die sprachlichen Fähigkeiten der Kinder zu verbessern. Da Sprache in fast alle Lebensbereiche hineinreicht - "Man kann nicht nicht kommunizieren" (Watzlawick 1969) -, und da man folglich "die sprachliche Entwicklung eines Kindes nicht durch ein isoliertes Programm fördern kann, weil Worte und Sätze ihren differenzierten Sinn erst im Zusammenhang einer Handlung oder Beziehung erhalten" (AG Vorschulerziehung 1979, 54), bietet sich das Rollenspiel als Trainingsmöglichkeit geradezu an. Es ist nämlich über die Handlung hinaus auf die Sprache angewiesen, und dadurch werden in ihm vor allem auch sprachliche Fähigkeiten angesprochen. Auf Grund dessen schenken ihm die Autoren große Bedeutung, was auch darin zum Ausdruck kommt, daß in zwei Titeln der Stichprobenliteratur das Rollenspiel in besonderem Maße zur Erreichung der hier angesprochenen Zielsetzung Verwendung findet (Götte 1977; Huppertz/Huppertz 1975). Folglich wird versucht, das Rollenspiel immer so zu planen, daß die Kinder das Bedürfnis haben, sich anderen mitzuteilen, sich auszudrücken, also den Gebrauch der Sprache zu üben. Die hierbei von den Autoren beabsichtigten Erfahrungen stellen den ersten Schritt zu einer Verständigung der Spielpartner dar, da es auf der Basis der für eine bestimmte Rolle bzw. Situation spezifischen Sprachform möglich wird, mit Hilfe der Sprache für alle die gleichen Vorstellungen zu schaffen. Allein dadurch werden fiktive Dinge und Handlungen real und für alle Kinder verständlich. Die dabei verwendeten sprachlichen Symbole beruhen auf Vereinbarungen der Spieler untereinander und müssen als Teil der Kultur erst gelernt werden. Dafür bietet sich das Rollenspiel mit Vorgespräch, dem Spiel selbst sowie dem Nachgespräch geradezu an, da es durch die Notwendigkeit des Sprechens auf allen Ebenen an sich schon verbalisierungsanregend ist.

a) Sprachliche Bereiche

Diese Anregungskraft zum Verbalisieren versuchen sich die Autoren in verschiedenen sprachlichen Bereichen zur Sprachförderung der Kinder zunutze zu machen. Abhängig von der Wahl des Themas, Umfang, Häufigkeit und Eindrücklichkeit der Umweltbegegnungen und der Möglichkeit Namen von Sachen und Sachverhalten zu erfahren, ergibt sich zunächst die Chance der gezielten "Wortschatzerweiterung". Desweiteren soll im Rollenspiel die "Artikulation", d.h. die deutliche Aussprache und Lautbildung, verfeinert werden. Weiterhin wird mit Hilfe der sprachlich anregenden Wirkung des Rollenspiels angestebt, die "Satzbildungsfähigkeit" der Kinder, also die Beherrschung der Sprachregeln, der Grammatik, bis zur Einschulung weitgehend abzuschließen. Schließlich versuchen die Autoren, wie oben bereits ausführlich dargestellt, den wichtigsten sprachlichen Bereich, nämlich den der Kommunikationsfähigkeit, aufzubauen und weiterzuentwickeln, der jedoch an dieser Stelle keine Berücksichtigung mehr findet.

Aus der Aufzählung dieser verschiedenen, durch das Rollenspiel weiterzuentwickelnden sprachlichen Bereiche wird deutlich, daß Sprachkompetenz ein vielschichtiges Regelsystem darstellt, das teilweise bereits in den ersten Lebensjahren zu erwerben ist. Ihr wird als Zielsetzung des Rollenspiels aus, wie ich meine, gutem Grund große Beachtung entgegengebracht, denn "mit jedem Fortschritt in der Sprachentwicklung entfernt sich das Kind ein kleines Stück vom Zustand totaler Abhängigkeit und bewegt sich in Richtung Mündigkeit" (Götte 1977, 20).

b) Zusammenfassung

Aus den vorausgegangenen Ausführungen wird deutlich, wie wichtig die Sprache für das Kind bereits im Vorschulalter ist. Infolge dessen strebt auch der überwiegende Teil der Autoren der Stichprobe, nämlich 12 (80 %), eine intensive Entwicklung und Förderung sprachlicher Fähigkeiten mit Hilfe des Rollenspiels an. Während aber alle Autoren, die die Zielsetzung der Sprachentwicklung und -förderung in ihren Ausführungen berücksichtigt haben, zumeist ganz pauschal eben diese beiden Begriffe als Ziele nennen, differenzieren einige in spezifische Ziel-Bereiche. So nennen fünf Autoren die Wortschatzerweiterung, drei die Verbesserung der Artikulation und ein Autor die Satzbildungsfähigkeit.

5. Entwicklung kognitiver Fähigkeiten

Neben der Förderung der bereits erwähnten sozialen, kommunikativen und sprachlichen Fertigkeiten trägt das Rollenspiel in erheblichem Maße auch zur "Entwicklung kognitiver Fähigkeiten" bei. Dabei ist der Ziele-Katalog diesbezüglich derart umfangreich, daß ich nur auf die drei meistgenannten Zielsetzungen dieses Komplexes eingehen möchte.

a) Wissensvermittlung

Zunächst einmal bleibt festzustellen, daß ein Kind reale Kenntnisse des Bereichs, den es im Spiel darstellen will, besitzen muß, um überhaupt ein sachadäquates Rollenspiel durchführen zu können. Weiterhin muß es bestimmte Kompetenzen erworben haben und beherrschen, die zur Bewältigung einer bestimmten Situation notwendig sind. Obwohl diese Kenntnisse offenbar als Voraussetzung für das Rollenspiel angesehen werden, beabsichtigen die Autoren dennoch, sie gerade auch mit Hilfe dieses Mediums den Kindern zu vermitteln. Denn durch die Möglichkeit der bewußten, relativ uneingeschränkten, handelnden Auseinandersetzung der Kinder mit ihrer Umwelt, kann ihnen im Rollenspiel die Gelegenheit geboten werden, diese intensiver und ausführlicher kennenzulernen, "obwohl sie ihnen aufgrund ihrer Fähigkeitsentwicklung vielfach direkt noch gar nicht zugänglich ist" (Günther 1972, 110). Durch diese Wissenserweiterung im Rollenspiel sollen dem Kind elementare Kenntnisse über bestimmte Sachzusammenhänge, z.B. über den Ablauf und die Funktion relevanter und interessanter Institutionen in der Umgebung des Kindes wie Kindergarten, Post, Schule etc., vermittelt werden. Das Kind soll sich dabei spielend jene, auch instrumentellen Fertigkeiten aneignen, "die es für den sachgerechten Umgang in und mit der gegenständlichen Umwelt entwickelt haben muß" (Stuckenhoff 1978, 34).

b) Einsicht in Rollenbedingungen und Gruppenprozesse

Ein äußerst wichtiger Aspekt der Wissensvermittlung, dem ich deshalb besondere Beachtung schenken möchte, liegt m.E. in der Vermittlung von Kenntnissen über Rollenbedingungen, Rollenerwartungen oder Verhaltensregeln für bestimmte Rollen. Im Rollenspiel soll den Kindern die Möglichkeit der Exploration grundlegender Normen und Wertvorstellungen ihrer Kultur im spielerischen Handeln aufgezeigt werden, um sie so in die Lage zu versetzen, selbständig erkennen zu können, was von der Kultur toleriert wird. Daran können sie dann ihr Rollenhandeln ausrichten.

Darüber hinaus soll den Kindern im Rollenspiel aber auch "das abstrakte Bezugssystem, in das Personen, die sonst isoliert erscheinen, eingebunden sind" (Kossolapow 1974, 130), offengelegt werden. Auf diese Weise können sie Erkenntnisse und Erfahrungen über den gesamten zwischenmenschlichen Bereich mit seiner Vielfalt an sozialen Beziehungen und Zusammenhängen sammeln, und dadurch die Gründe für bestimmte Verhaltensweisen besser verstehen lernen. Desweiteren sollen die Kinder Einsicht in Gruppenprozesse erhalten, da durch das Rollenspiel Struktur und Ordnung einer Gruppe transparent gemacht werden können. Letztlich sollen die Kinder also dazu befähigt werden, Kausalzusammenhänge zwischenmenschlichen Handelns zu erkennen und "Handlungszwänge zu durchschauen und da, wo sie einengen und blockieren, zu durchbrechen" (Freudenreich 1976, 40).

c) Kreativität

Von fast allen Autoren wird Kreativität als die "Fähigkeit eines jeden, neue, unkonventionelle Zusammenhänge und Lösungswege zu finden" (Freundenreich 1976, 28), als Zielsetzung angegeben. Die kreativen Fähigkeiten werden nämlich oft durch den verständlichen Wunsch des Kindes, so zu sein wie die Großen, unterdrückt. Denn das Kind beabsichtigt allzu leicht, seine schöpferische Fähigkeit zugunsten der Aneignung erstarrter Erwachsenenverhaltensweisen, für die es oftmals noch belohnt wird, aufzugeben. Dieser Tendenz soll das Rollenspiel als Kreativitätstraining entgegenwirken. Da in ihm Probehandeln möglich ist und, wie in jedem Spiel, schöpferische Kräfte geweckt werden, wird beabsichtigt, mit seiner Hilfe normierte, starre Verhaltensweisen aufzubrechen, und neue, fiktive Lösungswege zu erschließen und auch darzustellen. Dadurch wird das Kind bei eventueller Konfrontation mit ihm bisher unbekannten Situationen dazu befähigt, andere Verhaltensweisen als die herkömmlichen anwenden zu können. Ein anderer Aspekt kreativen Verhaltens von Kindern kommt bei der Gestaltung ihrer Spielwelt und im "So-tun-als-ob" zum Ausdruck, wo mit Hilfe der angeregten kindlichen Phantasietätigkeit Spielgegenstände durch andere ersetzt oder umbenannt und völlig unspezifisch gebraucht werden können.

d) Zusammenfassung

Die Bedeutung dieses Ziele-Komplexes kommt darin zum Audruck, daß die "Entwicklung kognitiver Fähigkeiten" bei allen 15 Autoren Berücksichtigung findet. Dabei wird über die hier angeführten kognitiven Ziele hinaus mit Hilfe des Rollenspiels eine sehr große Anzahl weiterer kognitiver Fähigkeiten angestrebt, auf die ich nicht im einzelnen eingehen möchte, die aber sicherlich dem einen oder anderen von nicht geringerer Bedeutung sein mögen. Daher habe ich sie in alphabetischer Reihenfolge geordnet aufgelistet, um einen Überblick über ihre Vielfalt geben zu können.

Als kognitive Zielsetzungen werden genannt:

	Anzahl		Anzahl
Abstraktionsvermögen	2	Komplexität	1
Argumentationsfähigkeit	2	Konzentrationsfähigkeit	4
Ausdauer	2	Kreativität	12
Begriffserweiterung	1	Kritikfähigkeit	2
Beobachtungsvermögen	4	Merkfähigkeit	1
Denkvermögen, abstraktes	2	Organisationsvermögen	1
divergentes	2	Phantasie	5
operationales	1	Planungsfähigkeit	1
Differenzierungsvermögen	2	Reaktionsvermögen	1
Entschiedenheit	1	Reflexionsvermögen	3
Erfassungsvermögen	2	Spontaneität	2
Findigkeit	1	Unabhängigkeit, geistig	1
Flexibilität	2	Wahrnehmungsfähigkeit	1
Geduld	1	Wissensverarbeitung	2
Generalisierungsvermögen	2	Wissensvermittlung	14
Geschicklichkeit	1	- speziell: Einsicht in Rollenbedingungen und Gruppenprozesse	12
Interpretationsvermögen	1		

6. Psychische Stabilisierung

Innerhalb dieses Ziele-Komplexes wird dem Rollenspiel sowohl eine diagnostische als auch therapeutische Funktion zugewiesen, die die Möglichkeit einer "psychischen Stabilisierung" des Kindes im affektiven und kognitiven Bereich bietet. Denn einerseits ermöglicht es, als diagnostisches Werkzeug eingesetzt, sozusagen "als Sprachrohr kindlicher Fragen und Probleme" (Haberkorn/Gerstacker 1978, 33), wichtige Hinweise auf das Befinden, die Bedürfnisse, Schwierigkeiten und Ängste des Kindes zu erhalten. Andererseits beabsichtigen die Autoren gleichzeitig das Rollenspiel therapeutisch einzusetzen. So soll es dem Kind durch die Chance ungezwungenen spielerischen Wiedererlebens die Verarbeitung und Bewältigung von Erlebnissen ermöglichen, die es psychisch unter Druck setzen, wie z.B. Probleme und Konflikte, Unsicherheiten und Hemmungen, Ängste etc. Darüber hinaus sollen die Kinder in die Lage versetzt werden, die durch diesen psychischen Druck entstandenen Aggressionen im Rollenspiel auszuleben und abzureagieren und sie nicht gegen andere, womöglich Schwächere, zu richten.

Schließlich wird unter einem anderen Aspekt noch versucht, das Rollenspiel sowohl individuell als kompensatorische Maßnahme etwa gegen Sprachfehler oder andere Auffälligkeiten als auch als Instrument der Gruppenberatung einzusetzen, ebenfalls mit dem Ziel, Spannungen abzubauen und die psychische Stabilität der Kinder aufrechtzuerhalten.

a) Zusammenfassung

Als Ergebnis der Auswertung dieser Analysekategorie bleibt festzustellen, daß sie von der Mehrheit der Autoren der Stichprobenliteratur (10 = 67 %) als Zielsetzung des Rollenspiels aufgeführt wurde und aufgrund dessen von einiger Bedeutung zu sein scheint.

7. Erlangen der Schulreife

Zum Abschluß des recht umfangreichen Katalogs vorschulischer Rollenspielzielsetzungen möchte ich schließlich noch die Vorbereitung der Kinder auf das schulische Leben anführen. Hierbei handelt es sich zwar nicht um eine oftgenannte Zielsetzung, aber um eine, wie ich meine, aufgrund früherer Verschulungsbestrebungen im frühkindlichen Bereich - "Frühlese-", "Frühlernbewegung" - und infolge der Leistungsorientiertheit der heutigen Gesellschaft, zu erwartende. So wird dem Rollenspiel durch die Förderung auch schulisch relevanter Fähigkeiten von wenigen Autoren zwar zugestanden, den Übergang von der vorschulischen zur Schulzeit erleichtern zu können. Allerdings wird einschränkend auch vor einer allzu einseitigen "Ableitung spielpädagogischer Ziele für das Vorschulkind oder das Vorschulalter aus den Anforderungen der Schule" (Wiesenfeldt 1978, 228) gewarnt.

a) Zusammenfassung

Es scheint der Tendenz der heutigen vorschulischen Erziehung zu entsprechen, den Vorschulbereich berechtigterweise weitgehend von schulischen Anforderungen freizuhalten, daß diese Zielsetzung in der Stichprobenliteratur nur bei drei Autoren (20 %) Berücksichtigung findet.

IV. Technik des Rollenspiels

Nach der Vorstellung des überaus umfangreichen Katalogs von Zielsetzungen gehe ich in diesem Teil des Beitrags zum zweiten Hauptaspekt, zur Frage der Technik des Rollenspiels im Vorschulbereich, über. Dabei stehen zunächst die in der Stichprobenliteratur dargestellten verschiedenen Formen des Rollenspiels im Mittelpunkt.

1. Formen des Rollenspiels

a) Personenspiel versus Figurenspiel

Das Rollenspiel tritt in der Praxis der vorschulischen Erziehung bezüglich des Aspektes der Darstellungsart und -möglichkeit in zwei verschiedenen Formen auf. Einerseits handelt es sich um das "Figurenspiel", bei dem die Kinder die Spielhandlung indirekt durch Puppen, Figuren und sonstige Gegenstände darstellen, also nur mittelbar am Spiel teilnehmen, indem sie den Puppen etc. die Funktion des Rollenträgers und -spielers übertragen. Allerdings findet diese Form des Rollenspiels, die m.E. aufgrund der größeren Distanz zum Spielgeschehen insbesondere als Vorstufe des persönlichen Spiels bei spielunerfahrenen oder -gehemmten Kindern Verwendung finden könnte, in der Stichprobe kaum Beachtung (40 %). Dagegen beziehen sich alle 15 Autoren auf die zweite Form, das "Personenspiel", in dem die Kinder durch die unmittelbar persönliche Teilnahme am Spiel ihre ganze Person als

Darstellungselement direkt in die Spielhandlung einbringen. Dies hat gegenüber dem Figurenspiel den Vorteil, daß hier auch der non-verbale Bereich mit Mimik und Gestik berücksichtigt wird, und das Kind etwa beim Ausdrücken von Empfindungen oder Gefühlszuständen nicht alleine auf die Sprache angewiesen ist, die es in diesem frühen Lebensstadium ohnehin noch unzureichend beherrscht. So wird das Figurenspiel höchstens als Vorstufe des eigentlichen Rollenspiels oder als Möglichkeit zur anschaulichen Vermittlung von Problemzusammenhängen angesehen.

Zusammenfassend bleibt festzuhalten, daß sich alle Autoren (100 %) der Stichprobe bei ihren Aussagen zur Technik des Rollenspiels, zum Teil sogar ausschließlich (60 %), auf das Personenspiel als Grundform des Rollenspiels beziehen, so daß diese Form auch allen weiteren Aussagen zur Rollenspieltechnik zugrunde liegen wird. Dagegen stufen nur drei Autoren (20 %) beide Grundformen - Personen- und Figurenspiel - als gleichwertige Formen bzw. Modifizierungsmöglichkeit ein, wobei das Figurenspiel bei zwei weiteren Autoren (13 %) noch als Vorstufe des Rollenspiels und bei einem Autor ohne Wertung nur kurz erwähnt wird.

b) Spontanes versus gelenktes Rollenspiel

Auch bezüglich der Art des Zustandekommens, der Anleitung und Durchführung eines Rollenspiels lassen sich grundsätzlich zwei Formen unterscheiden. Zunächst handelt es sich um das "spontane" (kindliche, freie, individuelle) Rollenspiel, in dem die Kinder unabhängig von den Erziehern aufgrund eigener Ideen ganz von selbst aktiv werden. Da sich der Erzieher im allgemeinen primär in einer Beobachterrolle befindet, können Inhalte und Prozesse dieser Spielform von ihm nicht direkt beeinflußt werden, was bestimmte Gefahren - z.B. Flucht in illusionäre Traumwelt, Verfestigung stereotyper Verhaltensweisen, aber auch bestimmter Positionen in der Gruppe - in sich birgt. Dennoch wird das spontane Rollenspiel von einigen Autoren als erzieherisch wichtige Form des freien Spiels im Vorschulbereich angesehen, da das Kind aus eigenem Antrieb und frei seine Probleme, Bedürfnisse und Vorstellungen in Handlung umsetzen und ausspielen kann, wobei die spielerische Tätigkeit an sich im Vordergrund steht.

Bei der zweiten hier relevanten Form, dem "gelenkten" (angeleiteten, problemorientierten) Rollenspiel, steht weniger die zweckfreie, spielerische Tätigkeit im Zentrum des Interesses. Vielmehr wird das Rollenspiel als didaktisches Medium zum

Erreichen etwa all der zuvor angeführten Zielsetzungen eingesetzt, wobei dem Rollenspiel mit Blick auf eine spezielle Zielsetzung eine inhaltliche und organisatorische Planung durch den Erzieher zugrunde liegt. Der Begriff "angeleitet" soll jedoch im Sinne von initiieren und orientieren verstanden werden, so daß vom Erzieher lediglich Anregungen und Strukturierungshilfen gegeben werden sollen, um die kindliche Spontaneität nicht allzusehr zu beschneiden.

Wie angesichts des umfangreichen Ziele-Katalogs im vorigen Kapitel zu erwarten war, plädieren die Autoren (100 %) grundsätzlich für die Form des gelenkten Rollenspiels, wobei das spontane Rollenspiel von lediglich sechs Autoren (40 %) erwähnt wird. Denn nur die angeleitete Form kann nach Meinung der Autoren aufgrund der guten Einwirkungs- und Lenkungsmöglichkeit für ihre didaktischen Zwecke genutzt werden.

c) Offenes versus geschlossenes Rollenspiel

Das angeleitete Rollenspiel tritt seinerseits wiederum in zwei verschiedenen Formen auf. Es kann in "offener" oder "geschlossener" Form eingesetzt werden. Beim offenen Rollenspiel werden nur die Problemsituation, die Zeit der Handlung, der Handlungsort und die Spielpartner im voraus festgelegt. Spielverlauf und Ausgang des Spiels mit den verschiedensten Lösungsmöglichkeiten bleiben also völlig offen und ergeben sich erst im Laufe des Spielprozesses. Als ein geeignetes Mittel zur Vorbereitung eines solchen Rollenspiels hat sich die Problemgeschichte, eine Art "Open-end-story", erwiesen, die die Möglichkeit der Entwicklung unterschiedlicher Lösungsstrategien bietet. Beim geschlossenen Rollenspiel dagegen werden auch noch der Verlauf der Spielhandlung und der Spielausgang im voraus festgelegt, so daß den Kindern kaum Raum zur eigenen Ausgestaltung des Spiels gegeben wird.

Folglich entscheiden sich die Rollenspielautoren alle für die offene Form des Rollenspiels, da nur diese aufgrund ihrer offenen Struktur bezüglich der Lösung von Konflikten die Möglichkeit bietet, verschiedene Lösungsstrategien zu entwickeln und womöglich auszuspielen. Dagegen findet das geschlossene Rollenspiel bei lediglich zwei Autoren (13 %) Erwähnung.

d) Weiter differenzierte Rollenspielformen

Das Formenspektrum des Rollenspiels wird über die bereits angeführten zum Teil gegensätzlichen Rollenspieltypen hinaus von sechs Autoren der Stichprobe (40 %) noch erweitert, indem sie Rollenspiele z.B. nach der Teilnehmerzahl (vgl. Haberkorn/Gerstacker 1978, 97 ff.; Huppertz/Huppertz 1975, 92), nach dem Ertrag des jeweiligen Rollenspiels für die Kinder (vgl. Kossolapow 1974, 128), nach dem Inhalt (vgl. Kuckartz 1973, 10) oder ihrer entwicklungsgemäßen Abfolge (vgl. Stuckenhoff 1978, 20 f.; Götte 1977, 36 ff.; Götte 1980, 69 ff.) differenzieren. Allerdings sind die diesbezüglich gemachten Ausführungen mit Blick auf die Technik des Rollenspiels kaum von Bedeutung und können an dieser Stelle vernachlässigt werden.

2. Didaktischer Aufbau des Rollenspiels

a) Stufenförmiger Verlauf des Rollenspiels

Jedes Rollenspiel besteht in seiner Grundform aus drei Teilen: Vorbereitung - Spiel - Diskussion. Allerdings ist diese Grundform für die Anwendung des Rollenspiels in der Praxis weiter zu differenzieren, wobei jedoch keineswegs bei jeder Durchführung alle Verlaufselemente angewandt werden müssen. Vielmehr hängt der Umfang von der Rollenspielübung bzw. Rollenspielfähigkeit der jeweiligen Spielgruppe ab. Amerikanische Rollenspielpädagogen haben in der Vergangenheit eine Methode des Rollenspiels entwickelt, die von den deutschen Spielpädagogen z.T. modifiziert, im wesentlichen übernommen wurde. Folglich stimmen die methodischen Anleitungen auch bei der von mir untersuchten Literatur stark überein. Daher möchte ich exemplarisch auf das neun Ablaufstufen umfassende Rollenspielkonzept von Shaftel/Shaftel hinweisen (Shaftel/Shaftel 1973, 49), dessen verschiedene Phasen des Rollenspielverlaufs ich anhand einer von Corburn-Staege ausgearbeiteten Erweiterung (Coburn-Staege 1977, 124 ff., 1974, 562 ff.) vorstellen möchte.

- Die Vorbereitungsphase beginnt mit der "Auswahl der Problemsituation". Diese sollte möglichst aus dem Erfahrungsbereich der Kinder entnommen werden und gut überschaubar sein.

- Die "Stufe der Einstimmung" (warming-up) mit Pantomimen und Interaktionsspielen zur Entspannung und Gruppenaktivierung oder mit problembezogenen Gesprächen ist besonders bei einer rollenspielunerfahrenen Gruppe von Bedeutung.

- Danach geht man zur "Erklärung der Situation" über, in der auf Details des Geschehens und auf die an der Geschichte beteiligten Personen eingegangen wird. Hier ist es durchaus schon möglich, sich aufgrund von Verhaltens- bzw. Lösungsanregungen der Kinder auf einen Handlungsvorschlag zu einigen, der szenisch dargestellt werden soll.

- Auf der "Stufe der Erklärung der Rollen der Spieler" sollten die Kinder nochmals kurz die beteiligten Personen bzw. Rollen charakterisieren, um wenigstens die Ausgangslage des Spiels klar vorzustrukturieren. Die Verteilung der zu spielenden Rollen kann freiwillig erfolgen oder auch vom Erzieher gesteuert werden (vgl. Freudenreich 1976, 88 ff.).

- Nach der Einweisung der Spieler erfolgt die "Erklärung der Rolle der Zuschauer", an die verschiedene Beobachtungsaufgaben vergeben werden sollten, um sie zu einer aktiven Teilnahme am Spielgeschehen zu motivieren. Mit dieser Stufe ist die Vorbereitungsphase des Rollenspiels abgeschlossen.

- Nun findet der Übergang zur "ersten Spielphase", zum szenischen Spiel selbst, dem Rollenspiel im engeren Sinn, statt. Es ist durch die ausgewählte Problemsituation zwar bestimmt, in seinem Ablauf jedoch nicht festgelegt, so daß eine Ausgestaltung durch unterschiedliche Rolleninterpretationen und Lösungsvorstellungen der Kinder möglich bleibt.

- Der "Diskussion" nach dem Spiel, mit der die erste Diskussionsphase eingeleitet wird, kommt eine große Bedeutung zu. Hier werden Darstellung und Handlungszusammenhang anhand der Beurteilung von Spielern und Beobachtern analysiert, wobei vielleicht der Ursache-Wirkungs-Zusammenhang von Handlungen offengelegt wird.

- Durch die "Wiederholung des Rollenspiels" können in einer zweiten Spielphase neue Handlungsalternativen dargestellt und andere in der Diskussion erarbeitete Lösungsmöglichkeiten ausprobiert werden. Dabei bieten sich spezielle Rollenspieltechniken, auf die ich noch zurückkommen werde, beim zweiten Spielversuch bzw. weiteren Spielversuchen geradezu an.

- In einer "erneuten Diskussion" werden anschließend die dargebotenen Handlungsalternativen wiederum analysiert und auf ihre Konsequenzen eingegangen.

- Je nach der Komplexität bzw. Vielschichtigkeit der gewählten Problemsituation können sich hieran noch weitere Spiel- und Diskussionsphasen anschließen. Dabei wird die letzte von Shaftel/Shaftel (1973) genannte Stufe des Rollenspiel - "Erfahrungen austauschen und verallgemeinern" - insbesondere im Vorschulbereich kaum erreicht. Es versteht sich von selbst, daß nicht jedes Rollenspiel exakt nach diesem Plan abläuft. Aber das dargestellte "Verlaufsschema repräsentiert jenen Orientierungsrahmen, der die wichtigsten Stufen des sozialen Rollenspiels enthält und darüber hinaus verschiedene Rollenspielformen miteinander verbindet" (Kluge 1981, 80). So wird der Verlauf des Rollenspiels in Stufen auch von acht Autoren (53 %) der Stichprobe als Grundlage des didaktischen Aufbaus einer Rollenspielsequenz berücksichtigt, während sieben Autoren (47 %) diesbezüglich keine Aussagen machen.

b) Verlaufsmodifikation für den Vorschulbereich

Innerhalb der Stichprobenliteratur machen insbesonder Stuckenhoff (1978) und Schmitt (1974, 1980) darauf aufmerksam, daß das kindliche Rollenspiel in seiner Gestaltung von dem Jugendlicher und Erwachsener zu unterscheiden ist. Für beide ist es im Vorschulbereich unumgänglich, ein solch differenziertes Spielschema, wie das von Shaftel/Shaftel (1973) bzw. Coburn-Staege (1974, 1977), zu reduzieren und gleichzeitig in entscheidenden Punkten zu variieren. So ist nach Schmitts Meinung das Rollenspiel mit Kindern gerade dieser Altersstufe im wesentlichen auf die ersten fünf, von Shaftel/Shaftel angeführten Stufen zu begrenzen, wobei der Vorbereitungsphase besondere Bedeutung beigemessen wird. Dagegen beschränkt sich die Spielphase auf einen Lösungsvorschlag der Kinder und wird demzufolge nicht lange dauern. Im Gegensatz zu Stuckenhoff rät Schmitt von einem bewertenden Gespräch im Anschluß an die szenische Darstellung ab und reduziert das Rollenspiel im vorschulischen Bereich somit auf ein 3-Phasen-Modell mit einem ausführlichen Gespräch, einer ausgiebigen Phase der Spielvorbereitung und schließlich der szenischen Darstellung des Problems.

c) Zwei wichtige Aspekte des Verlaufsschemas

Ebenfalls noch bezüglich des Rollenspielverlaufs werden zwei Aspekte hervorgehoben, die bei jeder Rollenspielsequenz Berücksichtigung finden. Zum einen handelt es sich um den "Wechsel von szenischem Spiel und Diskussion", auf den neun Autoren (60 %) besonders hinweisen. Durch die sich wiederholende Folge von Gespräch und spielerischer Darstellung besitzt das Kind die Möglichkeit, die Diskrepanz zwischen Denken und Sprechen einerseits und dem Handeln andererseits zu erkennen und sie eventuell zu überbrücken. So gelten die vor- und nachbereitenden Gespräche neben der szenischen Darstellung auch bezüglich der Motivation der Kinder durch den ständigen Tätigkeitswechsel als wesentliche Bestandteile des Rollenspiels.

Zum zweiten handelt es sich um den dem Rollenspiel eigenen "Wechsel zwischen Spiel und Beobachtung". Das bedeutet, daß eine Rollenspielgruppe grundsätzlich aus Spielern und Beobachtern besteht, wobei die Beobachter durch ihren großen Einfluß auf die Spieler den Handelnden durchaus gleichzustellen sind (vgl. Vagt 1974, 551 f.). Daher erscheint es der überwiegenden Zahl der Autoren, die diesen Aspekt berücksichtigen, unumgänglich, auch für die Zuschauer Rollen bzw. Aufgaben zu vereinbaren, um auch diese Gruppe aktiv und vernünftig am Geschehen beteiligen zu können. Einzig Stuckenhoff lehnt diese Beschäftigungstherapie nicht am Spiel beteiligter Kinder durch Beobachtungsaufgaben als zweifelhaftes und untaugliches Mittel ab (vgl. Stuckenhoff 1978, 74).

3. Spezielle Techniken im Rollenspiel

Zur Realisierung der einzelnen Stufen des Rollenspielschemas bzw. als Einwirkungsmöglichkeit zur Aufrechterhaltung der Spieltätigkeit und des Spielinteresses sowie zur Bearbeitung des Rollenspiels werden von der Mehrheit der Autoren in unterschiedlicher Anzahl "spezielle Techniken" angeführt, die ich im folgenden vorstellen möchte.

a) Rollentausch

Unter dieser Einwirkungstechnik ist zu verstehen, daß ein bereits dargebotenes Spiel wiederholt wird, wobei die Spieler, die zuvor miteinander gespielt haben, ihre Rollen tauschen, d.h. die Rollen des jeweiligen Gegenspielers - komplementäre Rollen - übernehmen. Dadurch kann das Verständnis für die Verhaltensweisen der Mitspieler, aber auch die Selbstwahrnehmung gefördert werden.

b) Rollenwechsel

Diese Technik bezieht sich insbesondere auf den oben erwähnten Wechsel zwischen Spiel und Beobachtung. Gemeint ist damit, daß ein Spieler seine Rolle an einen Beobachter abgibt und umgekehrt. So können viele Handlungsalternativen erprobt und erlebt, zugleich kann aber auch der Unzufriedenheit zuschauender Kinder entgegengewirkt werden.

c) Doppelgängermethode

Diese Methode, auch "Doppeln" genannt, kann besonders bei spielunerfahrenen Kindern dazu beitragen, Mißerfolge für die handelnde Person zu vermeiden, indem ein zweiter Spieler als Souffleur oder Hilfs-Ich den Rollenträger bei Schwierigkeiten unterstützt, die Rolle praktisch also doppelt besetzt ist.

d) Spiegelmethode

Sie dient vor allem der kindlichen Selbsterkenntnis. Hier wird der Rollenträger bei einer wiederholten szenischen Darstellung zum Beobachter, und eine andere Person kann durch exakte Imitation sein Verhalten in der vorangegangenen Szene nachahmen und veranschaulichen. So kann der Erstspieler seine Handlungen objektiver sehen und einschätzen, was womöglich eine Verhaltensänderung zur Folge hat. Allerdings besteht hier die Gefahr des Nachäffens oder Lächerlichmachens.

e) Selbstgespräch

Das Selbstgespräch ist dann angebracht, wenn ein Spieler den Eindruck vermittelt, daß sich in ihm Gefühle oder gar Affekte entwickelt haben, die im Spiel oder im Gespräch nicht ganz verarbeitet werden können. Dieser Spieler wird während oder nach dem Spiel angehalten, alles, was in ihm vorgeht, was ihn gerade bewegt, zu sagen, d.h. laut zu denken. So erhalten die Kinder einen Einblick in ihr Gefühlsleben, und indem sie ihre Regungen verbalisieren und zu ergründen versuchen, gelangen sie vielleicht zu einem neuen Verständnis ihres Verhaltens und zu weiteren Handlungsalternativen.

f) Rückmeldung

Bei dem "feed-back" handelt es sich um ein wesentliches Hilfsmittel zur Bearbeitung von Rollenspielen. Spieler und Beobachter teilen im Anschluß an die szenische Darstellung ihr Erleben, ihr Fühlen und ihr Wahrnehmen in bezug auf sich selbst und auf die anderen Mitglieder der Spielszene mit. So leistet diese Technik einen wichtigen Beitrag zur Selbsterfahrung der Kinder und zum Erwerb der Rollendistanz.

g) Reflektiertes Zuhören

Durch diese Methode kann konzentriertes Zuhören gelernt bzw. geübt werden. Dabei versucht in einem Zwiegespräch ein Gesprächspartner dem anderen aus eigener Sicht ein ihn bewegendes Problem zu erklären. Der andere versucht den Standpunkt bzw. die Situation des Erstgenannten zu erfassen und verbal auszudrücken, bevor er mit weiterführenden Fragen die Problementwicklung vorantreibt. Dieses reflektierte Zuhören ist sicherlich eine wertvolle Vorübung für die Doppelgängermethode.

h) Anbieten von Requisiten

Abschließend sei noch ein oft erwähntes Hilfsmittel genannt, das zwar von keinem Autor den speziellen Techniken des Rollenspiels zugeordnet wurde, dessen Anwendung das Spielgeschehen dennoch in erheblichem Maße beeinflussen kann. Es handelt sich um das Bereitstellen und Anbieten von Materialien, die die Kinder zum Spiel anregen oder ihnen helfen, sich mit der darzustellenden Rolle zu identifizieren. Sie können also sowohl die kindliche Phantasie anregen als auch mehr Sicherheit bei der Darstellung geben. Allerdings sollte dieses Hilfsmittel im Laufe der Entwicklung der Rollenspielfähigkeit nur begrenzt eingesetzt und immer weniger berücksichtigt werden. Denn in dem Maße, in dem die Kinder "Sicherheit im Rollenspiel gewinnen, sind sie auch in der Lage, von den Requisiten zu abstrahieren und mehr und mehr ihre 'So-tun-als-ob-Fähigkeit' einzusetzen" (Haberkorn/ Gerstacker 1978, 117).

i) Zusammenfassung

Letztlich bleibt bezüglich der speziellen Techniken des Rollenspiels festzuhalten, daß fast alle Autoren (87 %) auf diese Einwirkungs- und Bearbeitungsmöglichkeiten hinweisen, und dabei der Rollentausch von vier, der Rollenwechsel von neun, das Doppeln von drei, Spiegeln, Monolog, Rückmeldung und reflektiertes Zuhören von jeweils einem und das Anbieten von Requisiten von neun Autoren angeführt werden.

4. Erzieheraufgaben und Erzieherverhalten

An anderer Stelle wurde festgestellt, daß in der Stichprobenliteratur das angeleitete Rollenspiel im Zentrum des Interesses steht. Folglich ist davon auszugehen, daß das Gelingen des Rollenspiels und das Erreichen der mit ihm verbundenen Zielsetzungen sehr vom Verhalten des Erziehers abhängt, d.h. davon, welche Situationen er zum Spiel vorschlägt, welche Spieltechniken er anwendet und welche Impulse er zur Verarbeitung der Spiele gibt. So gesehen ist in den bisherigen Ausführungen zur Technik des Rollenspiels schon vieles über die Aufgaben und das Verhalten der Erzieher zum Ausdruck gebracht worden. Hier möchte ich jedoch noch auf zwei, bisher unberücksichtigte Aufgaben eingehen und schließlich das Erzieherverhalten beim Rollenspiel speziell unter dem Aspekt der Teilnahme oder Nicht-Teilnahme am Spiel erfassen.

a) Gruppenklima und Erziehungsstil

In entscheidendem Maße tragen so umfassende Faktoren wie die Atmosphäre innerhalb der Spielgruppe oder der Führungsstil der Erwachsenen zum Erfolg oder Mißerfolg des Rollenspiels bei. So besteht denn auch eine Aufgabe des Erziehers im Aufbau und in der Aufrechterhaltung eines Geborgenheit vermittelnden freundlichen Gruppenklimas, das Ehrlichkeit und Offenheit der Spieler untereinander fördert. In einer solchen Atmosphäre ist es mit Hilfe des Rollenspiels möglich, Konkurrenzverhalten und mit ihm die Hierarchie innerhalb der Gruppe abzubauen, Außenseiter zu integrieren oder auch Kinder dahin zu bringen, Kritik durch Alternativvorschläge zu ersetzen.

Das soziale Klima wiederum wird vom in der jeweiligen Spielgruppe praktizierten Erziehungs- bzw. Führungsstil geprägt. Angesichts der nachgewiesenen Abhängigkeit von Erzieherverhalten und Verhalten der Kinder plädieren die Rollenspielautoren allgemein für den "sozial-integrativen", "demokratischen" Erziehungsstil. Die Kinder sollen also vom Erzieher als gleichwertige und gleichberechtigte Partner akzeptiert und ihre Aktivität und Urteilsfähigkeit beratend und unterstützend angeregt werden. So wird auch unter dem Gesichtspunkt des für das Rollenspiel geeignetsten Erziehungsstils die initiierende, unterstützende und korrigierende Funktion des Erziehers nicht in Frage gestellt.

b) Einwirkungsmöglichkeiten des Erziehers

Das Einwirken der Erzieher auf das Rollenspiel der Kinder geschieht auf zweierlei Art; nämlich durch "Eingreifen von außen" oder durch "Mitspielen". Von außen kann das Spiel durch Fragen, Vorschläge, Erklärungen für ein bestimmtes Verhalten, Anknüpfen von Kontakten zwischen Spielern und direkte Anregungen beeinflußt werden. Dabei sollten die vom Erzieher gegebenen Impulse, und dies gilt für jegliche Form der Einwirkung auf Rollenspiele, stets unter dem Gesichtspunkt des fiktiven Themas gegeben und das Kind nicht als Kind, sondern als Rollenträger angesprochen werden. Das große Risiko dieser Eingreifmethode liegt darin, daß der Erzieher von den Kindern sehr leicht als störender Außenseiter angesehen wird und mit seinen Anregungs- und Strukturierungsvorschlägen von außerhalb abgewiesen werden kann.

Wirksamer, vor allem aufgrund eines ständigen Einflusses auf das Spielgeschehen und damit auf die Erlebniswelt der Kinder, erscheint die Form der aktiven Teilnahme am Spiel. Der Erzieher übernimmt aktiv eine Rolle, ist also vollkommen in das Spiel integriert und kann auf diese Weise auf verschiedenen Einwirkungsebenen (vgl. Kossolapow 1974, 129 f.) unbemerkt aus dem Spiel heraus neue Impulse geben und den Verlauf des Spiels in die von ihm gewünschte Richtung dirigieren. "Spezifisch an dieser Form der pädagogischen Einflußnahme ist der Umstand, daß der Erzieher nicht auf dem Hintergrund seiner Amtsautorität wirksam wird, sondern als gleichberechtigter Spielpartner" (Hartung 1977, 38). Dabei ist beim Mitspielen noch der Faktor des anschaulichen Vorführens von Bedeutung, denn als integrierter Spielpartner kann er besser als Modell fungieren. Darüber hinaus bleibt auch festzustellen, daß das angeleitete Rollenspiel durch das Mitspielen des Erziehers gegenüber dem spontanen nicht an Ungehemmtheit und Spielfreude verliert und durchaus auch seinen diagnostischen Wert aufrechterhält. In der Rolle eines "teilnehmenden Beobachters" erfährt der Erzieher bei dieser Form der Einwirkung ein ständiges feed-back bezüglich seiner pädagogischen Vorgehensweise und kann sie dadurch flexibler gestalten. Selbstverständlich sollte die aktive Beteiligung am Spiel nur dort erfolgen, wo sie gewünscht oder aus der Sicht des Erziehers als notwendig erachtet wird. Ansonsten sollte sich der Erzieher gemäß der pädagogischen Absicht, "sich nach und nach überflüssig zu machen", d.h. die Selbständigkeit der Kinder zu fördern, mit der Zeit aus dem Spielgeschehen zurückziehen.

c) Zusammenfassung

Bezüglich der Art der Ein- und Mitwirkung des Erziehers beim Rollenspiel bleibt festzuhalten, daß sich die Rollenspielautoren in großer Zahl (73 %) für die aktive Teilnahme am Spiel selbst aussprechen, während ein Autor für den Erzieher als "Berater von außen" votiert. Bei drei Autoren bleibt der Aspekt des Einwirkungsverhaltens unberücksichtigt. Selbstverständlich halten die elf Autoren, die das Mitspielen des Erziehers befürworten, auch die Möglichkeit der Einflußnahme von außen in bestimmten Situationen für durchaus denkbar. Das Mitspielen sollte also keinesfalls als einzig richtige Form der Einwirkung auf das kindliche Spiel verstanden werden. Allgemeingültige Aussagen darüber, in welcher Situation welche Art der Einflußnahme am sinnvollsten ist, gibt es jedoch nicht. Dies liegt allein im Ermessen des Erziehers, der sich in der konkreten Spielsituation unter Berücksichtigung der Rollenspielfähigkeit der jeweiligen Spielgruppe selbst entscheiden muß.

V. Schlußbetrachtung

Abschließend möchte ich noch auf einige, mir im Zusammenhang mit den Ergebnissen dieser Arbeit wichtig erscheinende Aspekte bzw. Fragen eingehen.

Dabei handelt es sich zunächst bezüglich der Zielsetzungen um die Berechtigung des wohl deutlich zum Ausdruck gekommenen Anspruches der Rollenspielautoren auf umfassende Entwicklungs- und Förderungsmöglichkeit aller Persönlichkeitsbereiche durch das Medium Rollenspiel. Angesichts des enormen Katalogs an Zielsetzungen entsteht zwar leicht der Eindruck, es handele sich hierbei um ein "Allheil-" oder "Wundermittel", mit dem alle pädagogischen Probleme gelöst werden können; aber ganz im Gegensatz zu den aus diesem Zielekatalog ersichtlichen überzogenen Hoffnungen und optimistischen Erwartungen der Autoren steht das bisher ungelöste Problem aller Rollenspiel-Konzeptionen, auch der Stichprobe, nämlich die schwer einzulösende Überprüfbarkeit der Erfolge des Rollenspiels bezüglich der erwünschten Ziele und damit zusammenhängend die Frage nach der Übertragbarkeit der im Rollenspiel angestrebten Fähigkeiten und Fertigkeiten (Kompetenzen) auf Realsituationen. So wird dieser Aspekt in der Stichprobenliteratur auch nur von sieben Autoren (47 %) angesprochen, die die Möglichkeit des Transfers aus ihrer bisherigen Rollenspielerfahrung heraus durchaus positiv einschätzen. In krassem Gegensatz zu dieser optimistischen Einschätzung steht jedoch das äußerst geringe

Maß an empirischer Überprüfung (Schmitt 1979; Fröhlich 1981); die empirisch nachweisbaren und überprüfbaren Ergebnisse aus der pädagogischen Praxis beziehen sich nämlich lediglich auf beobachtbare Veränderungen auf der Ebene des darstellenden Verhaltens.

Angesichts dieser Feststellung ist es m.E. angebracht, vor allzu übertriebenen Hoffnungen zu warnen, denn offensichtlich trägt die Handlung und Interaktion auf der realitätsfernen, unbelasteten und von Sanktionen freien Spielebene nicht in dem in der Literatur erwarteten Maße dazu bei, daß Kinder im Rollenspiel über das unverbindlich spielerische Darstellen hinaus - zumal die spielerische Tätigkeit im vorschulischen Bereich selbst noch Gegenstand des Lernens ist! - bestimmte Persönlichkeitseigenschaften, Haltungen, Einstellungen und Verhaltensmuster erwerben, die in der "Ernstsituation" des täglichen Lebens wirksam werden. Diese Aussage versehe ich nur mit der kleinen Einschränkung, daß, je näher sich Rollenspiel- und Realsituation kommen, d.h. je realistischer Handlungen im Rollenspiel sind, auch die Wahrscheinlichkeit steigt, realitätsrelevantes Verhalten entwickeln und üben zu können. So bleiben also die Beantwortung der Frage der "Überprüfbarkeit der Förderungsmöglichkeiten" im Rollenspiel und die Frage des "Transfers in der Realität" dringende Aufgaben der Rollenspielforschung. Eng mit dem Problem der Rollenspielwirkung und der Transfermöglichkeit verknüpft ist die in der Stichprobenliteratur ebenfalls kaum beachtete Frage nach dem "für das Rollenspiel günstigsten Erziehungskontext". Die große Bedeutung, die bezüglich des Erreichens der angeführten Zielsetzungen dem Erzieher z.B. als Verhaltensmodell zukommt, wurde im Text bereits herausgestellt. Ebenso wurde auf die Notwendigkeit einer freundlichen Atmosphäre in der Spielgruppe und eines partnerschaftlichen Erziehungsstils hingewiesen. Auch flankierende Maßnahmen, wie Informationsphasen, persönliche Begegnungen etc., tragen sicherlich zur besseren Wirksamkeit des Rollenspiels bei. Doch scheinen mir diese allein auf die vorschulischen Institutionen bezogenen Faktoren nicht ausreichend. Auch das weitere erzieherische Umfeld sollte in das Interesse der Rollenspielpädagogen mit einbezogen werden. So ist etwa die familiäre Situation der Kinder zu berücksichtigen und insbesondere die Lage der Eltern im Spiel mitzureflektieren. Denn die Ziele des Rollenspiels können niemals gegen das Elternhaus (die Folge wäre sicherlich eine Entfremdung des Kindes von seiner häuslichen Umgebung), sondern nur in Zusammenarbeit mit ihm verwirklicht werden.

So liegt ein wichtiger Grund für das Scheitern des Transfers sicherlich darin, "daß die überwältigenden Interaktionserfahrungen in der kindlichen Sozialisation (die durch die bestehenden sozialen Kontexte auch weiterhin stabilisiert werden) durch einige wenige Rollenspiele nicht plötzlich umgewandelt werden können. Kehrt das Kind nach den Spielen in seine Familie- oder Freundesgruppe zurück, so setzen sich die vorgegebenen Interaktionsstrukturen wieder durch" (Fritz 1975, 35) und unterdrücken bzw. annullieren die beim Rollenspiel erworbenen Fähigkeiten. Die einzige Möglichkeit für die Erzieher besteht dann darin, die Kinder durch Rollenspiele mit neuen Interpretationen für Konfliktsituationen auszustatten, um sie damit für eine effektive Vertretung ihrer eigenen Bedürfnisse zu stärken. So bleiben also die positiven Wirkungen des Rollenspiels insgesamt letztlich skeptisch zu beurteilen, "wenn sie nicht mit strukturellen Veränderungen in den Sozialsystemen einhergehen, wozu allerdings die Auseinandersetzung mit Inhalten und Zielen des Rollenspiels einen wichtigen Beitrag leisten kann" (Gümbel 1974, 521).

Ein letzter Aspekt, der hier angesprochen werden soll, betrifft die Ausführungen zur Technik des Rollenspiels. Dort wurde festgestellt, daß sich alle Autoren der Stichprobe in ihren Aussagen auf das angeleitete Rollenspiel beziehen, während die spontane, kindliche Form zum großen Teil nicht einmal Erwähnung findet. Dies erscheint angesichts des enormen Zielekatalogs durchaus verständlich, denn nur durch die Möglichkeit der Einwirkung auf das Spielgeschehen ist der Erzieher in der Lage, die Kinder in die von ihm beabsichtigte (Ziel-)Richtung (Manipulationsgefahr!) zu dirigieren. Dabei drängt sich jedoch zugleich die Frage auf, ob beim allseits propagierten angeleiteten Rollenspiel überhaupt noch das Spielmoment berücksichtigt wird oder "ob es nur als Lernmittel mit spielhafter Garnierung für übergreifende Ziele eingeplant wird" (Kluge 1980, 16). Der Spielcharakter bleibt beim Rollenspiel aber nur dann erhalten, wenn es in erster Linie als Angelegenheit der Kinder angesehen wird, und sich der Erzieher darauf beschränkt, möglichst günstige Voraussetzungen - Gruppenklima etc. - für seine Anwendung bzw. Durchführung zu schaffen.

Daraus folgend und zugleich aufgrund der oben erwähnten Skepsis bezüglich der Wirkungen des angeleiteten Rollenspiels, sollte m.E. trotz verschiedener Risiken dem spontanen Rollenspiel erheblich größere Beachtung geschenkt werden, damit das Kind frei und aus eigenem Antrieb das spielen kann, was es gerade beschäftigt, und die spielerische Tätigkeit an sich wieder in den Vordergrund rückt. Denn

"Rollenspiel ist Spiel und muß es bleiben. Kinder spielen nicht, weil sie etwas üben wollen, weil sie Erfahrungen vorwegnehmen oder den Partner besser verstehen wollen. Sie spielen, weil es ihnen Spaß macht" (Freudenreich 1976, 11). [1]

Anmerkung

1) Letztlich bleibt noch anzumerken, daß es sich bei dem vorliegenden Beitrag um den Auszug aus einer 1982/83 vom Verfasser angefertigten Diplomarbeit unter dem gleichen Titel handelt, und daß fast durchgehend von Erzieher gesprochen wird, wobei damit in terminologischer Hinsicht aber auch die im Titel erwähnte Erzieherin, Sozialpädagogen, Vorklassenlehrer, Kindergärtnerinnen etc., also all diejenigen, die im Vorschulbereich arbeiten, gemeint sind.

Literatur:

1. Literaturliste der Stichprobe

(römische Ziffer = Analyseeinheit / arabische Ziffer = Titelnummer)

Arbeitsgruppe Vorschulerziehung: Anregungen I. Zur pädagogischen Arbeit im Kindergarten, München 1979 (I.1)

Arbeitsgruppe Vorschulerziehung: Anregungen III. Didaktische Einheiten im Kindergarten, München 1976 (I.2)

Freudenreich, D. u.a.: Rollenspiel, Rollenspiellernen für Kinder und Erzieher, Hannover 1976 (II.3)

Gebauer, K.: Spielprojekte. Für Kinder im Kindergarten und in Schuleingangsklassen, Hannover 1976 (III.4)

Götte, R.: Sprache und Spiel im Kindergarten. Ein Handbuch zur Sprach- und Spielförderung ..., Weinheim 1977 (IV.5)

Götte, R.: Zur Praxis des Rollenspiels in Kindergarten und Schule. In: Kluge, N. (Hrsg.): Spielpädagogik, Bad Heilbrunn 1980, 67-76 (IV.6)

Günther, K.B.: Soziales Lernen durch strukturiertes Rollenspiel in Kindergarten und Vorschule. In: Nickel, H.W.: Rollenspielbuch, Recklinghausen 1972, 109-121 (V.7)

Günther, K.B.: Rollenspiel in der Eingangsstufe. In: Baumgartner, A./Geulen, D. (Hrsg.): Vorschulische Erziehung, Bd. 2, Weinheim 1975, 125-158 (V.8)

Günther, K.B./Baumgartner, A.: Rollenspiel als Medium der Emanzipation in der Vorschule. In: Kochan, B. (Hrsg.): Rollenspiel als Methode sprachlichen und sozialen Lernens, Kronberg 1974, 113-121 (V.9)

Haberkorn, R./Gerstacker, R.: Rollenspiel im Kindergarten - Erfahrungen aus Modellkindergärten, München 1978 (VI.10)

Huppertz, M./Huppertz, N.: Rollenspiel und Vorschulmappe. Sprachförderung im Kindergarten, Fellbach-Öffingen 1975 (VII.11)

Kerkhoff, E.: Pädagogische Komponenten des Rollen- und Konfliktspieles im Kindergarten. In: Blätter des Pestalozzi-Fröbel-Verbandes (1975), 97-102 (VIII.12)

Kossolapow, L.: Die Bedeutung des Rollenspiels in der vorschulischen Erziehung. Zur sozial-kognitiven Förderung des Kindes. In: Kochan, B. (Hrsg.): Rollenspiel als Methode sachlichen und sozialen Lernens, Kronberg 1974, 123-152 (IX.13)

Kuckartz, W.: Das (Rollen-) Spiel im Vorschulalter. In: Blätter des Pestalozzi-Fröbel-Verbandes (1973), 1-14 (X.14)

Kuckartz, W.: Rollentheorie und Rollenspiel. In: Die deutsche Schule (1974), 7-21 (X.15)

Schmitt, R.: Das problembezogene Rollenspiel in der Vorschule. In: Kochan, B. (Hrsg.): Rollenspiel als Methode sprachlichen und sozialen Lernens, Kronberg 1974, 153-171 (XI.16)

Schmitt, R.: Rollenspiele in einem gesellschaftspolitischen Vorschulcurriculum. Erste Ergebnisse einer Effektivitätsüberprüfung. In: Kluge, N. (Hrsg.): Spielpädagogik, Bad Heilbrunn 1980, 52-67 (XI.17)

Schulz, W.: Zur Bedeutung des Rollenspiels in Kindergarten und Grundschule. In: Klewitz, M./Nickel, H.W. (Hrsg.): Kindertheater und Interaktionspädagogik, Stuttgart 1972, 73-76 (XII.18)

Shaftel, F.R./Shaftel, G.: Rollenspiel als soziales Entscheidungstraining, München, Basel 1973 (XIII.19)

Shaftel, F.R./Shaftel, G.: Rollenspiel im Dienste sozialer Werte. In: Kochan, B. (Hrsg.): Rollenspiel als Methode sprachlichen und sozialen Lernens, Kronberg 1974, 49-70 (XIII.20)

Stuckenhoff, W.: Rollenspiel in Kindergarten und Schule. Eine Rollenspiel-Didaktik, Paderborn 1978 (XIV.21)

Wiesenfeldt, D.: Beobachtung der Äußerungen und Lernerfahrungen des Kindes im Spiel. In: Mörsberger, H. u.a. (Hrsg.): Der Kindergarten. Handbuch für die Praxis in drei Bänden, Bd.3, Freiburg 1978, 208-229 (XV.22)

2. Weitere Literatur

Atteslander, P.: Methoden der empirischen Sozialforschung, Berlin, New York 1971

Coburn-Staege, U.: Soziales Handeln durch Rollenspiele. In: Zeitschrift für Pädagogik (1974), 553-566

Coburn-Staege, U.: Lernen durch Rollenspiel, Frankfurt/Main 1977

Dahrendorf, R.: Homo Sociologicus, Opladen 1971

Dollase, R. (Hrsg.): Handbuch der Früh- und Vorschulpädagogik, Düsseldorf 1978

Friedrichs, J.: Methoden empirischer Sozialforschung, Reinbek 1973

Fritz, J. u.a.: Interaktionspädagogik. Methoden und Modelle, München 1975

Fröhlich, P.: Rollenspiel und Sozialverhalten. Zur Wirkung angeleiteter Rollenspiele auf die Handlungsfähigkeit benachteiligter Kinder, Frankfurt/Main 1981

Gümbel, G.: Zur Bedeutung von Rollenspielen für soziales und politisches Lernen. In: Die Grundschule (1974), 515-521

Gukenbiehl, H.L. (Hrsg.): Felder der Sozialisation, Braunschweig 1979

Hartung, J.: Verhaltensänderung durch Rollenspiel, Düsseldorf 1977

Kluge, N. (Hrsg.): Spielpädagogik. Neuere Beiträge zur Spielforschung und Spielerziehung, Bad Heilbrunn 1980

Kluge, N.: Spielen und Erfahren, Bad Heilbrunn 1981

Kochan, B. (Hrsg.): Rollenspiel als Methode sozialen Lernens, Königstein/Taunus 1981

Krappmann, L.: Neuere Rollenkonzepte als Erklärungsmöglichkeit für Sozialisationsprozesse. In: betrifft: erziehung, H. 3 (1971)

Krappmann, L.: Sozialisation im Spiel. In: Die Grundschule, H. 3 (1973)

Lisch, R./Kriz, J.: Grundlagen und Modelle der Inhaltsanalyse, Reinbek 1978

Mayntz, R./Hohn, K./Hübner, P.: Einführung in die Methoden der empirischen Soziologie, Opladen 1971

Schmitt, R.: Kinder und Ausländer. Einstellungsänderung durch Rollenspiel. Eine empirische Untersuchung, Braunschweig 1979

Vagt, R.: Rollenspiel als Methode. In: Deutsche Jugend (1974), 545-552

Watzlawick, P. u.a.: Menschliche Kommunikation, Stuttgart, Bern 1969

PERSPEKTIVE

"LERNANREGUNGEN"

Anke Hagen
Hans-Günther Roßbach

ZUR ERFASSUNG UND BEURTEILUNG DER PÄDAGOGISCHEN UMWELT IM KINDERGARTEN

Institutionelle Lernumwelten - z.B. Kindergärten, Kindertagesstätten, Eltern-Kind-Gruppen - stellen auch schon für kleine Kinder einen wichtigen Lebensbereich dar. Rund 75 % der Kinder im Alter zwischen 3 und 6 Jahren verbringen einen großen Teil des Tages in solchen Einrichtungen; aber auch für kleinere Kinder (0 bis 3 Jahre) ist nicht nur die häusliche Umgebung der einzige bedeutsame Lebensbereich. Mit zunehmendem Alter nehmen auch sie immer mehr an institutionellen Lernumwelten aktiv teil (vgl. Statistisches Bundesamt 1983).

Berücksichtigt man eine zentrale Aussage der Sozialisationsforschung - nämlich daß Entwicklung das Ergebnis einer aktiven Auseinandersetzung zwischen dem sich entwickelnden Kind und seiner bzw. seinen Umwelten ist (vgl. Bronfenbrenner 1981) -, so überrascht, daß trotz der hohen quantitativen Nutzung frühkindlicher Institutionen der konkreten Ausgestaltung der institutionellen Umwelten eher wenig Beachtung geschenkt wird. So gibt es z.B. im deutschsprachigen Raum keine Meßinstrumente, um sozialisationsrelevante Aspekte der unter pädagogischen Prämissen speziell hergestellten Umwelt im Kindergarten zu erfassen, während andererseits für die Entwicklung kindlicher Persönlichkeitsmerkmale - also der anderen Seite der ökologischen Formel - zahlreiche und differenzierte Meßinstrumente vorliegen (vgl. Bloom 1971, 204f; Tietze 1985, 1). Demgegenüber sind in den USA in den letzten Jahren verschiedene Versuche bekannt geworden, Qualitätsmerkmale frühkindlicher Lernumwelten zu bestimmen und erfaßbar zu machen. Darunter findet sich z.B. das relativ umfangreiche Instrument SAVI (Self Assessment/Validation Instrument) (SAVI 1979), das - im Sinne einer Checkliste - zur Überprüfung der Head Start Performance Standards im Rahmen von Head Start entwickelt wurde (vgl. Grotberg/Deloria 1983, 282). SAVI besteht aus einer strukturierten Liste von Fragen nach bestimmten

Performance Standards, deren Erfüllung festgestellt wird oder für deren Nicht-Erfüllung Gründe angegeben werden müssen. Insgesamt werden bis zu 350 verschiedene Einzelaspekte angesprochen.

Ein prinzipiell vergleichbares Verfahren wurde auch im Rahmen des Center Accreditation Process von der NAEYC (National Association for the Education of Young Children) zur Verbesserung der Betreuungsqualität in Day Care Centers entwickelt (vgl. NAEYC 1984). Zur Vorbereitung der Accreditation-Entscheidung, also der Bescheinigung einer bestimmten Qualität der kindlichen Betreuungsumwelt, wird eine Liste von 69 Kriterien für vorschulische Programme eingesetzt, deren Erfüllung jeweils auf einer Ratingskala eingeschätzt werden muß.

Während diese zwei Verfahren zur Einschätzung frühkindlicher Lernumwelten beide im Rahmen umfangreicher Organisationen (Head Start, NAEYC) entwickelt wurden, liegt mit der von Thelma Harms und Richard M. Clifford entwickelten Early Childhood Environment Rating Scale (ECERS) ein Meßinstrument vor, das zeitökonomisch und zugleich differenziert verschiedene sozialisationsrelevante Aspekte institutioneller Lernumwelten für kleine Kinder im Alter zwischen 0 und 6 Jahren erfaßt (Harms/Clifford 1980, 1983); eine adaptierte Version zur Beurteilung häuslicher Umwelten wurde ebenfalls entwickelt (vgl. Harms/Clifford 1984).

Die ECERS stellt dabei in ihrer Intention ein Instrument dar, das nicht nur in wissenschaftlicher Perspektive, sondern ebenfalls im Rahmen von Beratungs-, Supervisions- und Fortbildungskontexten eingesetzt werden kann. Aufgrund ihrer Zeitökonomie und Breite der Anwendungsmöglichkeiten soll im folgenden die ECERS ausführlich dargestellt und über Ergebnisse einer Pilotstudie mit einer für die Bundesrepublik Deutschland adaptierten Version berichtet werden.

Kapitel 1 beschreibt die für die USA entwickelte Version der ECERS, ihren Aufbau sowie die Leitlinien für eine erste deutsche Adaption. Im Anschluß daran, Kapitel 2, werden einige Hauptergebnisse einer in 18 deutschen Kindergärten durchgeführten Pilotstudie vorgestellt, die die prinzipielle Übertragbarkeit des Instruments untersucht (vgl. Hagen 1984).

I. Darstellung der Early Childhood Environment Rating Scale (ECERS)

1. Beschreibung der amerikanischen Originalskalen

Die ECERS - entwickelt am Frank Graham Porter Child Development Center der University of North Carolina at Chapel Hill - wurde von Thelma Harms und Richard M. Clifford in der Absicht konstruiert, ein relativ kurzes, zeitgenössisches Meßinstrument für verschiedenartige Anwendungsmöglichkeiten in Aus- und Fortbildung sowie Beratung- und Evaluationsarbeiten zur Hand zu haben (Harms/Clifford 1980, 1983). Die Autoren gehen dabei von einem breiter angelegten Umweltbegriff aus, der

- zum einen Aspekte der räumlich-physikalischen und der organisatorischen Umwelt,
- zum anderen aber auch Programmkomponenten sowie Merkmale der in diesen Umwelten stattfindenden interpersonalen Interaktionen umfaßt.

Die ECERS besteht insgesamt aus 37 komplexen - z.T. für Infants/Toddlers sowie für Preschoolers adaptierte - Ratingskalen, die sich auf 37 verschiedene Aspekte der institutionellen Lernumwelt beziehen. Die 37 Ratingskalen werden additiv zu 7 Dimensionen bzw. Subskalen zusammengefaßt. Eine striktere theoretische Legitimation der Auswahl der Dimensionen und Skalen muß jedoch noch erstellt werden.

Im folgenden werden kurz die sieben Dimensionen/Subskalen und die 37 erfaßten Aspekte der institutionellen Umwelt der amerikanischen Originalversion aufgeführt.

- Subskala 1: Personal Care (Betreuung/Pflege der Kinder):
   1) Begrüßung/Abschied
   2) Mahlzeiten/Imbiß
   3) Schlaf- und Ruhepausen
   4) Sanitäre Anlagen
   5) Körperpflege

- Subskala 2: Furnishing/Display (Möbel und Ausstattung für Kinder):
   6) Ausstattung für Pflegeroutinen
   7) Ausstattung für Lernaktivitäten
   8) Ausstattung für Entspannung/Erholung
   9) Raumgestaltung
   10) Kindgerechte Gestaltung

- Subskala 3: Language Reasoning (Sprache/Denken):
  11) Sprachverstehen
  12) Sprachgebrauch
  13) Denken
  14) Sprachgebrauch im (Kindergarten-) Alltag allgemein
- Subskala 4: Fine/Gross Motor (Aktivitäten zur Förderung der Fein- und Grobmotorik):
  15) Feinmotorik
  16) Anleitung/Beaufsichtigung (bei feinmotorischen Aktivitäten)
  17) Platz für Grobmotorik
  18) Ausstattung für Grobmotorik
  19) Vorgesehene Zeit für Grobmotorik
  20) Beaufsichtigung (bei grobmotorischen Aktivitäten)
- Subskala 5: Creative Activities (Kreative/Musische Aktivitäten):
  21) Malen/Formen
  22) Musik/Bewegung
  23) Bauklötze
  24) Sand/Wasser
  25) Rollenspiele
  26) Tagesplanung
  27) Beaufsichtigung (bei kreativen/musischen Aktivitäten)
- Subskala 6: Social Development (Sozialentwicklung):
  28) Rückzugsmöglichkeiten für Kinder
  29) Freispiel
  30) Teilgruppenarbeit (innere Differenzierung)
  31) Multikulturelle Erziehung
  32) Atmosphäre
  33) Vorkehrungen für Kinder mit besonderen Bedürfnissen
- Subskala 7: Adults (Erzieherinnen/Eltern):
  34) Räumlichkeiten speziell für Erzieher
  35) Fortbildungsmöglichkeiten
  36) Treffmöglichkeiten für Erwachsene
  37) Elternarbeit

Jeder der 37 genannten Aspekte wird auf einer siebenstufigen Skala gemessen. Die Skalenstufen 1, 3, 5 und 7 werden für jedes Item ausführlich beschrieben, während für die Skalierungsstufen 2, 4 und 6 keine eigenen Beschreibungen vorliegen. Diese Bewertungen sollen dann vergeben werden, wenn nur einzelne Teile der Merkmalsbeschreibungen der darunter und der darüber liegenden Stufen zutreffen, so daß eine eindeutige Zuordnung nicht möglich ist.

Abbildung 1 enthält dazu ein Beispiel aus der amerikanischen Originalversion.

Abb. 1: Item Nr. 9: Room arrangement

1
No interest centers defined. Room inconveniently arranged (Ex. traffic patterns interfere with activities). Materials with similar use not placed together.

2

3
One or two interest centers defined, but centers not well placed in room (Ex. quiet and noisy activities near one another, water not accessible where needed). Supervision of centers difficult, or materials disorganized.

4

5
Three or more interest centers defined and conveniently equipped (Ex. water provided, shelving adequate.) Quiet and noisy centers seperated. Appropriate play space provided in each center (Ex. rug or table area out of flow of traffic). Easy visual supervision of centers.

6

7
Everything in 5 plus centers selected to provide a variety of learning experiences. Arrangement of centers designed to promote independent use by children (Ex. labeled open shelves, convenient drying space for art work). Additional materials organized and available to add to or change centers.

Für die Einstufungen gelten allgemein folgende Regelungen:
- eine Einschätzung von 1 trifft zu, wenn gar keine Maßnahmen bzw. Vorkehrungen für die Gestaltung dieses Aspekts der Umwelt vorliegen,
- eine Einschätzung von 3 ist angemessen, wenn einige, aber im allgemeinen sehr wenige Vorkehrungen getroffen werden,
- eine Beurteilung von 5 muß vergeben werden, wenn geeignetes Material sowie ausreichend Platz zur Förderung der Aktivitäten der Kinder, die sie eigenständig durchführen können, vorhanden ist,
- eine Einschätzung von 7 darf nur dann vergeben werden, wenn alle Bedingungen aus Einschätzung 5 erfüllt sind und darüber hinaus die individuellen Bedürfnisse der Kinder berücksichtigt und auch in der Planung des Personals sichtbar werden. Zusätzlich müssen besondere Maßnahmen getroffen werden, die das selbständige Spiel sowie andere Tätigkeiten der Kinder ermöglichen.

Niedrige Einschätzungen beziehen sich somit in der Tendenz auf das Vorhandensein räumlicher bzw. materialer Aspekte, während höhere Einschätzungen zugleich Handlungsaspekte mitumfassen. Die Beurteilung der 37 Aspekte wird von einem trainierten Beobachter während eines ca. zweistündigen Besuchs einer Gruppe bzw. einer Institution vorgenommen. Während dieser Zeit müssen alle Umweltaspekte beurteilt werden, d.h. eine Einschätzung und/oder ein Ausfüllen nach dem Besuch soll vermieden werden. Eine strikte Reihenfolge, in der diese Skalen bearbeitet werden müssen, ist nicht vorgeschrieben. So können einige Skalen ausgefüllt werden, wenn noch keine Kinder da sind, während andere auf der Beobachtung der Interaktion der Kinder basieren. Aufgrund der relativ kurzen Zeit, die dem Beobachter zur Verfügung steht, ist es außerdem unumgänglich, daß zur Vervollständigung der Beobachtungen einzelne Fragen an die jeweiligen Erzieher gestellt werden.

Eine objektive Anwendung der ECERS soll nicht nur durch die ausführliche Beschreibung der Skalenstufen ermöglicht werden, sondern dazu dienen ebenfalls spezielle Trainingsmaterialien. Diese bestehen aus einer "Viewer's Guide" und einer ergänzenden Tonkassette zur Einübung der Skalenstufen (Harms 1983) sowie einer Diaserie, die anhand einiger einzelner ausgewählter Aspekte frühkindlicher institutioneller Lernumwelten das Verfahren im allgemeinen veranschaulichen soll.

In der vorliegenden Literatur zu der ECERS gibt es keine Hinweise auf die Auswahl und theoretische Begründung sowohl der einzelnen Ratingskalen als auch der zusammengefaßten sieben Subskalen. Die Skalen selbst sprechen verschiedene Umweltaspekte an, wobei im allgemeinen bei jeder Skala Objekte der Umwelt wie auch das diesbezügliche Handeln der Erzieher gleichzeitig erfaßt werden. Dadurch können sehr komplexe Informationen erhoben werden, die im Sinne eines "Screening-Instruments" einen schnellen Überblick über die Qualität der pädagogischen Umwelt in der institutionellen Lernumwelt erlauben. Allerdings zeigen sich Schwächen hinsichtlich der internen Konsistenz der Subskalen (Alpha von .32 bis .79 für die Subskalen; für den additiv gebildeten Gesamtwert .83). In diesem Zusammenhang empfehlen die Autoren selbst, die Subskalenwerte nicht für Forschungs- und Evaluationsarbeiten zu verwenden (vgl. Harms/Clifford 1980, 38f).

2. Die deutsche Adaption der ECERS

Ziel einer ersten Adaption der ECERS für die Situation in deutschen Kindergärten - d.h. nur für die Institutionen für 3 bis 6 jährige Kinder - war die Konstruktion einer mit den amerikanischen Originalskalen möglichst identischen Version, um somit die deutsche und amerikanische Version direkt vergleichen zu können.

Dazu wurde als erstes eine wortgetreue Übersetzung des amerikanischen Originals vorgenommen (vgl. Hagen 1984; eine modifizierte Erprobungsfassung wurde nach den ersten empirischen Erfahrungen von Tietze/Roßbach 1986 erstellt). Aufgrund der unterschiedlichen deutschen und amerikanischen Vorschulsituation traten jedoch einige Schwierigkeiten auf, die eine wörtliche Übersetzung einzelner Skalen nicht gestatten. Dementsprechend wurden zwar einige Beschreibungen stärker auf die deutsche Situation ausgerichtet, eine prinzipielle Veränderung der Skalen fand jedoch nicht statt. D.h. die 7 Dimensionen und 37 Ratingskalen blieben weitgehend in ihrer ursprünglichen Form bestehen.

Durch diese weitgehende Beibehaltung von Items und der Beschreibung ihrer Stufen können für die Bundesrepublik Deutschland einige "Decken-" und "Bodeneffekte" erwartet werden.

Einige Beispiele:
- Item 4, Diapering/Toiletting - Toilette:
In deutschen Vorschuleinrichtungen gehören kindgerechte sanitäre Anlagen, die von Kindern ohne die Hilfe Erwachsener benutzt werden können, zur Standardausstattung. Da in regelmäßigen Abständen die Überprüfung der Einhaltung dieser Standards durch staatliche Behörden (Jugendamt) erfolgt (vgl. Künzel/Moskal 1984, 68f), dürfte dieses Item im obersten Bereich der Skala liegen.

- Item 3, Nap/Rest - Ruhe/Schlafpausen:
Schlaf- und Ruhepausen sind explizit in der Bundesrepublik Deutschland nur in Kindertagesstätten vorgesehen, so daß in deutschen Regelkindergärten (ohne Betreuung über Mittag) Werte im untersten Bereich der Skalierungsstufen zu erwarten sind.

- Item 31, Cultural/Awareness - Multikulturelle Erziehung:
Auch wenn in deutschen Vorschuleinrichtungen die Arbeit mit Ausländerkindern zunehmend an Bedeutung gewinnt, richtet sich dieses Item in seiner Originalversion auf die spezielle Situation (ethnische Vielfalt) in den USA. Da diese Situation auf die Bundesrepublik Deutschland nicht zutrifft, müssen bei diesem Item Einschätzungen im untersten Bereich erwartet werden.

- Item 33, Provision for Exceptional Children - Vorkehrungen für Kinder mit besonderen Bedürfnissen:
Eine integrierte Förderung behinderter Kinder steht in der Bundesrepublik Deutschland noch in den Anfängen; in der Regel werden Behinderte in Sondereinrichtungen untergebracht. Ebenso existiert zur Zeit kaum eine besondere Aufmerksamkeit für "hochbegabte" Kinder. Aus beiden Gründen gibt es in deutschen Kindergärten im allgemeinen auch keine Maßnahmen für solche Kinder, so daß für dieses Item Einschätzungen im untersten Bereich erwartet werden können.

II. Hauptergebnisse einer Pilotstudie in der Bundesrepublik Deutschland

Das Ziel einer ersten Erprobung der übersetzten Version der ECERS bestand darin, die prinzipielle Anwend- und Übertragbarkeit des für die amerikanische Vorschulsituation entwickelten Instruments auszuloten (vgl. Hagen 1984).

Die Datenerhebung der Pilotstudie erfolgte im Sommer 1984 in drei deutschen Städten - Münster, Osnabrück und Siegen. In 18 Kindergärten mit insgesamt 43 Gruppen (Vormittagsgruppen), die von 1004 Kindern im Alter zwischen 2,7 und 7 Jahren besucht wurden, wurde das Instrument angewandt. Die durchschnittliche Gruppenstärke betrug 23,4 Kinder, die durchschnittliche Gruppenzahl pro Kindergarten 2,4. Die Mehrzahl der untersuchten Institutionen stand unter der Trägerschaft der Evangelischen Kirche. Die Einschätzungen der Kindergärten mit Hilfe der ECERS wurden von einem Rater vorgenommen; zum Ausfüllen der ECERS wurden durchschnittlich 1 1/2 Stunden benötigt.

Zusätzlich wurde ein Fragebogen zur Erfassung allgemeiner Rahmenbedingungen der untersuchten Kindergärten (z.B. Größe, Qualifikation der Betreuer, Merkmale der Umgebung, Träger) eingesetzt, der der Kindergartenleiterin vorgelegt wurde.

Die im folgenden berichteten Hauptergebnisse beschränken sich auf drei Fragestellungen:

1. Wie werden die verschiedenen Aspekte in den untersuchten deutschen Kindergärten eingeschätzt?
2. Lassen sich inhaltlich interpretierbare Dimensionen der untersuchten Aspekte identifizieren?
3. Welche Beziehungen zwischen den mit Hilfe der ECERS gewonnenen Einschätzungen und einigen ausgewählten Außenkriterien ergeben sich?

1. Beurteilung der verschiedenen Aspekte in deutschen Kindergärten

In einem ersten Schritt wurden Mittelwerte und Streuungen für jeden beurteilten Aspekt der Lernumwelt "Kindergarten" berechnet. Insgesamt liegt für die überwiegende Mehrzahl der Einrichtungen eine sehr positive Beurteilung in den verschiedenen Aspekten vor; rund 80 % der Mittelwerte sind größer/gleich 5 - die Vergabe einer 5 auf der 7er-Skala bedeutet, daß ein zu beurteilender Aspekt schon recht positiv bewertet wird. Die positiven Einschätzungen liegen deutlich höher als in den USA, obwohl auch dort rund 65 % der Beurteilungen größer/gleich 5 sind (vgl. z.B. Baily/Clifford/Harms 1982, 17).

Tabelle 1 enthält die Mittelwerte für die fünf am höchsten und die fünf am niedrigsten beurteilten Aspekte in den untersuchten deutschen Kindergärten (1 = niedrigste Einschätzung, 7 = höchste Einschätzung).

Tabelle 1: höchste und niedrigste Mittelwerte

höchste Items:	$\bar{x}$
4. Toilette	6,7
23. Bauklötze	6,2
35. Fortbildungsmöglichkeiten	6,0
29. Freispiel	5,9
1. Begrüßung/Abschied	5,8
9. Raumgestaltung	5,8
14. Sprachgebrauch im (Kindergarten-) Alltag allgemein	5,8

niedrigste Items:	
3. Schlaf- und Ruhepausen	1,0
33. Vorkehrungen für Kinder mit besonderen Bedürfnissen	1,0
31. Multikulturelle Erziehung	1,3
22. Musik/Bewegung	4,5
2. Mahlzeiten/Imbiß	4,8

Entsprechend der deutschen Situation sind die Aspekte "Schlaf- und Ruhepausen", "Vorkehrungen für Kinder mit besonderen Bedürfnissen" sowie "Multikulturelle Erziehung" in den untersuchten Kindergärten nicht vorhanden - abgesehen davon, daß sie u.U. wünschenswert sind. In der Rangreihe der Items folgt dann schon ein Sprung um gut drei Skalenpunkte, d.h. alle folgenden Aspekte werden schon recht positiv eingeschätzt.

Betrachtet man die fünf am höchsten beurteilten Aspekte, so zeigt sich hier die Tendenz zu sehr positiven Einschätzungen. Besonders deutlich wird, wie erwartet, der Deckeneffekt bei der Beurteilung der Toilette (Item 4, $\bar{x}$ = 6,7; überwiegend wurde der höchste Wert 7 vergeben), d.h. in fast allen Kindergärten entsprechen die sanitären Anlagen den höchsten Standards. Ähnlich verhält es sich auch mit der Ausstattung mit Bausteinen und Baumaterial.

Im allgemeinen zeigt sich eine Streuung von etwa einer Skalenstufe um den jeweiligen Mittelwert, so daß von Unterschieden in den untersuchten Kindergärten hinsichtlich der eingeschätzten Aspekte ausgegangen werden kann. Bei drei Items ist jedoch die Variation eingeschränkt. Ein Beispiel: Die Möglichkeit für Spiele mit Sand und Wasser wird in den untersuchten Kindergärten als mittelmäßig positiv (Mittelwert = 5.1) beurteilt, dabei unterscheiden sich jedoch die Einrichtungen kaum (Streuung = 0.4). In der amerikanischen Version zeigte sich demgegenüber eine größere Streuung als in der deutschen Version, spezifische Deckeneffekte wurden nicht beobachtet (vgl. Baily/Harms/Clifford 1982, 17). Damit wird deutlich, daß die amerikanischen Items und Skalenabstufungen eher auf die länderspezifische Situation in den USA abgestimmt sind. Dennoch läßt sich insgesamt für die Bundesrepublik Deutschland festhalten, daß die ECERS durchaus Aspekte erfaßt, in denen sich die untersuchten deutschen Kindergärten unterscheiden. Jedoch wäre es für die Weiterarbeit mit diesem Instrument wünschenswert, zum einen einige Items neu zu konstruieren bzw. aus dem Instrument herauszunehmen, zum anderen die Skalenstufen so umzuformulieren, daß in dem "positiven" Bereich eine bessere Differenzierung erreicht wird.

2. Dimensionierung der 37 Aspekte der ECERS

Die 37 Items werden in der amerikanischen Originalversion 7 Subskalen zugeordnet; konkret werden die Werte der jeweils zu einer Subskala gehörenden Items aufaddiert. Die Zuordnungsregeln sind nur theoretisch begründet, eine Faktorenanalyse zur Überprüfung der Struktur wurde in den USA nicht durchgeführt.

Das gleiche Vorgehen wurde auch bei der vorliegenden Untersuchung angewandt. Dabei zeigten sich zwar einerseits gegenüber der amerikanischen Version leicht verbesserte Reliabilitäten (interne Konsistenz, ALPHA von .43 bis .76), andererseits jedoch ergaben sich zum Teil - betrachtet man die Interkorrelationen der Subskalen (hier nicht wiedergegeben) - deutliche Inkonsistenzen: so gibt es mehrere Items, die mit den anderen Items anderer Subskalen hoch korrelieren.

Der Frage nach einer neuen, empirisch fundierten Dimensionierung der Items wurde mit Hilfe einer Faktorenanalyse nachgegangen. Berücksichtigt wurde dabei nur ein reduzierter Satz von 31 Items, da insgesamt 6 Items (die Aspekte 3, 4, 23, 24, 31, 33) aufgrund von problematischen Itemstatistiken ausgeschlossen wurden.

Eine Faktorenanalyse mit 31 Items bei nur 43 Einheiten ist problematisch. Um zumindest annäherungsweise die Dimensionierung der Items zu überprüfen, wurden mehrere Faktorenanalysen mit jeweils einem zufällig ausgewählten reduzierten Itemsatz durchgeführt. Insgesamt zeigte sich dabei jedoch die gleiche Struktur wie bei einer Faktorenanalyse mit allen 31 Items. Deshalb soll im folgenden - mit entsprechender methodisch/statistischer Vorsicht - nur über die Faktorenanalyse mit allen 31 Items gleichzeitig berichtet werden.

Durchgeführt wurden jeweils Hauptkomponentenanalysen mit anschließender VARIMAX-Rotation. Auf statistische Kriterien zur Festlegung der Faktorenanzahl wurde aufgrund der Probleme einer Analyse mit 31 Items bei nur 43 Einheiten verzichtet. Auswahlkriterium war deshalb hauptsächlich die Interpretierbarkeit der Faktoren.

Ausgewählt wurde eine Faktorenanalyse mit 3 Faktoren, die zusammen 53 % der Gesamtvarianz erklären.

Tabelle 2 enthält die Ladungen (nur größer/gleich .3) und Kommunalitäten. Bei der ersten Inspektion zeigt sich, daß es mehrere komplexe Items gibt, die auf zwei bzw. drei Faktoren recht hoch laden. Zur Interpretation sollen nur die Items herangezogen werden, die ihren Faktor mit einer Ladung größer/gleich .6 markieren.

Tabelle 2: Ladungen und Kommunalitäten

Item	Faktor			h_i^2
	1	2	3	
36 - Treffmöglichkeiten für Erwachsene	.76	-	-	.63
9 - Raumgestaltung	.74	-	-	.58
18 - Ausstattung für den Bereich der Grobmotorik	.74	-	-	.57
35 - Fortbildungsmöglichkeiten	.69	-	-	.49
7 - Ausstattung für Lernaktivitäten	.68	-	-	.47
6 - Ausstattung für Pflegeaktivitäten	.68	.44	-	.65
29 - Freispiel	.67	.42	.35	.74

Item	Faktor			h_i^2
	1	2	3	
17 - Platz zur Ausführung von Aktivitäten im Bereich der Grobmotorik	.66	-	-	.50
34 - Räumlichkeiten für die Erzieher	.62	-	-	.45
15 - Feinmotorik	.56	-	.37	.53
28 - Rückzugsmöglichkeiten für Kinder	.56	-	.53	.62
13 - Denken	.54	-	.46	.56
25 - Rollenspiel	.53	-	.41	.52
21 - Malen/Formen	.52	.43	.40	.62
11 - Sprachverstehen	.52	-	.45	.52
30 - Teilgruppenarbeit	.48	-	-	.37
8 - Ausstattung zur Entspannung	.45	-	-	.27
32 - Atmosphäre	-	.85	-	.75
1 - Begrüßung/Abschied	-	.73	-	.79
16 - Anleitung/Beaufsichtigung (Feinmotorik)	-	.72	.50	.64
14 - Sprachgebrauch im Kindergarten	-	.65	-	.46
27 - Beaufsichtigung von kreativen/ musischen Aktivitäten	-	.58	-	.46
12 - Sprachgebrauch	-	.55	.46	.53
26 - Tagesplanung	.30	.41	.39	.42
20 - Beaufsichtigung bei grobmotorischen Aktivitäten	.33	.41	-	.28
10 - Kindgerechte Gestaltung	.36	.40	.31	.39
5 - Körperpflege	-	-	.74	.60
2 - Mahlzeiten/Imbiß	-	-	.69	.53
37 - Elternarbeit	-	-	.68	.52
22 - Musik/Bewegung	-	.39	.55	.49
19 - Vorgesehene Zeit für Grobmotorik	.44	-	.50	.46

Faktor 1 erklärt 23,4 % der Gesamtvarianz. Neun Items haben auf dem 1. Faktor eine Ladung größer als .6; sie sprechen folgende Aspekte der pädagogischen Umwelt im "Kindergarten" an:
- die räumlichen Möglichkeiten für die betreuenden Erzieher, sich zurückzuziehen bzw. miteinander Probleme zu besprechen (Item 36, 34)
- die in der Einrichtung vorhandenen Möglichkeiten für Erzieher, sich z.B. über Fachliteratur fortzubilden (Item 35)
- die räumlichen und materialen Möglichkeiten für grobmotorische Spiele der Kinder (Item 18, 17)
- die materiale Ausstattung mit Möbeln und Material für die normale Arbeit und für spezielle Lernaktivitäten (Item 7, 6) sowie die Aufteilung des Raums in verschiedene Aktivitätszentren und deren Ausstattung (Item 9)
- die Möglichkeit, das Freispiel der Kinder durch vorhandenes, vielfältiges Material anzuregen (Item 29).

Damit läßt sich diese Dimension der pädagogischen Umwelt: Kindergarten als "räumlich-materiale Ausstattung" bezeichnen. Auch die Items mit niedrigeren Ladungen auf diesem Faktor passen in dieses Bild. Faktor 2 erklärt 15 % der Gesamtvarianz; vier Items haben eine Ladung größer als .6; sie beziehen sich auf die folgenden Aspekte:
- die Gesamtatmosphäre in der Einrichtung, die sich nicht zuletzt auch in der Gestaltung des Bringens und Abholens der Kinder zeigt (Item 32, 1)
- die Supervision der kindlichen Aktivitäten in den verschiedenen Bereichen, hier am deutlichsten bei der Supervision feinmotorischer Aktivitäten (Item 16)
- die mehr informellen Gespräche zwischen Kindern und Erziehern, die vermutlich als Indikator für den gesamten sprachlichen Umgang betrachtet werden können (Item 14).

Faktor 2 läßt sich somit am besten mit "Atmosphäre, pädagogische Anleitung durch Erzieher" benennen. In dieses Interpretationsmuster passen auch die Items mit niedrigeren Ladungen auf diesem Faktor.

Auf Faktor 3 laden drei Items größer als .6; der Faktor erklärt 14,6 % der Gesamtvarianz. Die drei Markieritems beziehen sich auf die folgenden Aspekte der pädagogischen Umwelt Kindergarten:
- auf die Betonung der Kinderpflege der Kinder (Item 5)

- auf die Gestaltung der Mahlzeiten, nicht zuletzt als eine Möglichkeit für Lernaktivitäten (Item 2)
- auf die verschiedenen Aspekte der Elternarbeit vom Kindergarten aus (Item 37).

Es läßt sich vermuten, daß dies Aspekte der pädagogischen Arbeit im Kindergarten sind, die auf ein "besonderes Engagement der Erzieher bei Zusatzaktivitäten" hinweisen; entsprechend soll dieser Faktor auch benannt werden.

Die - im Hinblick auf die statistischen Probleme mit Vorsicht zu betrachtende - Faktorenanalyse ergibt somit drei interpretierbare Faktoren, mit denen sich verschiedene und auch unterschiedlich bedeutsame Aspekte der pädagogischen Umwelt im Kindergarten erfassen lassen: "räumlich-materiale Ausstattung", "Atmosphäre/ pädagogische Anleitung durch Erzieher" und "besonderes Engagement der Erzieher bei Zusatzaktivitäten".

Die Reproduktion der sieben amerikanischen Subskalen war jedoch nicht möglich. Dies kann als Hinweis darauf betrachtet werden, daß eine einfache Übersetzung der amerikanischen Version nicht ausreicht, sondern daß umfassendere Neukonstruktionen, spezifischer abgestimmt auf die Situation in der Bundesrepublik Deutschland, erforderlich werden. Dazu wird es aber notwendig, die Struktur der ECERS und die Auswahl von Subskalen und Items stärker theoretisch zu begründen. Die hier dargestellte Faktorenanalyse kann dazu als Anregung dienen.

3. Beziehungen der mit der ECERS gewonnenen Einschätzungen zu Außenkriterien

Die explizite Validierung der ECERS bzw. der neukonstruierten Skalen stand nicht im Mittelpunkt der vorliegenden Arbeit. Dennoch wurde neben der ECERS auch ein Fragebogen eingesetzt, der den Kindergartenleiterinnen vorgelegt wurde und der einige allgemeine Daten zu den untersuchten Kindergärten sowie deren Umgebung erfaßte.

Auf der Ebene der untersuchten Einrichtungen (n = 18) wurden anhand dieser Daten drei komplexe Indikatoren gebildet:

- "Qualifikationsindex"
  Der Qualifikationsindex berechnet sich als Summe der gewichteten Qualifikationen der Betreuungspersonen in der Einrichtung; die Gewichtung reicht von "2" für eine Praktikantin bis "10" für eine Sozialpädagogin.

- "Auslastungsgrad"
  Der Auslastungsgrad eines Kindergartens bezeichnet das Verhältnis zwischen aktueller Anzahl der Kinder in der Einrichtung zur insgesamt vorhandenen Anzahl aller Plätze.
- "Soziotopenindex"
  Der Soziotopenindex erfaßt - in Anlehnung an den Soziotopenansatz (vgl. Bargel/ Kuthe/Mundt 1978) den sozioökonomischen und sozioökologischen Status des Einzugsbereichs eines Kindergartens. Niedrige Werte kennzeichnen eher benachteiligte Gebiete, während höhere Werte eher bevorzugte Einzugsbereiche charakterisieren.

Tabelle 3 enthält die Korrelationen dieser drei Indikatoren mit den aufgrund der Ergebnisse der Faktorenanalyse neu konstruierten Skalen und dem Gesamtwert der ECERS bestehend aus 31 Items. Für jede Skala wurden dabei die Items additiv zusammengefaßt, die ihre höchste Ladung auf dem betreffenden Faktor haben. Die Reliabilitäten dieser neuen Skalen liegen - berücksichtigt man die eher geringe Anzahl der Items pro Skala (z.B. besteht Skala 3 nur aus 5 Items) - ausreichend hoch (Alpha von .74 bis .90). Aufgrund der niedrigen Fallzahlen (n = 18 Kindergärten) sind die Korrelationen der Skalen mit den drei Indikatoren mit Vorsicht zu betrachten.

Tabelle 3: Korrelationen mit den Außenkriterien

	Qualifikationsindex	Auslastungsindex	Soziotopenindex
1. Räumlich-materiale Ausstattung	.30	.13	-.09
2. Atmosphäre / päd. Anleitung d. Erzieher	.11	.20	.13
3. Besonderes Engagement d. Erzieher bei Zusatzaktivitäten	.29	.03	.13
Gesamtwert	.29	.15	-.01

Die Korrelationen fallen sehr niedrig aus. Es gibt keine Beziehung zwischen dem sozioökonomischen und sozioökologischen Status des Kindergarteneinzugsbereichs und der Qualität des Kindergartens gemessen über die Skalen und den Gesamtwert der ECERS. Die Vermutung, daß mit dem Ansteigen des Soziotopenindex auch die Qualität der pädagogischen Umwelt im Kindergarten ansteigt, kann mit den vorliegenden Instrumenten nicht bestätigt werden. Eine Veränderung der Qualität des Kindergartens in Abhängigkeit von der Auslastungsquote läßt sich nicht feststellen. Bestenfalls gibt es eine leichte Tendenz dergestalt, daß gut ausgelastete Einrichtungen mit einer eher positiven Atmosphäre/pädagogischen Anleitung durch Erzieher einhergehen.

Durchgehend positiv wirkt sich - plausibel - das Qualifikationsniveau des pädagogischen Personals aus:
Je besser das Personal ausgebildet ist, desto positiver wird die materiale Ausstattung, das besondere Engagement der Erzieher sowie der Gesamtwert eingeschätzt. Besser qualifiziertes Personal scheint eher auf eine pädagogisch vertretbare räumlich-materiale Ausstattung zu achten sowie auch stärkeres Engagement in Fragen der Elternarbeit, der Beachtung der Körperpflege und der Gestaltung der Mahlzeiten als pädagogische Anregungssituation zu zeigen.

Wenn auch die Korrelationen recht niedrig ausfallen und aufgrund der geringen Fallzahlen mit Vorsicht betrachtet werden müssen, so zeigen sich doch plausible Beziehungen, die Hinweise auf die Validität der ECERS geben. Es ist aber zu berücksichtigen, daß hier keine explizite Validierung geplant war. Entsprechende Untersuchungen stehen noch aus.

3. Zusammenfassung und Ausblick

Meßinstrumente zur Erfassung sozialisationsrelevanter Qualitätsmerkmale frühkindlicher Lernumwelten sind im deutschsprachigen Raum kaum vorhanden. Diese Situation ist angesichts der Bedeutung, die die ökologische Sozialisationsforschung Umwelteinflüssen zuweist, sehr unbefriedigend. Demgegenüber sind in den USA in den letzten Jahren verschiedene Versuche bekannt geworden, die pädagogischen Umweltaspekte frühkindlicher Lernumwelten systematisch zu erfassen.

Einer dieser Versuche ist die ECERS (Early Childhood Environment Rating Scale), die ein zeitökonomisches Verfahren darstellt und die ihrer Intention nach nicht nur in wissenschaftlicher Perspektive, sondern ebenfalls im Rahmen von Beratungs-, Supervisions- oder Fortbildungskontexten eingesetzt werden soll.

In einem ersten Schritt wurde eine deutsche Übersetzung erstellt, wobei sich jedoch aufgrund der Unterschiedlichkeit der vorschulischen Situation in den beiden Ländern einige Probleme ergaben. Mit der übersetzten Version wurde in 18 deutschen Kindergärten mit 43 Gruppen eine Pilotstudie durchgeführt, die die prinzipielle Anwendbarkeit und die Übertragbarkeit des Instruments erproben sollte. Die durchschnittliche Ausfüllzeit pro Gruppe betrug etwa 1 1/2 Stunden.

Als Hauptergebnisse der Pilotstudie lassen sich festhalten:

- Die ECERS spricht durchaus Aspekte an, in denen sich die untersuchten Kindergartengruppen unterscheiden. In der Regel werden nur sehr positive Beurteilungen vergeben. Es wäre insgesamt wünschenswert, zum einen einige Items neu zu konstruieren bzw. aus dem Instrument herauszunehmen, zum anderen die Skalenstufen so umzuformulieren, daß in dem "positiven" Bereich besser differenziert wird.

- Eine Faktorenanalyse mit drei Faktoren erklärt 53 % der Gesamtvarianz. Die Faktoren erfassen bedeutsame Aspekte der pädagogischen Umwelt "Kindergarten": Räumlich-materiale Ausstattung, Atmosphäre/pädagogische Anleitung durch Erzieher sowie das besondere Engagement der Erzieher bei Zusatzaktivitäten. Eine Reproduktion der sieben amerikanischen Subskalen war nicht möglich. Die Ergebnisse der Faktorenanalyse können Anregungen für Neukonstruktionen geben, denen jedoch eine stärkere theoretische Begründung der Struktur der ECERS und der Auswahl von Subskalen und Items vorangehen sollte.

- Die Korrelationen der aufgrund dieser Faktorenanalysen gebildeten Skalen mit einigen Außenkriterien fallen eher niedrig aus. Es zeigen sich jedoch einige plausible Beziehungen, die Hinweise auf die Validität der ECERS geben. Dabei ist jedoch zu berücksichtigen, daß die Pilotstudie keiner expliziten Validierung diente.

Mit der hier vorgestellten Übersetzung der ECERS liegt somit zwar ein für praktische Zwecke brauchbares Instrument vor, dessen Nutzen - sowohl für praktische als auch für wissenschaftliche Anwendungen - aber noch gesteigert werden könnte.

Vordringlich erscheint eine stärkere theoretische Begründung der Struktur des Instruments sowie der Auswahl von Skalen und Items. Auf diesem Wege könnte zugleich eine bessere Anpassung des Instruments an die Situation in der Bundesrepublik Deutschland ermöglicht werden. An diesen theoretischen Begründungen arbeiten zur Zeit die Originalautoren Th. Harms und R.M. Clifford.

Zugleich wird an der Universität Münster unter Leitung von W. Tietze eine neue Erprobungsversion erstellt (vgl. Tietze/Roßbach 1986). Im Mittelpunkt stehen dabei nicht nur eine Verbesserung der technischen Qualität des Instruments, so daß eine verstärkte Anwendung in wissenschaftlicher Perspektive möglich wird, sondern ebenfalls die Anwendungsmöglichkeiten im Rahmen von Selbstevaluationsprozessen von Erzieherinnen bzw. allgemeinen Beratungs- und Fortbildungsprozessen. Gerade die Zeitökonomie des Instruments dürfte eine deutsche Adaption der ECERS für solche Professionalisierungsprozesse in der Praxis als sehr nützlich erscheinen lassen.

Literatur

Baily, D.B./Clifford, R.M./Harms, Th.: Comparison of preschool environments for handicapped and nonhandicapped children. In: Topics in Early Childhood 2 (1982), 9-20

Bargel, T./Kuthe, M./Mundt, J.W.: Die Indizierung von Soziotopen als Grundlage der Messung sozialer Disparitäten. In: Hoffmann-Nowotny, H.-J. (Hrsg.): Messung sozialer Disparitäten. Soziale Indikatoren VI. Konzepte und Forschungsansätze. Sektion Soziale Indikatoren in der Deutschen Gesellschaft für Soziologie. Frankfurt, New York 1978, 43-92

Bloom, B.S.: Stabilität und Veränderung menschlicher Merkmale, Weinheim, Berlin, Basel 1971

Bronfenbrenner, U.: Die Ökologie der menschlichen Entwicklung. Natürliche und geplante Experimente, Stuttgart 1981

Grotberg, E.M./Deloria, D.J.: Changing Strategies in Evaluations of Preschool Programs. In: Studies in Educational Evaluation 8 (1983), 281-289

Hagen, A.: Zur Erfassung von Lernumwelten in der frühen Kindheit, unveröffentlichte Diplomarbeit, Münster 1984

Harms, Th./Clifford, R.M.: Early Childhood Environment Rating Scale, New York/ London: Teachers College 1980

Harms, Th./Clifford, R.M.: Assessing Preschool Environment with the Early Childhood Environment Rating Scale. In: Studies in Educational Evaluation 8 (1983), 261-269

Harms, Th.: Viewer's Guide. Introduction to the Early Childhood Environment Rating Scale, Chapel Hill, North Carolina 1983

Harms, Th./Clifford, R.M.: The Family Day Care Rating Scale, Unpublished Paper. Chapel Hill, North Carolina 1984

Künzel, G./Moskal, E. (Hrsg.): Kindergartengesetz NW (Mit Kommentar), Köln 1984, 11. Aufl.

NAEYC Chap Field Test Commision: Criteria for High Quality Early Childhood Programs, Unpublished Paper 1984

SAVI: Head Start Program Performance Standards - Self Assessment/Validation Instrument. U.S. Department of Health and Human Services 1979

Statistisches Bundesamt (Hrsg.): Fachserie 1: Bevölkerung und Erwerbstätigkeit. Reihe 3. Haushalte und Familien 1982 (Ergebnis des Mikrozensus 1982), Stuttgart, Mainz 1983

Tietze, W.: Sozialisationsrelevante Strukturbedingungen in frühkindlichen Betreuungsformen. Konzeptionelle Überlegungen zur Erfassung von Settingstrukturen in der IEA-Preprimary-Study, unveröffentlichtes Manuskript, Münster 1985

Tietze, W./Roßbach, H.-G.: Bewertungsanleitung zur Einschätzung der Ausstattung und pädagogischen Arbeit im Kindergarten. Erste Erprobungsfassung der Early Childhood Environment Rating Scale von Th. Harms und R.M. Clifford, unveröffentlichtes Manuskript, Münster 1986

Lilian Fried

PRÄVENTION BEI SPRACHPROBLEMEN JUNGER KINDER: EVALUATION VON SPRACHFÖRDERMASSNAHMEN

I. Einleitung

In den letzten Jahren hat das präventive Anliegen für die Kindergartenerziehung zunehmend an Bedeutung gewonnen. Dies steht nicht zuletzt im Zusammenhang mit den Erfahrungen kompensatorischer Vorschulerziehung. Insbesondere die mittelfristig enttäuschenden Ergebnisse der vielfältigen Förderbemühungen haben eine umfassende Kritik am kompensatorischen Ansatz genährt (vgl. Bronfenbrenner 1974). An erster Stelle steht dabei die Forderung, die fragwürdigen, weil allzu globalen Verursachungstheoreme, wie das Schichtmodell, durch differenziertere Erklärungsansätze zu ersetzen (vgl. Feldbusch 1977; Herlyn 1985).

Einen Schritt in diese Richtung unternehmen Sonderpädagogen, die sich das Frühförderanliegen zu eigen gemacht haben; wobei die einschlägigen Literaturberichte belegen, daß es möglich ist, gefährdete kindliche Entwicklungen sowie deren Bedingungsgefüge schon sehr früh zu diagnostizieren und dem dann fördernd so zu begegnen, daß sich Entwicklungsstörungen gar nicht erst manifestieren (vgl. Rogner/Hoffelner 1981). Nicht zuletzt werden damit auch potentielle Folgeschäden vermieden.

Gleichzeitig werden mit der von Collins (1983) verkündeten "new era" der amerikanischen kompensatorischen Vorschulerziehung jüngste Befunde von Langzeitstudien vorgelegt, die Anlaß zu einer Revision der Erfolgserwartungen im Hinblick auf programmgeleitete Frühfördermaßnahmen geben. Hier zeigt sich nämlich nicht nur, daß früh geförderte Kinder langfristig schulische und berufliche Vorteile erfahren; es wird außerdem deutlich, daß sich die geförderten auf lange Sicht emotional, sozial und sprachlich günstiger entwickeln (vgl. Pettinger/Süssmuth 1983; Zigler/Berman 1983; Carter 1984; Hubbell et al. 1985).

Unter diesen Perspektiven ist das hier dargestellte Vorhaben zu sehen, Sprachentwicklungsstörungen bei Kindergartenkindern, deren Sprachentwicklung in den Teilaspekten "Lautbildung" und "Lautunterscheidung" gefährdet ist, vorzubeugen. Mit dieser Zielstellung haben wir ein "Paket" von Praxishilfen entwickelt und evaluiert (Fried 1980a, 1980b, 1981; Fried/Christmann 1987).
Im weiteren soll zuerst umrissen werden, wie dieses Gesamtprojekt auf den Forschungsstand bezogen ist.

II. Forschungsstand

Überblickt man die sprachentwicklungsbezogene Forschung, dann stellen im wesentlichen zwei Richtungen Informationen bereit, die bei Sprachfördermaßnahmen zu berücksichtigen sind: die Spracherwerbsforschung und die Evaluationsforschung zur kompensatorischen Vorschulerziehung. Dieser Erkenntnisstand läßt sich nach den folgenden vier Aspekten bündeln.

1. Programmgeleitete Förderung

Trainingsprogramme waren und sind in der Kindergartenpraxis gleichermaßen verbreitet wie umstritten (vgl. Huppertz/Huppertz 1975). Insbesondere die theoretische Basis solcher Förderhilfen wird kritisch bewertet (vgl. Valtin 1972). Aber auch die Fördermethoden, die mit diesen Programmen grundgelegt werden, finden nicht immer Zustimmung (vgl. Sander 1978). Nicht zuletzt wird die Wirksamkeit von programmgeleiteten Förderbemühungen grundsätzlich in Frage gestellt.

Leider werden programmgeleitete Fördervorhaben bei jungen Kindern im deutschsprachigen Raum bislang nicht allzu häufig evaluiert, so daß es nur ansatzweise möglich ist, diese kritische Auseinandersetzung um Förderprogramme zu objektivieren. Verkomplizierend wirkt zudem, daß die vorliegenden Evaluationsstudien nur schwer verglichen werden können. Nicht nur die Fördermaßnahmen sind heterogen, auch die Versuchsplanungen gestalten sich different. Selbst die Wirksamkeitskontrollen beziehen sich auf verschiedene Sprachaspekte. Außerdem werden die vorliegenden Untersuchungen keineswegs immer forschungsmethodischen Standards gerecht.

Sieht man davon ab, so ist programmgeleitete Förderung besser als ihr Ruf. Die Analyse der vorliegenden deutschsprachigen Förderevaluationsstudien von Fried (1985) hat jedenfalls zum Resultat, daß programmgeleitete Projekte nicht weniger Erfolge erzielen als Vorhaben ohne explizite Programmbasis; wobei die Fördereffekte durch verschiedene Wirkgrößen beeinflußt werden. An erster Stelle sind die Fördermethoden und die Förderbedingungen zu nennen.

2. Förderbedeutsame Persönlichkeitsvariablen

Bei Fördermaßnahmen darf nicht außer acht gelassen werden, daß die Sprachentwicklung als Teilkomponente der gesamtpersonalen Entwicklung zu betrachten ist (vgl. Grimm 1982a). Einige Wechselwirkungen sind inzwischen auch gut belegt.

Vor allem schichtspezifische Sprachentwicklungsdifferenzen werden vielfach berichtet. Uneins ist man sich allerdings, in welcher Form sich die Unterschiede ausprägen und wie dies zu werten ist (vgl. Bühler 1972; Schlee 1972; Neuland 1975). Korrespondierend dazu, widersprechen sich die Befunde zu schichtspezifischen Sprachförderwirkungen. Zwar werden in keiner der deutschsprachigen Evaluationsstudien, die sozioökonomische Größen beachten, deren Effekte auf Sprachförderwirkungen in Abrede gestellt; aber es bleibt ungeklärt, ob sozioökonomisch benachteiligte Kinder sensibler oder resistenter auf Förderimpulse reagieren (vgl. Eppel 1974; Jeske 1977).

Weitere Befunde sprechen für eine sprachentwicklungsbedeutsame Wirkung des dialektalen Sprachgebrauchs. So weiß man, daß primär mundartgeprägte junge Kinder bei den standardsprachlichen Verbalisierungsversuchen große Probleme haben. Dies gilt verstärkt, wenn diese Kinder der Unterschicht angehören (vgl. Reitmajer 1979). Gleichzeitig sprechen die Untersuchungsergebnisse von Leinhofer (1978) dafür, daß junge Dialektsprecher in besonderem Maße von Sprachfördermaßnahmen profitieren.

Weitere Befunde zu moderierenden Wirkungen von Persönlichkeitsvariablen liegen vor, werden in diesem Beitrag aber nicht berücksichtigt (vgl. Fried 1985).

3. Erziehereinflüsse

Das Erzieherverhalten wird als wichtige Bedingungsvariable kompensatorischer Vorschulerziehung häufig benannt, kaum aber je untersucht (vgl. Nickel 1985).

Im Rahmen der Spracherwerbsforschung wird dagegen die Wirkung des Erziehers (im weitesten Sinne) auf die kindliche Sprachentwicklung inzwischen detailliert erforscht. Insbesondere die Studien zum "Sprach-Lehren" von Erwachsenen nehmen derzeit einen breiten Raum ein (vgl. Moerk 1974). Ein wichtiges Ergebnis dieser Untersuchungen ist, daß erwachsene Sprecher ihr Sprachmodell intuitiv auf den kindlichen Sprachentwicklungsstand feinabstimmen ("motherese") und auf diese Weise stützend und stimulierend auf die Kindersprache einwirken (vgl. Bruner 1977). Andere Untersuchungsresultate lassen die Genese dieses feinabstimmenden Erzieherverhaltens erkennen. Insbesondere beeindruckt, mit welcher Sensibilität die Erwachsenen auf die wachsenden Sprachfähigkeiten des Kindes reagieren, indem sie ihre kommunikativen Hilfestellungen zurücknehmen (vgl. Fraser/Roberts 1975; Warren-Leubecker 1984). Wo dies allerdings nicht gelingt, ist die kindliche Sprachentwicklung gefährdet (vgl. Wyatt 1973).

Obwohl diese Studien auch Kinder im Kindergartenalter betreffen, wird in deutschsprachigen Untersuchungen das Sprach-Lehren von Kindergartenerziehern fast ganz außer acht gelassen. Lediglich Tausch u.a. (1970) erforschen den Einfluß des selbständigkeitsfördernden Sprachverhaltens von 13 Erzieherinnen auf das Ausmaß der in den Äußerungen der Kinder ausgedrückten Selbständigkeit. Dabei stellen die Autoren einen mittleren Zusammenhang fest (vgl. auch Kubinger 1973).

Schließlich deuten Analyseergebnisse amerikanischer Effektivitätsuntersuchungen von kompensatorischen Vorschulprogrammen darauf hin, daß Fördererfolge nicht zuletzt vom erzieherischen Engagement abhängen. Struck (1973) hebt in diesem Zusammenhang die Bedeutsamkeit der Erziehereigenschaften: Flexibilität, Begeisterungsfähigkeit und Kommunikationsfähigkeit hervor.

4. Elterneinflüsse

Der Aspekt der Elternarbeit erscheint in besonderem Maße förderungsrelevant. Dies belegen insbesondere amerikanische Effektivitätsstudien zu Frühförderprogrammen, wonach intensive Elternarbeit die bei den Kindern erzielten Fördererfolge auch langfristig abzusichern vermag (vgl. Pettinger/Süssmuth 1983; Zigler/Berman 1983; Hubbell et al. 1985). Beller (1979) kommt deshalb zu dem Schluß, daß Förderprogramme am erfolgreichsten sind, wenn Eltern und Kinder gleichermaßen in das Vorhaben einbezogen werden. Dem entsprechen auch Ergebnisse deutschsprachiger Effektivitätsstudien. Hier zeigt sich einmal, daß Fördererfolge bei aktiver Elternbeteiligung günstiger ausfallen (vgl. Wiedl/Ohm 1980). Umgekehrt wird offenbar, daß Fördermaßnahmen bei ausbleibendem Elternengagement in ihrer Wirksamkeit deutlich begrenzt bleiben (vgl. Wissen/Biesalski 1977).

Vor dem Hintergrund dieser Forschungslage zu vier herausgehobenen Aspekten früher Förderung wurde das nachfolgend dargestellte Gesamtprojekt konzipiert und erprobt.

III. Vorbeugende Sprachförderung von Kindergartenkindern, deren Sprachentwicklung in den Teilaspekten "Lautbildung"/"Lautunterscheidung" gefährdet ist: drei Untersuchungen

Im Mittelpunkt des Gesamtvorhabens steht die Entwicklung und Erprobung wirksamer Diagnose- und Förderhilfen für die Kindergartenpraxis. Vermittels dieses Materials sollen Erzieher dabei unterstützt werden, kindlichen Sprachschwächen vornehmlich im Bereich der Lautbildung/Lautunterscheidung vorzubeugen. Wichtig ist dabei, daß gefährdete Entwicklungsprozesse bereits zu einem Zeitpunkt diagnostiziert und gefördert werden können, zu dem sich Störungen noch nicht oder noch kaum manifestiert haben.

Die Entwicklung und Erprobung der Diagnoseinstrumente zur Lautbildung und Lautunterscheidung ist bereits abgeschlossen und dargestellt (vgl. Fried 1978, 1979; Fried/Ingenkamp 1982). Deshalb sollen im weiteren nur noch die drei Untersuchungen zur Effektivität der Förderkonzepte berichtet werden, wobei sich die Studien von Bellion-Riedel (1983; 1985) und Fried (1985) auf das Förderprogramm zur Lautbildung (Fried 1981) beziehen, während Kempfs (1984) Einzelfallanalysen das Förderprogramm zur Lautunterscheidung betreffen (Fried/Christmann 1987).

Die Konzeption dieser Untersuchungen erklärt sich aus den Fragen, die der skizzierte Forschungsstand nahelegt.

1. Forschungsfragen

Es stellten sich vier Fragen, die allerdings nicht in allen Studien und auch nicht mit gleicher Intensität verfolgt wurden:
1. Kann durch eine spezifisch lautbildungs-/lautunterscheidungsbezogene programmgeleitete Sprachaktivierung bei Kindergartenkindern die Lautbildung-/Lautunter-

scheidungsfähigkeit gefördert werden?

2. Können bestimmte Persönlichkeitsvariablen oder spezifische Konstellationen von Persönlichkeitsvariablen eine Fördersensibilität oder Förderresistenz von Kindergartenkindern bei einer programmgeleiteten Sprachaktivierung bewirken?

3. Können Sprachvorbild und Engagement des Kindergartenerziehers eine programmgeleitete Sprachaktivierung bei Kindergartenkindern begünstigen oder hemmen?

4. Kann Elternarbeit eine programmgeleitete Sprachaktivierung bei Kindergartenkindern begünstigen oder hemmen?

Diese Fragen wurden anhand verschiedener Gruppen von Kindergartenkindern geprüft.

2. Stichproben

Um den Stellenwert der einzelnen Ergebnisse besser bestimmen zu können, sollen die verschiedenen Stichproben knapp charakterisiert werden.

a. Stichprobe "Bellion-Riedel"

Untersucht wurden 62 vier- bis siebenjährige Kindergartenkinder, deren Lautbildungsentwicklung gefährdet ist, aus 10 Kindergärten ländlicher Gemeinden des Landkreises "Südliche Weinstraße". Es wurden zwei Teilstichproben von je 31 Kindern gebildet, die hinsichtlich der Kontrollvariablen: Lautbildung, Sprachentwicklung, Sprachnorm, Sozialstatus, Geschlecht und Alter vergleichbar sind.

b. Stichprobe "Fried"

Als Untersuchungsbasis dienten 91 vier- bis siebenjährige Kindergartenkinder, deren Lautbildungsentwicklung gefährdet ist, aus 19 Kindergärten des Landkreises "Südliche Weinstraße". Betroffen waren 7 Stadtkindergärten und 12 Kindergärten in ländlichen Gemeinden. Die Stichprobencharakteristika befanden sich hinsichtlich der Variablen: Sprachentwicklung, Intelligenz, Sozialstatus, Geschlecht und Alter in weitgehender Übereinstimmung mit dem (defizitären) Erkenntnisstand zur Grundgesamtheit. Noch wesentlicher war, daß die drei Teilstichproben im Hinblick auf die sprachentwicklungsbedeutsamen Schichtungsvariablen: Lautbildung, Sprachentwicklung, Intelligenz, Sozialstatus, Geschlecht und Alter parallel sind.

c. Stichprobe "Kempf"

Die 8 Einzelfallanalysen betrafen vier- bis fünfjährige Kindergartenkinder, deren Lautunterscheidungsentwicklung gefährdet ist, aus 2 Kindergärten einer ländlichen Gemeinde des Landkreises "Südliche Weinstraße".
Bei diesen Kindern wurden Daten vermittels verschiedener Meßinstrumente erhoben.

3. Meßinstrumente

Zum Einsatz kamen sowohl bereits vorliegende Tests als auch selbstentwickelte Meßinstrumente. Dies soll an jeweils zwei Beispielen konkretisiert werden.

a. Lautbildungstest LBT

Der Lautbildungstest für Vorschulkinder LBT (Fried 1980a) dient dazu, die sprachliche Teilleistung "Lautbildung", also die Fähigkeit, alle Muttersprachlaute normgerecht (unauffällig) zu bilden, bei vier- bis siebenjährigen Kindergartenkindern zu messen. Das folgende Itembeispiel veranschaulicht, daß jeder Muttersprachlaut an jeweils einem Prüfbild(wort) getestet wird (vgl. Abb. 1).

Abb. 1: Itembeispiel LBT: Prüfwort: Schnecke; Prüflaut: schn

Das standardisierte Prüfverfahren erlaubt es, zwischen altersnormgerechten, **ver**langsamten und kritischen Lautbildungsentwicklungen zu differenzieren.

Die Meßgüte des Testinstruments ist hinsichtlich Objektivität, Reliabilität und Validität belegt (vgl. Fried 1980a, 1985).

b. Lautunterscheidungstest LUT

Vermittels des Lautunterscheidungstests für Vorschulkinder LUT (Fried 1980b) kann die sprachliche Teilleistung "Lautunterscheidung", das ist die Fähigkeit, alle Muttersprachlaute (hinreichend) unterscheiden zu können, bei vier- bis siebenjährigen Kindergartenkindern getestet werden. Am Beispiel eines Testitems wird deutlich, daß dies für die einzelnen Muttersprachlaute jeweils anhand einer Bildfolge von drei Einzelbildern erfolgt (vgl. Abb. 2).

Abb. 2: Itembeispiel LUT: Prüfwort: Hase; Prüflaut: a (o)

Auch dieser Test ist geeicht, so daß es möglich ist, zwischen altersnormgerechter, verlangsamter und kritischer Lautunterscheidungsentwicklung zu unterscheiden. Außerdem ist die Güte dieses Meßverfahrens im Hinblick auf Objektivität, Reliabilität und Validität geprüft (vgl. Fried 1980b).

Darüber hinaus wurden bei der Untersuchung von Fried (1985) selbstentwickelte Schätzskalen eingesetzt.

c. Schätzskala "Erzieherengagement"

Mit der Schätzskala zum Erzieherengagement sollten Dimensionen des Erzieherverhaltens erfaßt werden, die in Sprachfördersituationen wesentlich sind. Die Konzeption dieser Skala leitete sich vornehmlich aus dem Sammelbericht von Struck (1973) ab, wonach den Erzieherverhaltensweisen "Flexibilität", "Begeisterungsfähigkeit" und "Kommunikationsfähigkeit" Relevanz zukommt. Die erste Instrumentenform entsprach dem, mußte aber mehrfach überarbeitet werden, bis schließlich die vierte Modifikation zufriedenstellte. Diese Instrumentenendform wird nachfolgend an einem Beispiel veranschaulicht (vgl. Abb. 3 auf der folgenden Seite).

Die meßtechnische Güte des Schätzverfahrens stellte hinsichtlich Objektivität, Reliabilität und Validität zufrieden (vgl. Fried 1985).

d. Schätzskala "Sprachvorbild"

Die Schätzskala zum Erziehersprachvorbild entspricht dem Spracherwerbsforschungsstand mit fünf Teilskalen: Sprachnorm, Artikulationsfähigkeit, Satzbildung/ Wortschatz, Sprechflüssigkeit/ -geschwindigkeit/ -rhythmus sowie Sprechmelodie (vgl. Grimm 1982b). Diese Strukturierung gewährleistet, die Teilskalen theoretisch klar zu trennen. Konfundierungsprobleme entfallen damit.

Die Instrumentenerstform bewährte sich in der Erprobung, so daß die je fünffach gestuften fünf Teilskalen unverändert zum Einsatz kamen.

Abb. 3: Itembeispiel: Dimension: Kommunikationsfähigkeit; Skala: Integrationsfähigkeit

Itembeispiel: Dimension: Kommunikationsfähigkeit
Skala: Integrationsfähigkeit

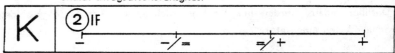

	Integrationsfähigkeit ② IF
⊖	Die Erzieherin - achtet nicht auf Integration - arbeitet nur mit hochmotivierten Kindern - steht selbst außerhalb der Gruppe
-/=	Die Erzieherin - achtet selten auf Integration - spricht selten "Außenseiter" an - steht selbst außerhalb der Gruppe
=/+	Die Erzieherin - achtet auf Integration - einzelne Kinder (Reaktionen) werden manchmal übersehen - versucht sich selbst in die Gruppe zu integrieren
+	Die Erzieherin - ist ständig darauf bedacht, alle Kinder in das Gruppengeschehen einzubeziehen - arbeitet mit allen Kindern der Gruppe - sieht sich (ist) selbst innerhalb der Gruppe

allgemein:

⊖ Erzieherin achtet nicht auf die Integration der Gruppenmitglieder

↕

⊕ Erzieherin versucht ständig, alle Gruppenmitglieder zu integrieren

Das folgende Itembeispiel konkretisiert diese Skala (vgl. Abb. 4).

Abb. 4: Itembeispiel: Sprachmelodie

| Sprachmelodie:
monoton/zu schrill | Sprachmelodie:
wenig moduliert | Sprache melodisch,
durchgängig an-
sprechend modu-
liert |

|⎯⎯⎯⎯⎯⎯⎯⎯⎯⎯⎯⎯⎯⎯⎯⎯|⎯⎯⎯⎯⎯⎯⎯⎯⎯⎯⎯⎯⎯⎯⎯⎯|⎯⎯⎯⎯⎯⎯⎯⎯⎯⎯⎯⎯⎯⎯⎯⎯|

Bei den Skalenanalysen resultierte eine hinreichende Meßgüte dieses Verfahrens (vgl. Fried 1985).

Auf der Basis der vermittels dieser Instrumente gewonnenen Daten gestaltete sich die Förderung.

4. Förderung

Es werden zunächst die Förderinstrumente kurz charakterisiert und dann die Durchführungen der Fördermaßnahmen umrissen.

a. Sprachförderprogramme

Den Untersuchungen von Bellion-Riedel (1983; 1985) und Fried (1985) liegt das Sprachförderprogramm "Spiele und Übungen zur Lautbildung" (Fried 1981) zugrunde. Diese Sammlung von Spiel- und Förderimpulsen bietet dem Kindergartenerzieher eine Fülle von Anregungen, Sprachsituationen auf bestimmte Laute hin zu "verdichten". Dies hat zur Konsequenz, daß Muttersprachlaute, die der junge Sprecher noch nicht (gut) bilden kann, häufiger als in natürlichen Sprachlernsituationen gehört und gesprochen werden. Der Spielcharakter der Förderangebote bewirkt dabei, daß die kindliche Sprechfreude nicht beeinträchtigt wird. Dies soll das folgende Übungsbeispiel noch konkreter machen (vgl. Abb. 5).

Abb. 5: Übungsbeispiel: Programm "Spiele und Übungen zur Lautbildung"

i	Zeit: 5-10 Min.	Gruppengröße: 3-10 Kinder

Übungsvorlage:
Geschichte: Im Schwimmbad.
Gestern war ich im Schwimmbad. Ich freute mich sehr auf das Wasser und rannte sofort ins Becken. Aber das Wasser war eiskalt. "Iiiii!" Später wollte ich mich abtrocknen. Aber das Handtuch war klitschnaß. "Iiiii!"

Übungsablauf:
Die Übungsleiterin erzählt die Geschichte. (Es sollten noch weitere Sätze angefügt werden.) Der Schreckensruf "Iiiii!" wird jeweils mehrmals wiederholt. Wichtig ist, daß die Kinder angeregt werden, das "Iiiii!" mitzurufen.

Variationsmöglichkeit:
Die Kinder werden aufgefordert, von Erlebnissen zu berichten, die ihnen einen Schrecken eingejagt haben. Die Gruppe ahmt den Schrecken durch den "Iiiii!"-Ruf nach und lacht anschließend befreiend, weil ja alles gutgegangen ist.

Das spielerische "Üben" des i-Lautes wird hier über eine Identifikation des Kindes mit der Erzieherin angestrebt. Gelingt dies, so erleben die Sprachanfänger die angebotene Sprachsituation mit. Auf diese Weise wird provoziert, daß das Kind den i-Laut spontan mit der Erzieherin mitbildet. Die Spielsituation gestaltet sich so zu einem gemeinsamen Spracherleben, das dann auch ohne Schwierigkeiten noch weiter ausgebaut werden kann. Spielerische Improvisationen sind bei diesem Wechselspiel erwünscht.

Kempf's (1984) Fallstudien basieren dagegen auf dem Sprachförderprogramm "Neue Spiele und Übungen zur Lautunterscheidung" (Fried/Christmann 1987). Auch diese Förderhilfe soll Kindergartenerzieher dazu anregen, "verdichtete" Sprachlernsituationen herzustellen. Darüber hinaus bezieht sich ein Teil dieser neueren Spiel- und Übungsanregungen zur Lautunterscheidung, wie das folgende Übungsbeispiel zeigt, auch auf sprachbeeinflussende (Gedächtnis- und) Wahrnehmungsleistungen, so daß mit diesem Programm ein integrativer Förderansatz zugrundegelegt wird (vgl. Abb. 6).

Abb. 6: Übungsbeispiel: Programm "Neue Spiele und Übungen zur Lautunterscheidung"

m (n)	Bereich: rhythmisch	Zeit: +	Gruppengröße: 2-4 Kinder

Übungsablauf:
Kleine Gespräche
Die Kinder spielen kleine Alltagsgespräche. (Beispiel: Im Supermarkt an der Kasse;

Fahrt auf dem Karussell usw.). Dabei dürfen sie außer der Körpersprache nur folgende Laute (Lautgruppen) verwenden: Hmm! Mmm! Nee-nee! Naja! Nana! Nie! Na? Mm? Je mehr Phantasie die Spielgruppe entwickelt, desto mehr Spaß bereitet diese Übung. Wichtig ist bei dieser Übung, daß Körpersprache sowie Sprechmelodie und Sprechrhythmus besonders betont und abwechslungsreich eingesetzt werden.

b. Durchführung der Fördermaßnahmen

In allen drei Untersuchungen (Bellion-Riedel 1983; Kempf 1984; Fried 1985) wurden die Kinder auf der Basis dieser Programme durch die jeweiligen Kindergartenerzieherinnen gefördert. Die Förderzeiträume erstreckten sich zwischen drei (Bellion-Riedel 1983; Kempf 1984) und sechs Monaten (Fried 1985). Der tatsächlich geleistete Förderaufwand betrug bei Kempf (1984) im Mittel 3 Stunden. Bellion-Riedel (1983) berichtet dagegen von durchschnittlich 12 Stunden Förderung. Bei Fried (1985) wurden die Kinder im Durchschnitt 34 Stunden gefördert.

Die Kindergärtnerinnen wurden für ihre Förderaufgaben zwar nicht speziell geschult, aber es wurden ihnen Förderpläne an die Hand gegeben, die auf die spezifischen Sprachprobleme jeder Förderkleingruppe zurechtgeschnitten waren. Diese Übungspläne basierten zunächst allein auf den Diagnoseresultaten der Kinder einer Fördergruppe. Im weiteren Verlauf der Fördermaßnahmen wurden dann auch die Beobachtungen der fördernden Kindergärtnerinnen hinsichtlich der Sprachentwicklungsprozesse ihrer Fördergruppenkinder in die Planung miteinbezogen.

c. Förderungsbegleitende Elternarbeit

Allein bei Frieds (1985) Untersuchung fand förderungsbegleitend Elternarbeit statt. Diese gestaltete sich sehr aufwendig, da immerhin sieben Elternkleingruppen über einen sechsmonatigen Förderzeitraum betreut werden mußten. Dazu wurden in zwei- bis vierwöchigem Abstand Treffen der verschiedenen Gruppen initiiert. Diese Elternabende waren bezüglich der Ziel- und Themenstellung standardisiert. So wurden Kenntnisse zur kindlichen Sprachentwicklung, zu Sprachentwicklungsstörungen sowie zu Fördermöglichkeiten vermittelt. Ebenso bedeutsam war es aber auch, Unsicherheiten und Ängste anzusprechen, die Eltern von Kindern beschäftigen, deren Sprachentwicklung auffallend verläuft. Nicht zuletzt war die Elternarbeit so angelegt, daß die Eltern üben konnten, selbständig kleine Fördersammlungen und -planungen zu erstellen und in Spielformen umzusetzen.

Als Problem wog schwer, daß nur ein Drittel der Eltern über den gesamten Förderzeitraum an der Elternarbeit interessiert blieb. Zwar wurde dem durch Elterninformationsbriefe begegnet, in denen jeweils die Problemstellungen der Elterntreffen aufgearbeitet waren; aber natürlich bot diese "schriftliche Elternarbeit" keine Gewähr dafür, daß die Eltern die Informationen tatsächlich aufnahmen und umsetzten. Außerdem entfielen bei dieser Lösung die praktischen Übungen zwangsläufig.

Die Erfolge dieser umfassenden Förderanstrengungen schlugen sich in den Untersuchungsergebnissen nieder.

6. Ergebnisse

Die Ergebnisse der drei Studien werden den Fragestellungen entsprechend angeordnet.

a. Programmgeleitete Förderung

Allein Kempf (1984) untersuchte anhand von Fallbeispielen, ob es gelingt, die Lautunterscheidungsentwicklung vermittels der "Neuen Spiele und Übungen zur Lautunterscheidung" (Fried/Christmann 1987) zu stimulieren. Dabei zeigte sich, daß trotz des recht begrenzten Förderaufwands immerhin sieben von acht Kindern ihre Lautunterscheidung, gemessen mit dem Lautunterscheidungstest für Vorschulkinder LUT (Fried 1980b), verbessern.

Bellion-Riedel (1983, 1985) evaluierte hingegen die "Spiele und Übungen zur Lautbildung" (Fried 1981). Hier zeigten sich die Fördererfolge in Form von bedeutsamen mittleren Verbesserungen der mit Hilfe des Lautbildungstests für Vorschulkinder LBT (Fried 1980a) gemessenen Lautbildungsleistung (Wilcoxon-Test). Immerhin lernten die geförderten Kinder im Mittel ca. drei Laute neu zu bilden.

Auch bei Fried (1985) ließen die vermittels des Lautbildungstests für Vorschulkinder LBT (Fried 1980a) gemessenen Lautbildungszugewinne der geförderten Kinder erkennen, daß mit Hilfe des Lautbildungstrainingsprogramms (Fried 1981) Sprachentwicklungsprozesse erfolgreich angeregt werden können (Varianzanalyse für Meßwiederholungen). Hier lernten die geförderten Kinder im Mittel sogar 4 Muttersprachlaute hinzu. Verglichen mit den Kontrollgruppenkindern, die durchschnittlich nur ca. 2 Laute neu erwarben, liegt damit eine bedeutsame Entwicklungsbeschleunigung vor.

Der Vergleich mit anderen Untersuchungsergebnissen unterstreicht, daß diese Resultate eine gelungene Akzeleration der Lautbildungsleistungen der geförderten Kinder indizieren. So berichten Castell u.a. (1980), daß Kinder zwischen dem dritten und siebten Lebensjahr durchschnittlich fünf Muttersprachlaute hinzulernen. Zu diesem Befund muß man allerdings beachten, daß die untersuchten Kinder, die eine Zufallsstichprobe aus der Bevölkerung darstellen, weder speziell sprachentwicklungsgefährdet noch in besonderer Weise sprachlich gefördert waren.

Dagegen evaluieren Rogner/Hoffelner (1981) zweijährige sprachtherapeutische Bemühungen bei jungen Sprachgestörten. Der Erfolg dieser Maßnahme kommt darin zum Ausdruck, daß immerhin 83,3 % der Lautbildungsfehler abgebaut werden können. Im Vergleich dazu zeigen die geförderten lautbildungsgefährdeten Kinder in der Untersuchung von Fried (1985) schon nach drei Monaten 62,5 % weniger Lautfehlbildungen.

Über diese quantitativen Lautbildungszugewinne hinausgehend, gibt die Untersuchung von Fried (1985) auch Aufschluß über qualitätsbezogene Fördererfolge, die sich an Prozeßindizes ablesen lassen.

Unterscheidet man z.B. zwischen strukturgemäßen Lautbildungsentwicklungen, also Prozessen, die der natürlichen Lautabfolgeentwicklung entsprechen und solchen, die davon abweichen, dann zeigt sich, daß die geförderten Kinder ganz im Gegensatz zu den Kontrollgruppenkindern keine strukturabweichenden Entwicklungen erkennen lassen.

Im Hinblick auf die Stabilität der Lautbildungen gilt ähnliches. Während bei immerhin ca. 50 % der Kontrollgruppenkinder fluktuierende Lautfehlbildungen zu verzeichnen sind, weisen nur ca. 20 % der geförderten Kinder solche Instabilitäten auf.

Man kann deshalb folgern, daß es gelungen ist, bei den geförderten Kindern vergleichsweise strukturgemäßere und stabilere Lautbildungsprozesse zu bewirken. Damit können die Programmwirkungen nicht nur im Hinblick auf eine Akzeleration, sondern auch im Sinne einer Normalisierung der Lautbildungsentwicklung gedeutet werden. Dafür sprechen nicht zuletzt auch die langfristigen Fördereffekte, wonach noch nach zwei Jahren eine qualitätsbezogene Überlegenheit der geförderten Kinder erkennbar wird.

b. Differentielle Fördereffekte

Sowohl in der Untersuchung von Bellion-Riedel (1983) als auch bei Fried (1985) wird geprüft, ob die Fördereffekte in Abhängigkeit von kindlichen Persönlichkeitsvariablen gesehen werden müssen. Dabei zeigt sich in beiden Forschungen, daß Kinder mit ungünstigen Voraussetzungen am stärksten profitieren.

Bei Bellion-Riedel (1983) erzielen Kinder mit unterdurchschnittlichem Sprachentwicklungsniveau, die der Unterschicht angehören, tendenziell einen überdurchschnittlichen Lernzuwachs in ihrer allgemeinen Sprachentwicklung (Konfigurationsfrequenzanalyse). Fried (1985) ermittelt ebenfalls, daß multipel sprach- und statusbenachteiligte Kinder (Dialekt; Soziolekt; Sprachentwicklungsniveau) überdurchschnittliche Lautzugewinne erreichen.

Sucht man nach Erklärungen dafür, daß umfassender sprachlich benachteiligte Kinder vergleichsweise große Vorteile aus gezielten Sprachfördermaßnahmen ziehen, so liegt die Vermutung nahe, daß es sich hier vornehmlich um einen Nachholeffekt handelt. Bedenkt man nämlich, daß für die sprachlich benachteiligten Kinder auf die Reizverarmung eine Reizverdichtung folgt und läßt man dazu nicht außer acht, daß diese Kinder darauf angewiesen waren, angebotene Reize intensiv zu verarbeiten, dann erklärt sich, daß gerade diese jungen Sprecher die ihnen gebotene Reizfülle optimal nutzen können.

Solche Zusammenhänge legen nicht zuletzt Sammelberichte zu amerikanischen Langzeitstudien vorschulischer kompensatorischer Erziehung nahe. So berichtet z.B. Collins (1983) in seiner umfassenden Bewertung der Head-Start-Effekte, daß vornehmlich sprachlich beeinträchtigte, aber auch umfassender benachteiligte Kinder in ihrer Sprachentwicklung überdurchschnittlich angeregt werden konnten (vgl. auch Hubbell et al. 1985).

c. Moderierende Einflüsse des Erzieherverhaltens

Das Erzieherverhalten erwies sich in der Untersuchung von Fried (1985) als ausgesprochen förderungsbedeutsam (Varianzanalyse für Meßwiederholungen). Interessant ist allerdings, daß weder der Aspekt "Sprachvorbild" noch der Aspekt "Engagement" allein Wirkung zeigte. Hingegen war die Kombination beider Verhaltensaspekte bedeutsam effektmoderierend. Man kann dies so deuten, daß ein gutes Sprachmodell, dem kein engagierter Einsatz entspricht, ebensowenig sprachförderbeeinflussend wirken kann wie ein ausgeprägtes Förderengagement, das mit einem wenig günstigen Sprachvorbild gekoppelt ist. Das fördereffektbeeinflussende Erzieherverhalten stellt sich somit als komplexes Verhaltensrepertoire dar, bestehend aus den wechselwirksamen Faktoren: Sprachnormorientierung, Artikulationsfähigkeit, kindgemäßer Sprachstil, Sprachgewandtheit, Sprachmelodie, Dirigierung, Variationsfähigkeit, verbale und nonverbale Impulse, Anleitungsverhalten, Integrationsfähigkeit.

Dieser Befund fügt sich in eine ganze Reihe von Forschungsergebnissen, die dem erzieherischen Sprachvorbild bzw. dem erzieherischen Engagement in Wechselwirkung mit anderen Faktoren effektive Einflußnahmen auf die kindliche Sprachentwicklung zuschreiben (vgl. Steffen 1979). So wird z.B. die Effektivität des erzieherischen Sprachmodells im Zusammenwirken mit emotionalen Komponenten berichtet (vgl. Dawe 1942; Eppel 1974; Wintermantel/Knopf 1976). Außerdem finden sich Literaturbelege dafür, daß Erzieherengagement erst im Zusammenspiel mit anderen Wirkkomponenten zu einem günstigen Erzieherverhalten gerät (vgl. Hoff u.a. 1973; Brandt/Wolf 1985).

Wie sehr das Erzieherverhalten die kindliche Entwicklung beeinflußt, unterstreichen nicht zuletzt die Langzeiteffekte, die Fried (1985) ermittelt. Hier wird deutlich, daß sich die effektbeeinflussende Wirkung der Erzieherverhaltensweisen selbst noch nach zwei Jahren ausprägt. Man kann daraus folgern, daß die projektbedingten Einflüsse noch zusätzlich optimierend auf das ohnehin günstige Verhalten engagierter und sprachbewußter Erzieherinnen wirkte. Dagegen läßt sich bei den Erzieherinnen, deren vergleichsweise wenig aktives Verhalten die kindlichen Entwicklungsprozesse ohnehin nicht so stützte, eine geringe Bereitschaft annehmen, das Projekt als Impulsgeber zu nutzen.

d. Einflüsse der Elternarbeit

Enttäuschend war das Untersuchungsergebnis von Fried (1985) zur Elternarbeit. Hier zeigte sich nämlich, daß Kinder, deren Eltern von der Versuchsanordnung "Elternarbeit" betroffen waren, keineswegs bessere Fördererfolge erzielten als die anderen. Dieser Befund steht ganz im Widerspruch zu einschlägigen Untersuchungsergebnissen, die für die Wirksamkeit von Elternarbeit sprechen (vgl. Willmon 1969; Klein 1982).

Sucht man nach Erklärungen für diese Diskrepanz, so gilt es zunächst zu bedenken, daß bei weitem nicht alle Eltern der betroffenen Förderkinder dieses Zusatzangebot auch tatsächlich angenommen haben. Außerdem ließen einige aktiv beteiligte Eltern spezifische Widerstände erkennen. So stellten manche Eltern schlichtweg in Abrede, daß ihr Kind anders spreche als gleichaltrige. Auch sehr klare Hinweise der Kindergärtnerin bewirkten bei diesen Eltern nicht, daß die Sprachmängel des Kindes erkannt und akzeptiert wurden.

Solche elterlichen Widerstände werden in der Literatur mehrfach berichtet und sind nicht allzu schwer zu erklären. Die enge prozeßhafte Bindung zwischen Eltern und Kind begünstigt nämlich eine Distanzlosigkeit, die es Eltern unmöglich macht, das Verhalten des eigenen Kindes auch nur einigermaßen objektiv wahrzunehmen. Außerdem kann nicht ausgeschlossen werden, daß Eltern sich sperren, Entwicklungsprobleme ihrer Kinder zu erkennen, um sich damit zu entlasten. Damit korrespondieren z.B. die Beobachtungen von Danneberg/Eppel (1980), daß Eltern, die in der Lage sind, die Symptome ihrer Kinder wahrzunehmen, auch nicht davor zurückschrecken, sich selbst als mitbestimmenden Faktor im Verursachungsgeflecht zu verstehen. Diese Eltern sind dann aber auch in der Lage, pädagogische Einflußnahme zuzulassen bzw. mitzutragen.

Neben all dem soll hier aber auch nicht verhehlt werden, daß es wohl in der Untersuchung von Fried (1985) nicht wirklich gelungen ist, optimal angepaßte Elternarbeitsformen zu finden.

Aus diesen Befunden des Gesamtprojekts sollen nun noch Folgerungen für die frühpädagogische Praxis abgeleitet werden.

IX. Konsequenzen für die Frühpädagogik

Die Ergebnisse der drei Untersuchungen sind sowohl im Hinblick auf das entwicklungsgefährdete Kindergartenkind als auch für die Förderpraxis in Kindergärten sowie das Erzieherverhalten von Kindergärtnerinnen bedeutsam.

1. Entwicklungsgefährdete Kindergartenkinder

Wenn es möglich ist, Kindergartenkindern, deren Lautbildungs- und Lautunterscheidungsentwicklung gefährdet ist, in der gewohnten Kindergartenumgebung zu helfen, dann läßt sich dies auch für andere Entwicklungsaspekte annehmen (vgl. Cranach u.a. 1978). Dazu kommt, daß gerade die vielfach benachteiligten Kinder in besonders sensibler Weise Förderimpulse aufnehmen und günstig verarbeiten. Der Kindergarten sollte dieser Chance entsprechen, indem präventive Aufgaben noch mehr als bisher beachtet und eingelöst werden. Dafür spricht nicht zuletzt, daß ein erheblicher Prozentsatz der Kinder, die einen nichtspezialisierten Kindergarten besuchen, von Entwicklungsrisiken bedroht ist (vgl. Ritsel/Bruppacher 1975; Meister/ Ullner 1977).

2. Förderpraxis in Kindergärten

Die Überlegenheit kriterienorientierter Konzepte gegenüber sozialschichtorientierten Maßnahmen kommt darin zum Ausdruck, daß jedes Kind, dessen Entwicklungsstand es erforderlich scheinen läßt, geholfen bekommt. Dies schließt dann ja keineswegs aus, die spezifischen Lebensumstände eines entwicklungsgefährdeten Kindes zu berücksichtigen.

Daß sich bei der Fülle sprachlicher Stimuli, die auf ein Kind im Kindergarten gemeinhin einwirken, zusätzliche strukturierte und systematische Sprachangebote bedeutsam und günstig auswirken, spricht für programmgeleitete Förderung. Dies steht außerdem in Einklang mit amerikanischen programmbezogenen Erkundungsstudien (vgl. Weikart 1975; Pettinger/Süssmuth 1983). Noch dazu gewährleistet der Spielcharakter der Programme, daß auch gezielte und systematische Fördermaßnahmen mit spiel- (bzw. kindergarten-)pädagogischen Prinzipien vereinbar sind. Dies korrespondiert auch mit Untersuchungsergebnissen zur motivierenden Wirkung von Spielen, die sich in Lerneffekten niederschlagen (vgl. Einsiedler/Treinies 1983).

3. Erzieherverhalten von Kindergärtnerinnen

Die Einflußnahme des Erzieherverhaltens auf die kindliche Entwicklung und damit auch auf Fördererfolge muß sehr hoch veranschlagt werden; zeigt doch die Untersuchung von Fried (1985), daß entwicklungsgefährdete Kinder, deren Erzieher nur wenig und unregelmäßig fördern, dies mit Entwicklungsnachteilen bezahlen. Auf der anderen Seite werden Kindergärtnerinnen durch die verschiedenartig risikobehafteten Kinder mit einer solchen Vielzahl von Diagnose- und Förderansprüchen konfrontiert, daß sie diesen Ansprüchen wohl kaum immer gerecht werden können. Eine Lösung kann darin bestehen, mit engagierten Kindergärtnerinnen darüber nachzudenken, in welchem Umfang ein disziplinierter Förderaufwand im Sinne des Kindes geleistet werden kann. Dabei scheint mir die Tatsache, daß Kindergartenerzieher mit einer Fülle von Ansprüchen konfrontiert werden eher dafür zu sprechen, daß Praktiker durch Programme, die theoriegeleitete Strukturierungen angezielter Fähigkeitsbereiche beinhalten, entlastet werden, so daß sie sich stärker auf ein günstiges Kommunikationsverhalten konzentrieren können.

Literatur:

Beller, K.E.: Research on organized programs of early education. In: Travers, R. (Hrsg.): Handbook of Research on Teaching, Chicago 1973

Bellion-Riedel, R.: Sprachförderung im Kindergarten - Eine vergleichende Untersuchung zur Wirksamkeit verschiedener Förderansätze bei Kindern mit Lautbildungsschwäche, unveröffentlichte Diplomarbeit, Landau, EWH 1983

Bellion-Riedel, R.: Sprachförderung im Kindergarten. In: Psychologie in Erziehung und Unterricht 32 (1985), 142-146

Biesalski, P./Seidel, C.: Probleme der Frühspracherziehung hörgeschädigter Kleinkinder mit zentraler Sprachbehinderung. In: Folia phoniatrica 18 (1966), 131-137

Bronfenbrenner, U.: Wie wirksam ist kompensatorische Erziehung? Stuttgart 1974

Bühler, H.: Sprachbarrieren und Schulanfang, Weinheim 1972

Carter, L.F.: The sustaining effects study of comprensatory and elementary education. In: Educational Researcher 13 (1984), 4-13

Castell, R./Biener, A./Artner, K./Beck, C.: Artikulation und Sprachleistung bei 3- bis 7jährigen Kindern - Ergebnisse der Untersuchung einer Zufallsstichprobe aus der Bevölkerung. In: Praxis der Kinderpsychologie und Kinderpsychiatrie 29 (1980), 203-213

Collins, R.C.: Head Start: An update on program effects. In: Newsletter 6 (1983), 1-2

Cranach, B. v./Grote-Dhom, R./Hüffner, U./Marte, F./Reisbeck, G./Mittelstaedt, M.: Das sozial gehemmte Kind im Kindergarten - Erfassung und therapeutische Möglichkeiten. In: Praxis der Kinderpsychologie und Kinderpsychiatrie 27 (1978), 167-179

Danneberg, E./Eppel, H.: Die Bedeutung von Abwehr und Widerstand der Eltern für die psychoanalytische Behandlung von Kindern. In: Psyche 34 (1980), 317-338

Dawe, H.: A study of the effect of an educational program upon language development and related mental functions in young children. In: Journal of Experimental Education 11 (1942), 200-209

Einsiedler, W./Treinies, G.: Zur Wirksamkeit von Lernspielen und Trainingsmaterialien im Erstunterricht. Nürnberg: Institut für Grundschulforschung, Forschungsstelle Spiel und Spielzeug, Universität Erlangen-Nürnberg 1983

Eppel, H.: Förderung von Intelligenz und sprachlichem Ausdruck bei Vorschulkindern. Untersuchung zum Material von Schüttler-Janikulla. In: Zeitschrift für Entwicklungspsychologie und Pädagogische Psychologie 6 (1974), 109-123

Feldbusch, E.: Sprachkompensatorische Erziehung: Realisierung "gesellschaftlicher Chancengleichheit" oder "Symptomkorrektur"? In: Linguistik und Didaktik 31 (1977), 182-193

Fick, E.: Zur sprachlichen Förderung von Vorschulkindern durch ein Lautdiskriminationstraining auf lernpsychologischer Basis. In: Klauer, K.J. und Kornadt, H.-G. (Hrsg.): Jahrbuch für Empirische Erziehungswissenschaft 1978, Düsseldorf 1978

Fraser, C./Roberts, N.: Mother's speech to children of four different ages. In: Journal of Psycholinguistic Research 4 (1975), 9-16

Fried, L.: Entwicklung eines Lautbildungs- und Lautunterscheidungstests für Kinder im Vorschulalter. In: Zeitschrift für Empirische Pädagogik 3 (1979), 309-326

Fried, L.: Lautbildungstest für Vorschulkinder LBT, Weinheim 1980a

Fried, L.: Lautunterscheidungstest für Vorschulkinder LUT, Weinheim 1980b

Fried, L.: Spiele und Übungen zur Lautbildung, Weinheim 1981

Fried, L.: Prävention bei gefährdeter Lautbildungsentwicklung. Eine Untersuchung über die Fördermöglichkeiten von Kindergartenkindern, Weinheim 1985

Fried, L./Ingenkamp, K.: Vorbeugende Maßnahmen bei Kindergartenkindern - Diagnose und Förderung der Lautbildungs- und Lautunterscheidungsfähigkeit. In: Die Sprachheilarbeit 27 (1982), 184-196

Fried, L./Christmann, M.: Neue Spiele und Übungen zur Lautunterscheidung, Weinheim 1987

Grimm, H.: Bericht über den "2nd International Congress for the Study of Child Language" vom 9. - 14. August 1981 in Vancouver, Kanada. In: Sprache & Kognition 1 (1982a), 47-49

Grimm, H.: Sprachenentwicklung: Voraussetzungen, Phasen und theoretische Interpretationen. In: Oerter, R./Montada, L. (Hrsg.): Entwicklungspsychologie, München 1982b

Herlyn, J.: Sozialökologische Sozialisationsforschung. Ersatz, Ergänzung und Differenzierung des schichtspezifischen Ansatzes. Versuch einer Zwischenbilanz. In: Kölner Zeitschrift für Soziolgie und Sozialpsychologie 37 (1985), 116-128

Hubbell, R./Condelli, L./Ganson, H./Barrett, B.J./ Mc Conkey, C./ Plantz, M.C.: The impact of Head Start on children, families and communities. Final report of the Head Start Evaluation, Synthesis and Utilization Project, Washington 1985

Huppertz, M./Huppertz, N.: Rollenspiel und Vorschulmappe. Sprachförderung im Kindergarten, Fellingen-Oeffingen 1975

Jeske, W.: Untersuchung zur Effektivität frühpädagogischer Betreuung mit Kindern aus Modellkindergärten, Regelkindergärten und mit Kindern aus dem neutralen Bereich und ihre Wirkung auf soziale Schichten, Geschlecht und Unterrichtsphasen, unveröffentlichte Dissertation, Essen: Universität 1977

Kempf, S.: Lautunterscheidungsschwache Vorschulkinder - Erkundung sprachlicher Teilaspekte und Erprobung spezifischer Fördermaterialien, unveröffentlichte Diplomarbeit, Landau, EWH 1984

Klein, F.: Mütterliches Einstellungsverhalten im Frühbereich und das kommunikative Erziehungskonzept. Eine empirische Erkundungsstudie. In: Geistige Behinderung 21 (1982), 31-43

Kubinger, K.D.: Probleme der kognitiven Frühförderung und die Abhängigkeit ihrer Effektivität vom Verbalverhalten der Kindergärtnerin, unveröffentlichte Dissertation, Wien: Universität 1973

Leinhofer, G.: Die Wirkung der situations- und fähigkeitsorientierten Vorschulerziehung auf die Entwicklung der Intelligenz, Schulfähigkeit und Konzentration, unveröffentlichte Dissertation, München: Universität 1978

Meister, R.-M./Ullner, R.E.: Die ärztliche Untersuchung im Vorschulalter und ihre Bedeutung für frühpädagogische Fragestellungen. In: Sonderpädagogik 7 (1977), 99-107

Moerk, E.L.: Changes in verbal child-mother-interactions with increasing language skills of the child. In: Journal of Psycholinguistic Research 3 (1974), 101-116

Neuland, E.: Sprachbarrieren oder Klassensprache? Untersuchungen zum Sprachverhalten im Vorschulalter, Frankfurt 1975

Nickel, H.: Vorschulisches Erzieherverhalten im Spiegel empirischer Untersuchungen - Einführung und Überblick. In: Nickel, H. (Hrsg.): Sozialisation im Vorschulalter. Trends und Ergebnisse institutioneller Erziehung, Weinheim 1985

Pettinger, R./Süssmuth, R.: Programme zur frühkindlichen Förderung in den USA. In: Zeitschrift für Pädagogik 29 (1983), 391-406

Reitmajer, V.: Der Einfluß des Dialekts auf die standardsprachlichen Leistungen von bayrischen Schülern in Vorschule, Grundschule und Gymnasium, Marburg 1979

Ritsel, G./Bruppacher, R.: Filteruntersuchungen im Vorschul- und Schulalter. In: Sozial- und Präventivmedizin 20 (1975), 153-157

Rogner, J./Hoffelner, H.: Differentielle Effekte einer mehrdimensionalen Sprachheilbehandlung. In: Praxis der Kinderpsychologie und Kinderpsychiatrie 30 (1981), 195-199

Sander, E.: Programme zur Förderung der Sprachentwicklung. In: Klauer, K.J./Reinartz, A. (Hrsg.): Handbuch der Sonderpädagogik in allgemeinen Schulen, Berlin 1978

Sander, E.: Untersuchungen zur Effektivität eines visuellen Wahrnehmungstrainings bei verschiedenen Kindergruppen. In: Klauer, K.J. und Kornadt, H.J. (Hrsg.): Jahrbuch für Empirische Erziehungswissenschaft 1980, Düsseldorf 1980

Schlee, J.: Die Wirksamkeit des Vorschulbesuchs auf die Intelligenz- und Wortschatzleistungen. In: Schule und Hochschule 8 (1983), 70-79

Steffen, H.: Familie und Spracherwerb. In: Zeitschrift für Gruppenpädagogik 5 (1979), 103-116

Struck, U.: Effektivitätsuntersuchungen von Vorschulprogrammen in Amerika und ihre Probleme. In: Psychologie in Erziehung und Unterricht 20 (1973) 36-48

Tausch, A.M./Alban, P./Barthel, A./Fittkau, B.: Förderung der Unselbständigkeit/ Selbständigkeit bei Kindern durch Sprachäußerungen ihrer Erzieher. In: Zeitschrift für Pädagogik 16 (1970), 39-49

Valtin, R.: Sprachförderung für Vorschulkinder und Schulanfänger. In: betrifft: erziehung 5 (1972), 34-38 und 6 (1972), 39-43

Warren-Leubecker, A./Bohannon, J.N.: Intonation patterns in child-directed speech. Mother-father differences. In: Child Development 55 (1984), 1379-1385

Weikart, D.P.: Über die Wirksamkeit vorschulischer Erziehung. In: Zeitschrift für Pädagogik 21 (1975), 489-509

Wiedl, K./Ohm, D.: Lebensweltorientierte Sprachförderung bei Vorschulkindern aus sozialen Randgruppen. In: Zeitschrift für Empirische Pädagogik 4 (1980), 261-276

Willmon, B.: Parent participation as a factor in the effectiveness of Head Start Programs. In: The Journal of Educational Research 62 (1969), 406-410

Wintermantel, M./Knopf, M.: Einfluß der Beziehungen zum Dialog-Partner auf den Sprechstil Fünfjähriger. In: Zeitschrift für Entwicklungspsychologie und Pädagogische Psychologie 8 (1976), 298-308

Wissen, J./Biesalski, P.: Das Frostig-Programm in der klinischen Anwendung bei visuellen Wahrnehmungsstörungen sprachgestörter und hörgeschädigter Kinder. In: Folia phoniatrica 29 (1977), 109-118

Wyatt, G.L.: Entwicklungsstörungen der Sprachbildung und ihre Behandlung, Stuttgart 1973

Zigler, E./Berman, W.: Discerning the future of early childhood intervention. In: American Psychologist 38 (1983), 894-906

Claudia Häfner

DIE MUTTER- UND VATERROLLE IN ZEITGENÖSSISCHEN "AUFKLÄRUNGSBÜCHERN" FÜR KLEINKINDER

I. Einführung

Aufklärungsbücher als Hilfsmittel einer umfassenden Sexualerziehung müssen, über die reine Vermittlung biologischer Information hinaus, Sexualität auch in ihren sozialen Bezügen darstellen. Ein wichtiger Punkt ist dabei die Darstellung dessen, was Mann- und Frausein bedeutet. Die Rolle des Aufklärungsbuchs darf dabei nicht überschätzt werden. Sexualerziehung und damit verbunden Geschlechtsrollenerwerb und Aufbau der Geschlechtsidentität finden vor allem in sozialen Situationen statt. Trotzdem ist es nicht unwichtig, welche Inhalte im Aufklärungsbuch zum Tragen kommen, denn die Wahrscheinlichkeit, daß Aufklärungsbücher zur Ausbildung geschlechtstypischen Verhaltens beitragen, ist groß. Sie werden in einer Zeit gelesen, in der der Aufbau der Geschlechtsidentität vollzogen wird, und in der Kinder noch sehr aufnahmefähig und beeinflußbar sind. Durch die Darstellung geschlechtstypischer Modelle fördern sie die Nachahmung geschlechtsspezifischen Verhaltens (vgl. Hagemann 1981).

Als Imitationsmodell für geschlechtypisches Verhalten nimmt die Darstellung der Mutter- und Vaterrolle eine wichtige Stellung ein. Die Mutter- und die Vaterrolle sind stark geschlechtsrollenstereotyp geprägt. Zell/Keller (1979) wiesen nach, daß die einschneidendste Auswirkung der Geburt des ersten Kindes die Fixierung auf traditionelle Rollenkonzepte ist.

Ebenso sieht Allemann-Tschopp (1979, 1979a) in der Reproduktionsphase die kritische Phase für die Ausübung geschlechtsspezifischen Verhaltens. Dieses Verhalten wird zwar in der frühen Kindheit erworben, in vollem Umfang wird es aber erst bei der Übernahme der Mutter- bzw. Vaterrolle gezeigt.

Dieses traditionelle Rollenverständnis schränkt sowohl den Mann als auch die Frau auf ein begrenztes Verhaltensrepertoire ein. Deshalb fordern viele Autoren in den letzten Jahren ein partnerschaftliches Rollenverständnis in der Familie (vgl. Lehr 1982), eine symmetrische Familie (vgl. Allemann-Tschopp 1979; Kloehn 1982). Gemeint ist damit, daß sowohl die Frau als auch der Mann sich in Familie und Beruf engagieren können. Das setzt zum einen die Gleichverteilung der Pflichten in Haushalt und Kindererziehung voraus, zum anderen flexiblere Arbeitszeiten und die Schaffung von mehr Teilzeitarbeitsplätzen für Frauen und Männer.

Von einer solch veränderten Familienstruktur können alle Familienmitglieder profitieren. Ergebnisse über die Auswirkungen mütterlicher Berufstätigkeit (vgl. Koliadis 1975) und verstärkter väterlicher Beteiligung an familiären Aufgaben (vgl. Fthenakis 1985) weisen auf keine grundsätzlich negativen Auswirkungen für die Kinder hin; im Gegenteil, durch die enge Beziehung zu zwei Bezugspersonen erhalten die Kinder mehr und vor allem unterschiedliche Stimulation, was sich auf die Entwicklung in verschiedensten Bereichen positiv auswirken kann.

Vor dem Hintergrund dieser Überlegungen interessierte nun die Frage, wie die Mutter- und die Vaterrolle in zeitgenössischen Aufklärungsbüchern für Kleinkinder dargestellt werden.

II. Die Methode

Für die Untersuchung des Verständnisses der Mutter- und Vaterrolle in zeitgenössischen Aufklärungsbüchern bot sich die Inhaltsanalyse als Methode an. Dabei lassen sich zwei Ansätze unterscheiden: die quantitative und die qualitative Inhaltsanalyse.

Die quantitative Inhaltsanalyse wird nach Berelson (1952) als "eine Untersuchungstechnik, die der objektiven, systematischen und quantitativen Beschreibung des offenbaren Inhalts von Mitteilungen aller Art dient" definiert (zitiert nach Silbermann 1974, 255).

Ein typisches Merkmal der qualitativen Inhaltsanalyse ist "die intensive, persönliche (im Original gesperrt gedruckt) Auseinandersetzung" mit dem Untersuchungsmaterial, "welches in seiner Einmaligkeit möglichst umfassend durchleuchtet und interpretiert wird" (Atteslander 1975, 76).

Lisch (1979) ist der Meinung, daß bei den meisten Fragestellungen sinnvollerweise qualitative und quantitative Elemente miteinander vereinigt werden sollten. Auch für die vorliegende Untersuchung ist eine Kombination von qualitativer und quantitativer Vorgehensweise angebracht.

Die Aufklärungsbücher der Stichprobe bestehen aus jeweils unterschiedlichen Anteilen von Bild und Text. Da sie für Kinder im Vorschulalter gedacht sind, kann man davon ausgehen, daß ein Großteil der Information vom Kind über die Bilder aufgenommen wird. Deshalb wurden für die quantitative Analyse in erster Linie die Bilder berücksichtigt. Um den Text nicht zu vernachlässigen und den unterschiedlichen Anteilen von Text und Bild in den einzelnen Büchern der Stichprobe gerecht zu werden, wurde in einer nachfolgenden qualitativen Analyse der Text stärker hinzugezogen.

Die quantitative Inhaltsanalyse ermittelt die Besetzung einzelner Kategorien durch das Feststellen der Häufigkeitsverteilung bestimmter Inhalte.

In der qualitativen Analyse steht das einzelne Buch im Vordergrund. Ihr Ziel besteht darin, die Ergebnisse aus dem quantitativen Teil zu illustrieren und zu vertiefen.

III. Das Untersuchungsmaterial

Aus einer Grundgesamtheit von 72 Aufklärungsbüchern wurden die Bücher der Stichprobe anhand von drei Kriterien ausgewählt.

- Es wurden nur Bücher in die Stichprobe aufgenommen, deren untere Altersangabe noch im Vorschulbereich liegt, d.h. Bücher für die Altersstufe ab zwei bis sechs Jahren wurden zugelassen.
- Da für eine pädagogisch motivierte Untersuchung der Praxisbezug eine wichtige Rolle spielt, wurde das Kriterium "im Handel erhältlich" aufgestellt.
- Aufgrund der Fragestellung der Arbeit wurden nur diejenigen Aufklärungsbücher in die Stichprobe aufgenommen, die die Informationen über Sexualität und ihre sozialen Zusammenhänge in die Darstellung einer Familie einbetten.

Die drei Auswahlkriterien, auf die Bücher der Grundgesamtheit angewendet, ergaben die Stichprobe von zwölf Büchern.

Autor	Titel	Erscheinungsort	akt. Aufl. April '85	Ersterscheinung
Chapouton, A.M.	Micha und sein Baby	Wien/ Freiburg/ Basel	1984	1984
Alex, M.u.B.	Du und ich und unser neues kleines Baby	Basel/ Gießen	1981	1981
Mizsenko, I./ Meier, R.	Ein Brüderchen für Julia	Düsseldorf	1981	1981
Fagerström, G./ Hansson, G.	Peter, Ida und Minimum	Ravensburg	14. Aufl. 1985	1979
Jarner, B.	Wie ich ein Schwesterchen bekam	Heidelberg	2. Aufl. 1980	1978
Brauer, J./ Regel, G.	Tanja und Fabian	Gütersloh	2. Aufl. 1980	1974
Becker, A./ Niggemeier, E.	Ich bekomme einen Bruder	Ravensburg	11. Aufl. 1984	1973
Verch, K.	Oliver und Ulrike entdecken die Geschlechtlichkeit	St. Augustin	3. Aufl. 1980	1973
Knudsen, P.H.	Wie Vater und Mutter ein Kind bekommen	Heidelberg	7. Aufl. 1985	1972
Leist, M.	Mutter erzählt mir alles	Luzern/ Stuttgart	8. Aufl. 1981	1969
Mattmüller, F.	Wir wünschen uns ein Schwesterlein	Bern	2. Aufl. 1972	*)
Hegeler, S.	Wie ist das eigentlich, Mutter?	München/ Basel	5. Aufl. 1981	1961

*) über das Ersterscheinungsdatum wurde bis zur Fertigstellung der Arbeit vom Verlag keine Information gegeben.

IV. Die Inhaltsanalyse

1. Die quantitative Analyse

a) Die Fragestellung

Da die zu untersuchende Stichprobe nur zwölf Bücher umfaßte, war es nicht sinnvoll, die quantitative Analyse in Form einer Hypothesenprüfung durchzuführen. Deshalb wurden auch keine Hypothesen formuliert, sondern es erfolgte eine von der Theorie geleitete Differenzierung der Fragestellung.

Ausgehend von der Notwendigkeit einer Veränderung der Rollenstruktur in der Familie interessierte nun die Frage, wie Mutter- und Vaterrolle im zeitgenössischen Aufklärungsbuch dargestellt werden. Wie eingangs erwähnt nimmt ihre Darstellung eine wichtige Stellung als Imitationsmodell für geschlechtstypisches Verhalten ein. Werden die Mutter- und Vaterrolle im Aufklärungsbuch nun eher geschlechtsrollenstereotyp verstanden oder ist vielleicht eine Aufweichung der traditionellen Rollenverteilung nachzuweisen?

Da die Bücher der Stichprobe vom Ersterscheinungsdatum her bis Anfang der 60er Jahre zurückreichten und unverändert aufgelegt wurden, lag die Vermutung nahe, daß sich im Laufe der Zeit das Verständnis von Mutter und Vater geändert hat. Dies war die zweite Fragestellung, mit der an die gewonnenen Daten herangegangen wurde.

b) Das Kategorienschema

Bei der Kategorienbildung war darauf zu achten, daß die Kategorien

"1. einheitlich sind, d.h. sich jeweils nur auf eine Bedeutungsdimension beziehen;
   daß sie
2. einander ausschließen, d.h. ein Merkmal nur jeweils einer Kategorie zugeordnet wird;
   daß
3. jede festzulegende sprachliche Einheit, die für die Untersuchung von Bedeutung ist, überhaupt einer Kategorie zugeordnet werden kann,
   und daß sie

4. tatsächlich auf die gegebene empirische Situation beziehbar sind" (Silbermann 1974, 315).

Dabei war nicht notwendig, daß alle in der Stichprobe enthaltenen Inhalte erfaßt wurden, sondern nur die für die Fragestellung wichtigen Informationen mußten selektiert werden, also Kategorien gefunden werden, die das Verhalten von Mutter und Vater beschreiben (vgl. Hagemann 1981). Die Kategorien wurden in einem Wechselverhältnis zwischen der Theorie, also der Fragestellung, und dem konkreten Material entwickelt (vgl. Mayring 1983); die Bücher der Stichprobe wurden also hinsichtlich einer möglichen Kategorienbildung untersucht.

Folgende Hauptkategorien wurden verwendet (Operationalisierungsbeispiele stehen in Klammern):
- Familienform
- Kinder
- Rolle in der Familie
- Mit Kind(ern) ein Gespräch führen (Bsp. Vater/Mutter wenden dem Kind das Gesicht zu, und im dazugehörigen Text wird direkte Rede benutzt)
- Kinderpflege (Bsp. Kind wickeln)
- Mit Kind(ern) spielen (Bsp. Kind kitzeln)
- Mit Kind(ern) zärtlich sein (Bsp. Kind umarmen)
- Hausarbeit (Bsp. einkaufen)
- Handwerkliches Arbeiten (Bsp. Bett bauen)
- Mit Partner zärtlich sein (Bsp. küssen)
- Befriedigung körperlicher Bedürfnisse (Bsp. duschen)
- Frauenspezifische Tätigkeiten (Bsp. stillen)
- Bewegungszustand (Bsp. sitzen)
- Sonstiges

Die Kategorie "Familienform" untersuchte, ob auch unvollständige Familien dargestellt werden.

Die Kategorie "Kinder" sollte Zahl und Geschlecht der Kinder erfassen.

Die Kategorie "Rolle in der Familie" zählte aus, wie oft Mutter und Vater überhaupt im Aufklärungsbuch dargestellt werden.

Die restlichen elf Kategorien zählten die dargestellten Tätigkeiten von Mutter und Vater aus.

Bei der Auszählung der Tätigkeiten wurde festgestellt, daß die Kategorie "Mit Kind(ern) ein Gespräch führen" immer zusammen mit anderen Kategorien auftrat. Um diese zusätzliche Information nicht zu vernachlässigen, wurden zwei Auszähldurchgänge durchgeführt. Beim ersten wurde immer, wenn die Kategorie "Mit Kind(ern) ein Gespräch führen" auftauchte, dieser der Vorrang eingeräumt. Bei einem zweiten Zähldurchgang wurden dann die Kategorien, die im Zusammenhang mit der Kategorie "Mit Kind(ern) ein Gespräch führen" auftraten, ausgewertet.

Nach der Kategorienbildung wurden die Analyseeinheiten in Anlehnung an Hagemann (1981) wie folgt festgelegt. "Protokolleinheiten umfaßten den kleinsten Teil eines Bildes, der nach seinem Inhalt analysiert und klassifiziert wurde. Kontexteinheiten waren größere Bildteile, die für die richtige Einordnung einer Protokolleinheit hinzugezogen wurden. Zähleinheiten wurden zur Quantifizierung und Tabellierung der Ergebnisse herangezogen" (Hagemann 1981, 100).

Die zweite Fragestellung, mit der an die nun erhaltenen Daten herangegangen wurde, besagt, daß sich im Laufe des Erscheinungszeitraums der Bücher die Darstellung der Mutter- und Vaterrolle verändert haben könnte. Ein Aufsatz von Knoop/Knoop (1984) legte eine Einteilung in drei Gruppen nahe. Danach vollzog sich jeweils beim Wechsel in ein neues Jahrzehnt eine Veränderung der Aufklärungsliteratur.

Nach dem Beschluß der KMK zur Sexualerziehung in der Schule (1968) wurden die Aufklärungsbücher vielfältiger, freimütiger und realistischer. Die Neuerscheinungen der 80er Jahre haben danach eher eine rückschrittliche Tendenz. An diesen Aussagen wurden die Grenzen dreier Gruppen festgemacht. Interessant war dabei die Frage, ob anhand der gewonnenen Daten sich eine ähnliche Entwicklung bei der Darstellung der Mutter- und Vaterrolle nachweisen ließ.

Die Gruppe A bildeten Bücher, deren Ersterscheinungsdatum ab 1980 lag. Die Gruppe B beinhaltete Bücher, deren Ersterscheinungsdatum im Zeitraum von 1970 bis 1979 lag. In die Gruppe C wurden die Bücher mit dem Ersterscheinungsjahr vor 1970 aufgenommen.

2. Die qualitative Analyse

Da nur mit einer Stichprobe von zwölf Büchern gearbeitet werden konnte, mußte in der quantitativen Inhaltsanalyse auf eine Hypothesenprüfung verzichtet werden. Dieser offensichtliche Nachteil der kleinen Stichprobe beinhaltete jedoch auch eine Chance. Bei einer größeren Stichprobe wäre es nicht mehr möglich gewesen, das einzelne Buch zu betrachten; diese Möglichkeit ist bei einer Stichprobe von zwölf Büchern aber noch gegeben. Die qualitative Betrachtungsweise veränderte nun die Perspektive. Es waren keine allgemeinen Aussagen mehr gefordert, sondern speziell das einzelne Buch Betreffende. Diese qualitative Analyse ist keine Untersuchung für sich, sondern steht in engem Zusammenhang mit der quantitativen Analyse. Dabei wurde folgende Vorgehensweise gewählt. Als Basis sollten die ausgezählten Daten für das einzelne Buch dienen. Davon ausgehend wurde versucht, das Verständnis von Mutter- und Vaterrolle jeweils im einzelnen Aufklärungsbuch zu ermitteln. Da sich die ausgezählten Daten vor allem auf die Bilder bezogen, wurde in einem weiteren Schritt der Text hinzugezogen. Dabei wurde exemplarisch vorgegangen; Ziel war, die Ergebnisse zu illustrieren oder vielleicht auch zu relativieren.

Für die qualitative Inhaltsanalyse waren folgende zwei Fragestellungen von Interesse:

Einmal: Wie stellen sich die im quantitativen Teil gewonnenen Daten bezüglich des einzelnen Buches dar, d.h. wie werden im jeweils einzelnen Buch der Stichprobe Mutter und Vater bildlich dargestellt?

Zum zweiten: Welche Aussagen über die Mutter- und Vaterrolle werden im Text gemacht? Bestätigen sich die im Bildteil entworfenen Konzepte der Mutter- und Vaterrolle, oder lassen sich zusätzliche Aspekte, vielleicht auch Widersprüche finden?

Für die erste Fragestellung wurden die Daten für das einzelnen Buch ermittelt und interpretiert. Um eine Antwort auf die zweite Fragestellung zu finden, wurde der Text im einzelnen Buch bezüglich der Darstellung geschlechtstypischen oder -untypischen Verhaltens gelesen.

V. Die Ergebnisse

1. Die Ergebnisse der quantitativen Analyse

In allen Büchern der Stichprobe bildete eine vollständige Familie die Grundlage der Gestaltung der Aufklärung. Nur zwei der zwölf Bücher der Stichprobe stellten das Zusammenleben Alleinerziehender mit ihren Kindern dar. In drei weiteren wurde im Text darauf Bezug genommen.

Die erstgeborenen Kinder waren häufiger männlichen als weiblichen Geschlechts.
Insgesamt war die Mutter häufiger bildlich dargestellt als der Vater.
Sie war auch relativ häufiger Gesprächspartner des Kindes.
Die Kategorie "Kinderpflege" hatte bei den Tätigkeiten des Vaters einen größeren Anteil als bei denen der Mutter.
Die Mutter war relativ häufiger mit Kindern spielend dargestellt.
Ebenfalls war sie relativ häufiger zärtlich zu Kindern.
Die Kategorie "Hausarbeit" war beim Vater relativ seltener belegt als bei der Mutter.
Die Kategorie "Handwerkliches Arbeiten" war jedoch vom Vater relativ stärker besetzt als von der Mutter.
Auch war der Vater relativ zärtlicher zu seiner Frau als umgekehrt.
Die Kategorie "Befriedigung körperlicher Bedürfnisse" hatte bei den Tätigkeiten des Vaters einen größeren Anteil als bei der Mutter.
Auch die Kategorie "Bewegungszustand" war beim Vater relativ häufiger besetzt als bei der Mutter.

Ein weiterer Aspekt war die Frage, mit welchen Kategorien die Kategorie "Mit Kind(ern) ein Gespräch führen" zusammen auftritt. Hierzu die Rangliste der verschiedenen mit "Gespräch" aufgetretenen Kategorien:

Bei der Mutter:

37,4 %	"Bewegungszustand"
24,3 %	"Mit Kind(ern) zärtlich sein"
9,7 %	"Hausarbeit"
7,6 %	"Befriedigung körperlicher Bedürfnisse"
7,4 %	"Mit Kind(ern) spielen"

5,9 %	"Kinderpflege"
5,9 %	"Frauenspezifische Tätigkeiten"
1,7 %	"Handwerkliches Arbeiten"
0,3 %	"Sonstiges"
0	"Mit Partner zärtlich sein"

Beim Vater:

41,1 %	"Bewegungszustand"
25,2 %	"Mit Kind(ern) zärtlich sein"
18,9 %	"Befriedigung körperlicher Bedürfnisse"
5,2 %	"Handwerkliches Arbeiten"
4,4 %	"Hausarbeit"
4,1 %	"Mit Kind(ern) spielen"
0,7 %	"Kinderpflege"
0,4 %	"Mit Partner zärtlich sein"
0	"Sonstiges"

Bei beiden, bei Mutter und Vater, fanden Gespräche mit Kindern am häufigsten in Verbindung mit den Kategorien "Bewegungszustand" und "Mit Kind(ern) zärtlich sein" statt. Bei der Mutter steht an dritter Stelle "Hausarbeit", beim Vater jedoch "Befriedigung körperlicher Bedürfnisse". "Hausarbeit" steht beim Vater erst an fünfter Stelle im Zusammenhang mit Gespräch mit Kindern; "Handwerkliches Arbeiten" bei der Mutter erst an siebter Stelle, im Gegensatz zum Vater, bei dem diese Kategorie schon an vierter Stelle im Zusammenhang mit der Kategorie "Mit Kind(ern) ein Gespräch führen" steht.

Zu dem Versuch der Gruppenbildung innerhalb der Stichprobe lassen sich folgende Aussagen machen:

In der Gruppe C, den Büchern aus den 60er Jahren, fiel auf, daß allgemein ein wenig differenziertes Bild von Mutter und Vater entworfen wurde. Das ist zum einen daran zu sehen, daß Mutter und Vater bezüglich der Gesamtbilderzahl wesentlich seltener dargestellt wurden als in den anderen beiden Gruppen, und dabei die Gesamtbilderzahl auch noch deutlich niedriger war, aber auch daran, daß einige Kategorien überhaupt nicht belegt waren. Dies waren: "Kinderpflege", "Mit Kind(ern) spielen", "Handwerkliches Arbeiten", "Mit Partner zärtlich sein" und "Sonstiges", die weder beim Vater noch bei der Mutter auftraten. Bei der Mutter waren die Kategorien "Mit Kind(ern) zärtlich sein" und "Mit Kind(ern) ein Gespräch führen" am häufigsten belegt, beim Vater waren es die Kategorien "Bewegungszustand" und "Befriedigung körperlicher Bedürfnisse". Das zeigt, daß die Mutter offensichtlich als für die Kinder zuständig dargestellt wurde und die Hauptrolle in der Familie innehatte, während der Vater eher eine Nebenrolle einnahm, da ja sein Zuständigkeitsbereich außerhalb der Familie liegt.

Die Autoren der Bücher aus den 70er Jahren, also der Gruppe B, waren offensichtlich bemüht, eine Aufweichung der traditionellen Rollenverteilung in der Familie darzustellen. Das zeigt sich schon daran, daß in dieser Gruppe im Gegensatz zu den zwei anderen die erstgeborenen Mädchen in der Überzahl waren. In der Kategorie "Kinderpflege" hatte der Vater bezüglich all seiner Tätigkeiten einen deutlich größeren Anteil als die Mutter. Der Anteil der Mutter an der Kategorie "Hausarbeit" war in den Büchern der Gruppe B im Vergleich mit den anderen Gruppen am geringsten. Es fiel auf, daß "Mit Partner zärtlich sein" in dieser Gruppe im Gegensatz zu den anderen zwei Gruppen besonders häufig vorkam. Die Gruppe B fiel auch in der Kategorie "Frauenspezifische Tätigkeiten" auf. Nur die Bücher aus dieser Gruppe stellten die Geburt dar. Über die Wirkung der Darstellung einer Geburt auf das betrachtende Kind läßt sich sicherlich streiten und bestimmt hängt auch viel von der Gestaltung des Bildes oder Photos ab. Auf jeden Fall läßt sich aber feststellen, daß die Bücher der Gruppe B damit einen Aspekt der Mutterrolle enthielten, der bei den übrigen Büchern nicht vorhanden war.

In der Gruppe A veränderte sich das Verständnis von Mutter- und Vaterrolle erneut. Die Gruppen A und B im Vergleich erbrachten folgendes. Die Daten dieser beiden Gruppen ähnelten sich oft, jedoch gab es auch einige Unterschiede. Beispielsweise glich sich der Anteil der Kategorie "Kinderpflege" an allen Tätigkeiten bei Mutter und Vater in der Gruppe A aus, während in der Gruppe B noch der Vater wesentlich stärker in der Pflege der Kinder hervorgehoben worden war. In der Kategorie "Mit Kind(ern) spielen" beschäftigte sich die Mutter der Gruppe A fast doppelt so häufig mit den Kindern wie die Mutter der Gruppe B; während beim Vater der Gruppe A die Werte gegenüber dem Vater der Gruppe B zurückgingen. Bemerkenswert ist auch die Kategorie "Mit Kind(ern) zärtlich sein", in der der Vater der Bücher aus den 80er Jahren sogar relativ häufiger als die Mutter auftrat, während dies in der Gruppe B noch umgekehrt der Fall gewesen war. "Haushalt" wurde in der Gruppe A sowohl beim Vater als auch bei der Mutter relativ häufiger dargestellt als bei den anderen Gruppen. Ein großer Unterschied unter den Geschlechtern war dabei nicht aufzufinden. Dieser bestand jedoch in der Kategorie "Handwerkliches Arbeiten", denn da waren 12,6 % aller Tätigkeiten des Vaters angesiedelt, während nur 1,1 % aller Tätigkeiten der Mutter aus handwerklichen Arbeiten bestanden.

Vorsichtig läßt sich etwa folgende Entwicklungsreihe im Verständnis der Mutter- und Vaterrolle skizzieren: Für die Bücher der Gruppe C, aus den 60er Jahren, war das traditionelle Rollenbild in der Familie noch weitgehend unangetastet, insofern wurde der Darstellung von Mutter und Vater in den Aufklärungsbüchern aus dieser Zeit noch kein allzu großer Platz eingeräumt.

Die Bücher der 70er Jahre, der Gruppe B, waren sich der Rollenproblematik bewußt und versuchten, eine Aufweichung traditioneller Rollenbilder darzustellen.

Bei den Büchern der Gruppe A, also den Neuerscheinungen der 80er Jahre, deutete sich eine Modifizierung der Vorstellungen der 70er Jahre an. Dem Vater wurden deutlich auch weibliche Tätigkeitsfelder zugeordnet, während sich entsprechende Bemühungen bei der Mutter nicht mehr nachweisen ließen. Im Gegensatz zu den Aufklärungsbüchern der 70er Jahre wurden ihr wieder verstärkt traditionelle Rollenmuster zugewiesen.

2. Die Ergebnisse der qualitativen Analyse

Das Ziel der qualitativen Analyse bestand darin, die Ergebnisse aus dem quantitativen Teil zu illustrieren und zu vertiefen. Tatsächlich konnte in den meisten Fällen eine Bestätigung und Illustrierung der Aussagen der quantitativen Analyse erreicht werden.

In der Regel bestätigte der Text die aus den Daten der Bildauswertung gewonnenen Aussagen über die Mutter- und Vaterrolle. So etwa bei Brauer/Regel. Hier erfuhr die Mutterrolle in Text und Bild verstärkte Beachtung. Es wurde nicht nur Fabians Mutter beim Reparieren eines Fahrrads dargestellt, sondern dies wurde im Text nochmals aufgegriffen. "Darum flickt seine Mutter den Fahrradschlauch noch vor dem Schlafengehen" (Brauer/Regel 1980, 8). Aber auch der Vater verhält sich nicht geschlechtsrollenkonform. Im Text heißt es: "Fabians Vater wickelt ihn (den Bruder, Anm.d.V.) gerade aus. Dabei spielt er mit ihm" (Brauer/Regel 1980, 9). Dies wurde auch bildlich dargestellt. Bei Vater und Mutter wird also ein geändertes Rollenverständnis deutlich.

Grundsätzlich geschlechtsrollenstereotyp vorgegangen wurde bei Leist. Im Text fanden sich folgende Aussagen: "Nur bei den Frauen können Kinder im Bauch wachsen. Deswegen ist die Mutter so weich und rund" (Leist 1981, Buch ohne Seiteneinteilung). Und ein paar Zeilen weiter: "Der Vater hat einen harten Brustkasten." Auch die Art der Bilder folgte der Beschreibung. Der Vater hat solch breite Schultern, daß er auf einem Bild Mutter, Säugling und das ältere Kind beschützend umfassen kann.

Gravierende Widersprüche zwischen Text und Bild waren die Ausnahme. Sie traten nur bei dem Buch von Verch auf, der die Darstellung geschlechtsrollenuntypischen Verhaltens in Text und Bild nicht durchhalten konnte. Zwar sollte durch verschiedene Aussagen und Darstellungen der Eindruck eines partnerschaftlichen Rollenverständnisses erweckt werden, bei näherer Betrachtung jedoch waren immer wieder Rückgriffe auf traditionelle Rollenmuster zu erkennen. Beispiel: Auf einem Bild ist die Mutter lesend, der Vater Knopf annähend abgebildet. Beide Kinder spielen mit Puppen. Der Text dazu lautet: "Es ist Sonntagnachmittag. Mutter sitzt im Sessel und liest. Vater versucht, einen Knopf an sein Hemd anzunähen" (Verch 1973, 53). Folgende Stelle zeugt ebenfalls davon, daß die Darstellung der Elternrollen sich nicht konsequent von alten Rollenmustern lösen kann. "... Mutter erzählt ihm, worüber sie gerade vorher gesprochen haben. Vater lacht und meint, die Kinder hätten wohl ganz vergessen, wie oft er mit ihnen streng sein müsse" (Verch 1973, 67).

Hinsichtlich der ihm zugewiesenen Gruppe wirkte kein Buch bei der qualitativen Betrachtung völlig deplaziert. Natürlich arbeitete dabei innerhalb einer Gruppe das eine Buch die besprochenen Gruppencharakteristiken deutlicher heraus als andere, was aber auch nicht anders erwartet werden konnte.

Mit Brauer/Regel und Leist wurden oben schon Beispiele der Gruppen B und C aufgezeigt. Aus der Gruppe A soll auf Chapouton näher eingegangen werden. Der Vater wurde hier insgesamt weniger häufig dargestellt als die Mutter. Sein Verhaltensrepertoire war jedoch ausgeglichener, so daß bei ihm der Eindruck von Aktivität auch in familiären Aufgaben entstand. Das Gespräch mit dem Kind war bei ihm längst nicht so dominant wie bei der Mutter. Aktivitäten des Vaters im Haushalt wurden im Text nochmals hervorgehoben. "Am Abend macht Papa Omeletten" (Chapouton 1984, 18). Sowohl auf den Bildern als auch im Text beschränken sich die Tätigkeiten der Mutter im wesentlichen auf den Dialog mit dem Kind.

VI. Schlußbemerkung

Die allgemein rückschrittliche Tendenz der ab 1980 neuerschienenen Aufklärungsbücher, die von Knoop/Knoop (1984) festgestellt worden war, konnte in der hier referierten Untersuchung auch bezüglich der Darstellung der Mutter- und Vaterrolle nachgewiesen werden. Zwar wurde der Vater weiterhin auch in "weiblichen" Tätigkeitsfeldern dargestellt, die Mutter jedoch wurde wieder auf ihre traditionelle Rolle festgelegt. Das ist ein interessantes Ergebnis. Es spiegelt die von politischer Seite geäußerte Forderung an die Frauen wider, sich verstärkt auf die Familie zu konzentrieren, da sie zur Zeit auf dem Arbeitsmarkt nicht gebraucht werden. Die Entwicklung hin zu einer größeren Beteiligung der Männer an häuslichen Aufgaben ist für diesen Aspekt weniger relevant. Wohl deshalb ist sie weniger umstritten und bleibt von der festgestellten allgemein rückschrittlichen Tendenz ausgespart.

Literatur

Allemann-Tschopp, A.: Geschlechtsrollen, Bern/Stuttgart/Wien 1979

Allemann-Tschopp, A.: Die Bedeutung des ersten Kindes für die Geschlechtsrollen-Differenzierung. In: Degenhardt, A./Trautner, H.M. (Hrsg.): Geschlechtstypisches Verhalten, München 1979a

Atteslander, P.: Methoden der empirischen Sozialforschung, Berlin 1975

Fthenakis, W.E.: Väter, Bd. 1, München/Wien/Baltimore 1985

Häfner, C.: Geschlechtsrollenstereotype im Kinderbuch, Bern/Frankfurt/New York 1987

Hagemann, C.: Bilderbücher als Sozialisationsfaktoren im Bereich der Geschlechtsrollendifferenzierung, Bern/Frankfurt/M. 1981

Keller, H. (Hrsg.): Geschlechtsunterschiede, Weinheim/Basel 1979

Kloehn, E.: Die neue Familie, Hamburg 1982

Kluge, N. (Hrsg.): Handbuch der Sexualpädagogik, Bd. 1 und 2, Düsseldorf 1984

Knoop, A./Knoop, H.D.: Texte für Kinder und Jugendliche zur Sexualität des Menschen. In: Kluge, N. (Hrsg.): Handbuch der Sexualpädagogik, Bd. 2, Düsseldorf 1984

Koliadis, E.: Mütterliche Erwerbstätigkeit und kindliche Sozialisation, Weinheim/Basel 1975

Kriz, J./Lisch, R.: Grundlagen und Modelle der Inhaltsanalyse, Reinbek bei Hamburg 1978

Lehr, U.: Familie in der Krise? München 1982

Lisch, R.: Inhaltsanalyse, unveröffentlichte Dissertation, Bremen 1979; Kap. 2, 4, 5, 8, 9, 10, 11 sind vorabgedruckt in: Kriz, J./Lisch, R.: Grundlagen und Modelle der Inhaltsanalyse, Reinbek bei Hamburg 1978

Mayring, P.: Qualitative Inhaltsanalyse, Weinheim/Basel 1983

Silbermann, A.: Systematische Inhaltsanalyse. In: König, R. (Hrsg.): Handbuch der empirischen Sozialforschung, Bd. 4, Stuttgart 1974

Zell, G./Keller, H.: Familiale Rollen vor und nach der Geburt des ersten Kindes. In: Keller, H. (Hrsg.): Geschlechtsunterschiede, Weinheim/Basel 1979

STUDIEN ZUR FRÜHPÄDAGOGIK

herausgegeben von Norbert Kluge und Lilian Fried

Band 1 Norbert Kluge/Lilian Fried (Hrsg.): Spielen und Lernen mit jungen Kindern. Neuere Ergebnisse frühpädagogischer Forschung. 1987.